中共佛山市委宣传部
佛山市社会科学界联合会　主编

佛山市人文和社科研究丛书
FOSHANSHI RENWEN HE SHEKE YANJIU CONGSHU

佛山历史村落

FOSHAN LISHI CUNLUO

周彝馨　吕唐军　著

南方日报出版社
NANFANG DAILY PRESS
中国·广州

图书在版编目（CIP）数据

佛山历史村落/ 周彝馨，吕唐军著. — 广州：
南方日报出版社，2017.6
（佛山市人文和社科研究丛书）
ISBN 978-7-5491-1601-0

Ⅰ. ①佛… Ⅱ. ①周… ②吕… Ⅲ. ①村落－概况－
佛山 Ⅳ. ①K926.55

中国版本图书馆 CIP 数据核字（2017）第 068563 号

FOSHAN LISHI CUNLUO
佛山历史村落

著　　者：周彝馨　吕唐军
出版发行：南方日报出版社
地　　址：广州市广州大道中 289 号
出 版 人：周洪威
出版统筹：周山丹
责任编辑：陈　静
装帧设计：阿　里
责任技编：王　兰
责任校对：王　燕
经　　销：全国新华书店
印　　刷：广东信源彩色印务有限公司
开　　本：787mm×1092mm　1/16
印　　张：23
字　　数：300 千字
版　　次：2017 年 6 月第 1 版
印　　次：2017 年 6 月第 1 次印刷
定　　价：88.00 元

投稿热线：（020）87373998-8503　读者热线：（020）87373998-8502

网址：http://www.nanfangdaily.com.cn/press　http://www.southcn.com/ebook

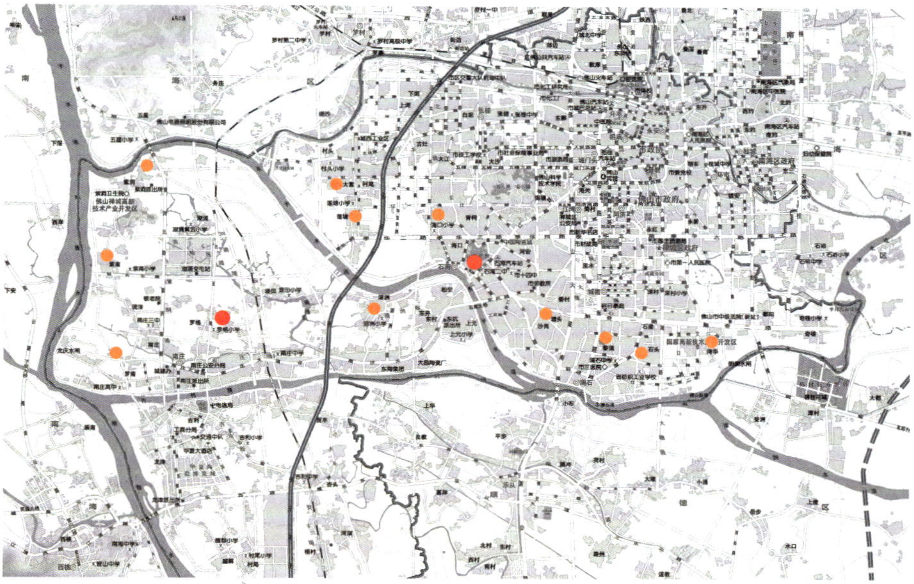

禅城区重要历史村落分布示意图

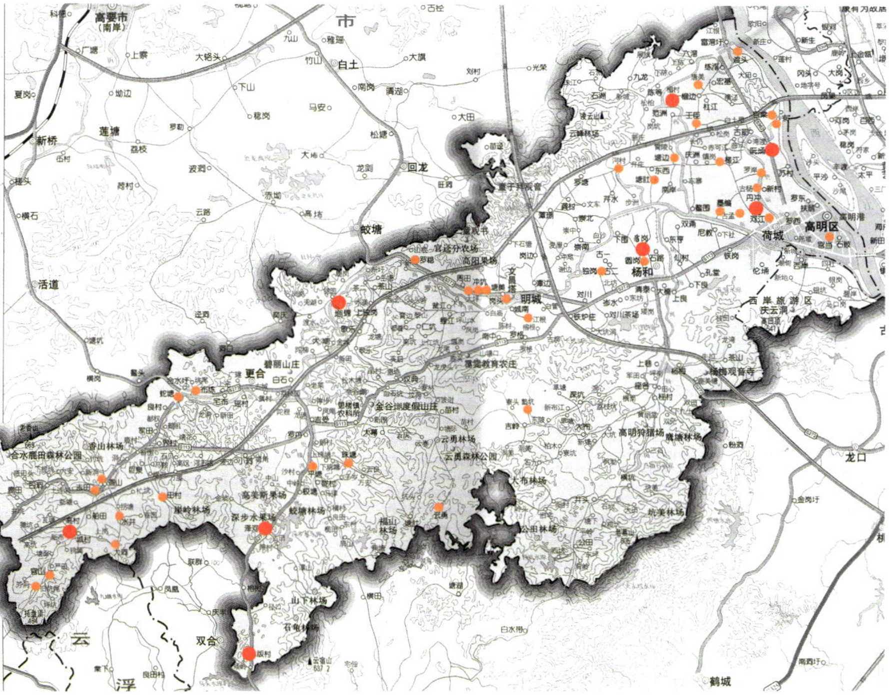

高明区重要历史村落分布示意图

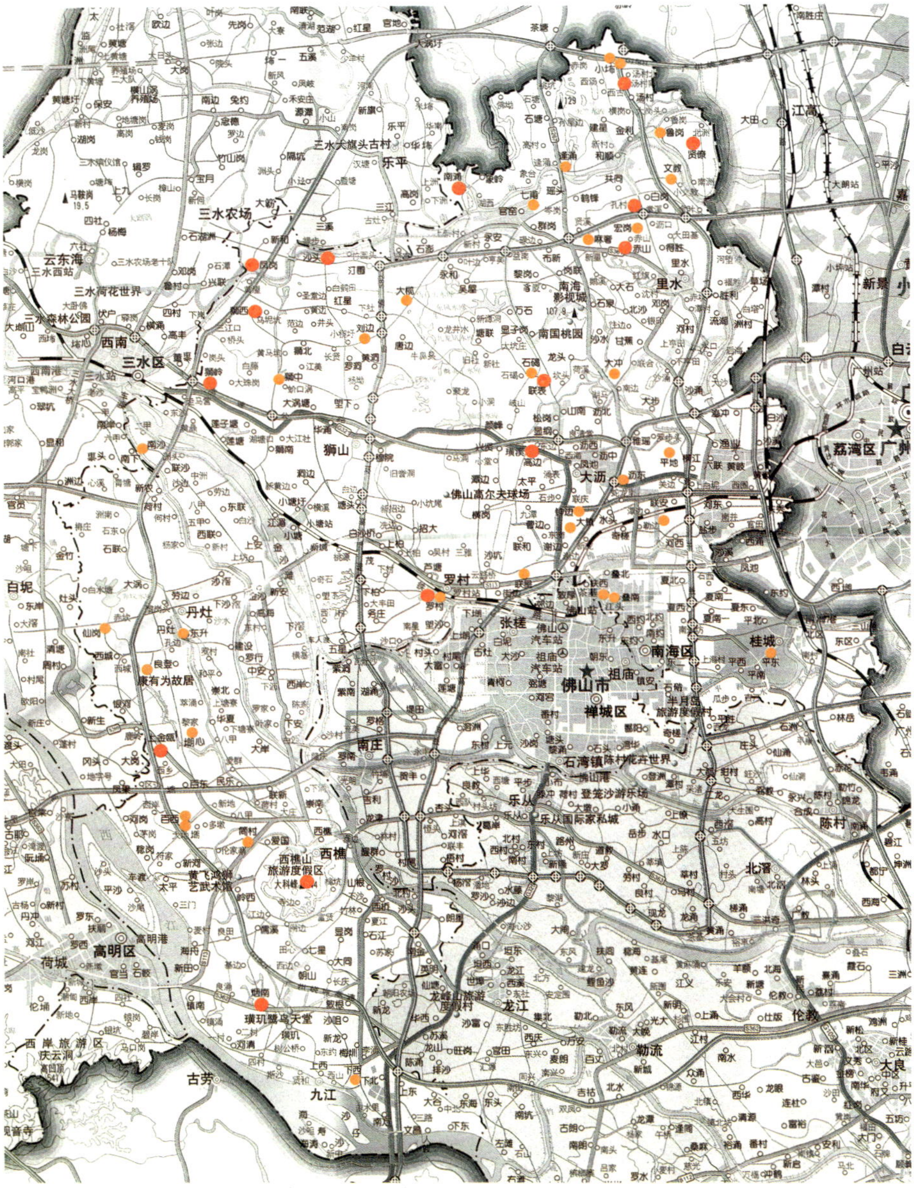

南海区重要历史村落分布示意图

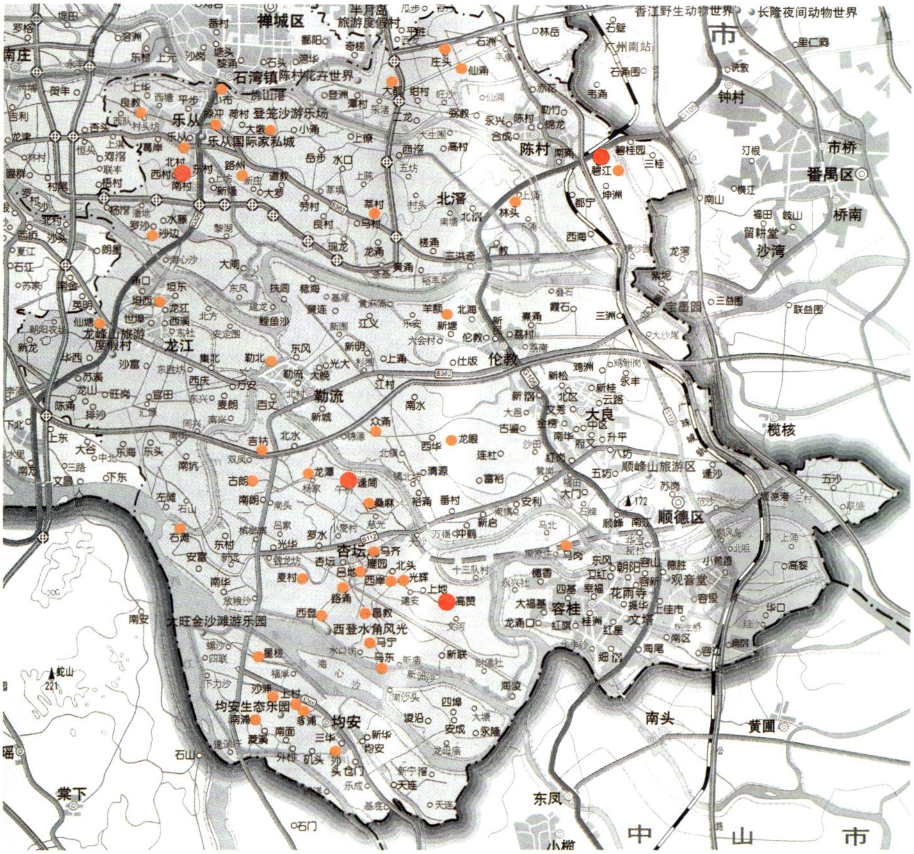

顺德区重要历史村落分布示意图

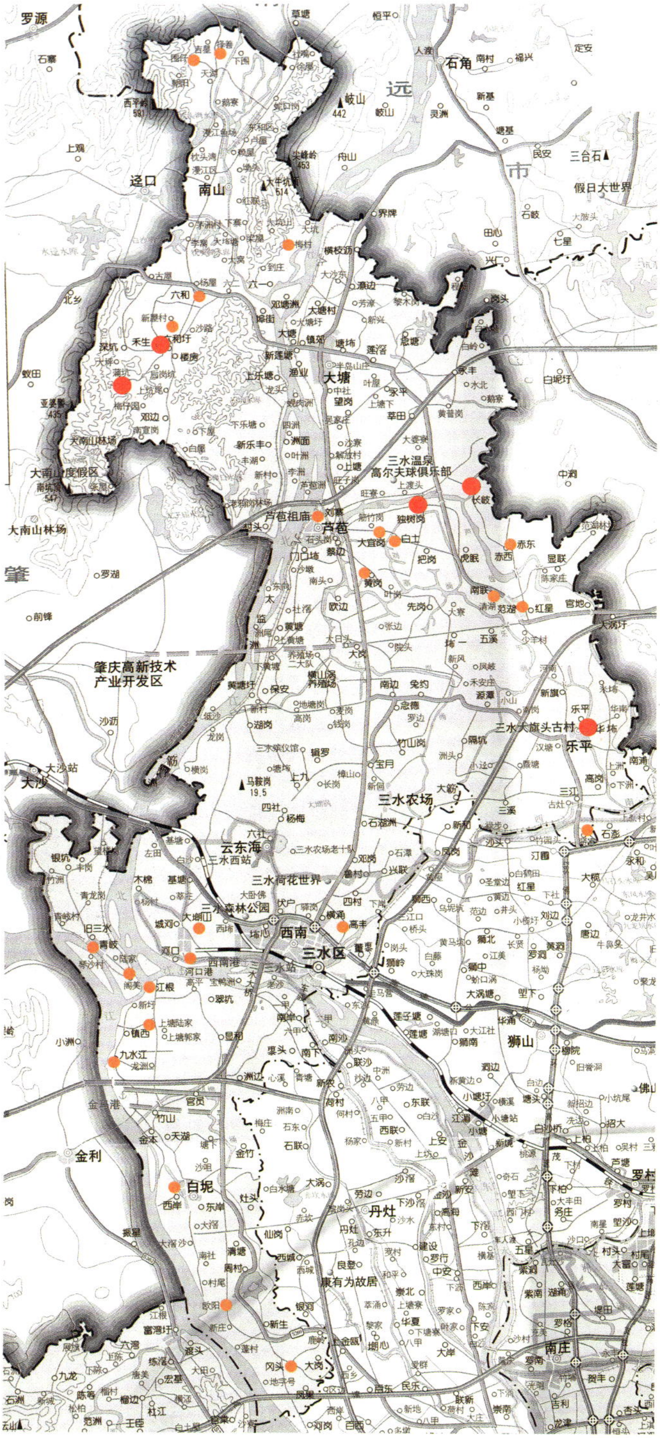

三水区重要历史村落分布示意图

“佛山市人文和社科研究丛书”出版前言

文化是一座城市的品格和基因，佛山是座历史传统悠久、人文气息浓郁、文化积累深厚的城市。近年来，佛山经济社会发展日新月异，岭南文化名城建设如火如荼，市、区有关部门及镇街从各自工作职能或地方发展特点出发，陆续编辑出版了一些人文社科方面的图书及资料。但从全市层面看，尚无一套完整反映佛山历史文化和人文社科方面的研究丛书，实为佛山社会文化传承的一大憾事。为弥补这不足之处，中共佛山市委宣传部、佛山市社会科学界联合会决定联合全市社会科学研究力量，深入挖掘佛山历史文化资源，梳理佛山哲学社会科学研究成果，编辑出版“佛山市人文和社科研究丛书”，并力争将其打造成为佛山市的人文社科研究品牌和城市文化名片。

本套丛书的策划和编辑，主要基于以下几个方面的考虑：一是体现综合性。丛书从全市层面开展综合性研究，既彰显佛山社会经济文化综合实力，也充分展现佛山人文社科研究水平，避免了只研究单一领域或个别现象，难以形成影响力的缺憾。二是注重广泛性。丛书对佛山历史文化、名人古迹、民俗风情、非物质文化遗产和经济、政治、社会、生态等各个方面都给予关注，而佛山经济社会发展亮点、历史文化闪光点和研究空白领域更是丛书首选。三是突出本土性。丛书选题紧贴佛山实际，具有鲜明的地方特色，作者主要来自佛山本地，也适当吸收外部力量，以锻炼培养一批优秀的人文社科研究人才。四是侧重研究性。丛书严格遵守学术规范，注重学术研究的广度、深度和高度。注重理论的概括、提炼和升华，在题材、风格、构思、观点等方面多有独到之处，具备权威性、整体性、系统性和新颖性，是值得收藏或研究的好书。五是兼顾通俗性。丛书要求语言通俗易懂，行文简洁明了，图文并茂，条理清晰，易于传播，既可做阅读品鉴之用，也是开展对外宣传和交流的好读物。六是坚持优质性。丛书综合考虑研究进度和经费安排，本着宁缺毋滥的原则，采取成熟一本，出版一本的做法，“慢工出细活”，保证研究出版的质量。七是力求系统性。每年从若干选题中精选一批进行资助出版，积沙成塔，形成规模，届时可再按历史文化、哲学社会科学、佛山典籍整理等形成系列，使丛书系列化、规模化、品牌化。八是讲究方便性。每本书，既是整套丛书的一部分，编排体例、形式风格保持一致，又独立成书，自成一体，各有风采，避免卷帙浩繁，方便携带和交流。

自2012年底正式启动丛书编辑工作以来，包括这一辑在内，共已编撰出版四辑。每一辑的编撰，编委会都要多次召开专门会议，讨论确定研究主题、编辑原则、体例标准、出版发行等事宜。经过选题报告、修改完善、专家审定、编辑校对等环节，形成每一辑的“佛山市人文和社科研究丛书”。此次第四辑“佛山市人文和社科研究丛书”包括《佛山企业家文化研究》《佛山家风家教研究》《佛山木版年画研究》《佛山养生文化探源》《佛山历史村落》等五本著作。今后，编委会将继续从全市各单位、各院校及社会各界广泛征集项目进行论证遴选和资助出版，力争通过数年的持续努力，形成一整套覆盖佛山人文社科方方面面的研究丛书，使之成为建设佛山岭南文化名城、增强地方文化软实力的一项标志性工程。

本套丛书的编辑得到了佛山科学技术学院、华南师范大学、广东东软学院、顺德职业技术学院、佛山市中医院等单位和全市广大人文社科工作者的大力支持，中国社会科学院首批学部委员、著名学者杨义教授欣然为丛书作总序，南方日报出版社为丛书的出版做了大量艰苦细致的工作，在此一并表示衷心的感谢，并对所有关心和支持丛书编撰工作的社会各界人士致以深深的敬意！

“佛山市人文和社科研究丛书”编委会

2017年2月

都来了解佛山的城市自我
——“佛山市人文和社科研究丛书”总序

杨　义
（中国社会科学院首批学部委员）

大凡有文化底蕴的地方，都有它的身份、品格和精神，有它的人物、掌故和地方风物，从而在祖国文化精神总谱系中留下它独特的文化 DNA。佛山作为一座朝气蓬勃而又谦逊踏实的岭南名城，自然也有它的身份、品格、精神，有它的人物、掌故、风物和文化 DNA。对于佛山人而言，了解这些，就是了解他们的城市自我；对于外来人而言，了解这些，就是接触这个城市的“地气”。

佛山有“肇迹于晋，得名于唐”的说法。汉武帝派遣张骞通西域之后，中国始通罽宾，即今之克什米尔。罽宾属于或近于佛教发祥之地，在东汉魏晋以后的数百年间，多有高僧到中原传播佛教和译经。唐玄奘西行求法，就是从罽宾进入天竺的。据清代《佛山志》，东晋时期，有罽宾国僧人航海东来传教，在广州西面的西江、北江交汇的“河之洲”季华乡结寮讲经，宣传佛教，洲岛上居民因号其地为“经堂”。东晋安帝隆安二年（398 年），初来僧人弟子三藏法师达昆耶舍尊者，来岛再续传法的香火，在经堂旧址上建立了塔坡寺。因而佛山经堂有对联云：“自东晋卓锡季华，大启丛林，阅年最久；念西土传经上国，重兴法宇，历劫不磨。”其后故寺废弛。到了唐太宗贞观二年（628 年），居民在塔坡岗下辟地建屋，掘得铜佛三尊和圆顶石碑一块，碑上有“塔坡佛寺”四字，下有联语云：“胜地骤开，一千年前，青山是我佛；莲花极顶，五百载后，说法起何人。”乡人认为这里是佛家之山，立石膀纪念，唐贞观二年镌刻的“佛山”石膀至今犹存。佛山的由来，因珠江冲击成沙洲，为佛僧栽下慧根，终于立下了人杰地灵的根脉。

明清以降的地方志，逐步发展成为记录地方历史风貌的百科全书。地方志一类文献，成为了解地方情势，启示就地方而思考“我是谁”的文化记忆遗产。毛泽东喜欢读地方志书，在战争年代，每打下一座县城，就找县志来读。1929年红军打下兴国县城，获取清代续修的《瑞金县志》，他如获至宝，挑灯夜读。新中国成立后，毛泽东到各地视察、开会，总要借阅当地志书。1958年在成都会议之前，就率先借阅《四川通志》《蜀本纪》《华阳国志》，后又要来《都江堰水利述要》《灌县志》，并在书上批、画、圈、点。他在这次成都会议上，提倡在全国编修地方志。1959年，毛泽东上庐山，就借阅民国时期吴宗慈修的《庐山志》及《庐山续志稿》。可见编纂地方人文社会科学文献，是使人明白“我从何而来”“我的文化基因若何”，保留历史记忆，增加文化底蕴的重要工程。

从历史记忆可知，佛山之得名，是中外文化交流的一个靓丽的典型。它栽下的慧根，就是以自己的地理因缘和人文胸怀，得经济文化的开放风气之先。因为佛教东传，不只是一个宗教事件，同时也是开拓文化胸襟的历史事件。随同佛教而来的，是优秀的印度、波斯、中亚和希腊文化，它牵动了海上丝绸之路。诸如雕塑、绘画、音乐、美术、珍宝、工艺、科技、思想、话语、逻辑、风习，各种新奇高明的思想文化形式，都借助着航船渡过瀚海，涌入佛山。佛山的眼界、知性、文藻、胸襟为之一变，文化地位得到提升。

但是佛山胸襟的创造，既是开放的，又是立足本土的。佛山的城市地标上“无山也无佛”，山的精神和佛的慧根，已经化身千千万万，融入这里的河水及沃土。佛山的标志是供奉道教的北方玄天大帝（真武）的神庙，而非佛寺，这是发人深省的。清初番禺人屈大均的《广东新语》卷六说：“吾粤多真武宫，以南海佛山镇之祠为大，称曰祖庙。”那么为何本土道教的祖庙成了佛山的标志呢？就因为佛山为珠江水流环抱，水是它的生命线，如屈大均接着说的：“南溟之水生于北极，北极为源而南溟为委，祀赤帝者以其治水之委，祀黑帝者以其司水之源也。”于是，从北宋元丰年间（1078—1085年）起，佛山就建祖庙，宋元以后各宗祠公众议事于此，成为联结各姓的纽带，遂称“祖庙”。祖庙附有孔庙、碑廊、园林，红墙绿瓦，亭廊嵯峨，雕梁画栋，绿荫葱茏，历数百年而逐渐成为一座规模宏大、制作精美、布局严谨，具有浓厚岭南地方特色的庙宇建筑群。

这种脚踏实地的开放胸襟，催生和推动了佛山的社会经济开发的脚步。晋唐时期的佛山，还只是依江临海的沙洲，陆地尚未成片。到了宋代，随着中原移民的大量涌入和海外贸易的兴起，以及珠江三角洲的进一步开发，佛山得到了进一步的发展，于是有“乡之成聚，肇于汴宋”的说法。佛山临近省城，可以分润省城的人才、文化、交通、商贸需求的便利；但它又不是省城，可以相当程度地摆脱官府权势压力和体制性条条框框的约束，有利于民间资本、技艺、实业和贸易方式的发育。珠江三角洲千里沃野，需要大量铁制的农具，因而带动了佛山的冶铁铸造业。屈大均《广东新语》卷十五说："铁莫良于广铁，……诸炉之铁冶既成，皆输佛山之埠，佛山俗善鼓铸，……诸所铸器，率以佛山为良，陶则以石湾。"生产工具的改进和省会、海外需求的刺激，又进一步带动了以桑基鱼塘为依托的缫丝纺织业。

起源于南粤先民的制陶业，也在中原制陶技术的影响下，迅速发展起来了。南宋至元，中原移民把定、汝、官、哥、钧诸名窑的技艺带到佛山石湾，与石湾原有的制陶技艺相融合，在吸取名窑造型、釉色、装饰纹样的基础上，使"石湾集宋代各名窑之大成"。石湾的土、珠江的水，在佛山人手里仿佛具有了灵性，它们在南风古灶里交融裂变、天人合一，幻化出五彩斑斓的石湾陶。清人李调元《南越笔记》卷六记载："南海县之石湾善陶。凡广州陶器，皆出石湾，尤精缸瓦。其为金鱼大缸者，两两相合。出火则俯者为阳，仰者为阴。阴所盛则水浊，阳所盛则水清。试之尽然。谚曰：'石湾缸瓦，胜于天下。'"李调元是清乾嘉年间的四川人，晚年著述自娱，这也取材于《广东新语》。水下考古曾在西沙沉没的古代商船中发现许多宋代石湾陶瓷。在东至日本朝鲜、西至西亚的亚曼和东非的坦桑尼亚等地，也有不少石湾陶瓷出土。自明代起，石湾的艺术陶塑、园林建筑陶瓷、手工业用陶器不断输出国外，尤其是园林建筑陶瓷，极受东南亚人民的欢迎。东南亚各国如泰国、越南、新加坡、马来西亚、印度尼西亚等地的出土文物中，石湾陶瓷屡见不鲜。至今在东南亚各地以及香港、澳门、台湾地区的庙宇寺院屋檐瓦脊上，完整保留的石湾制造的瓦脊就有近百条之多，建筑饰品更是难以计其数。石湾陶凭借佛山通江达海的交通条件和活跃的海外贸易，走出了国门，创造了"石湾瓦，甲天下"的辉煌。石湾陶瓷史，堪称一部浓缩的佛山文化发展史，也是一部精华版的岭南文化发展史：南粤文化是其底色，中原文化是其彩釉，而外来文化有如海风拂拂，引起了令人惊艳的"窑变"。

佛山真正名扬四海，还因其在明清时期演绎的工商兴市的传奇。明清时期的佛山，城市空间不断拓展，商业空前繁荣，由三墟六市一跃变为二十七铺。佛山的纺织、铸造、陶瓷三大支柱产业，都进入了繁荣昌盛的发展阶段。名商巨贾、名工巧匠、文人士子、贩夫走卒，五方辐辏，汇聚佛山。或借助产业与资本的运作，富甲一方，造福乡梓；或潜心学艺，精益求精，创业自强。于是，佛山有了发迹南洋的粤商，有了十八省行商会馆，有了古洛学社和佛山书院，有了诸如铸铁中心、南国丝都、南国陶都、广东银行、工艺美术之乡、民间艺术之乡、中成药之乡、粤剧之乡、武术之乡、美食之乡等让人艳羡的美名，有了陈太吉的酒、源吉林的茶、琼花会馆的戏……百业竞秀，名品荟萃，可见街市之繁华。乡人自豪地宣称："佛山一埠，为天下重镇，工艺之目，咸萃于此。"外地游客也盛赞："商贾丛集，阛阓殷厚，冲天招牌，较京师尤大，万家灯火，百货充盈，省垣不及也。"清道光十年（1830 年）佛山人口据说已近 60 万，成为"广南一大都会"，与汉口、景德镇、朱仙镇并称"天下四大名镇"，甚至与苏州、汉口、北京共享"天下四大聚"之美誉，即清人刘献廷《广阳杂记》卷四所云："天下有四聚，北则京师，南则佛山，东则苏州，西则汉口。"佛山既非政治中心，亦非军事重镇，它的崛起打破了"郡县城市"的旧模式，开启了中国传统工商城市发展的新途径。它以"工商成市"的模式，丰富了中国城市学的内涵。

近现代的佛山，曾经遭遇过交通路线改变、地理优势丧失、经济环境变化的困扰。但是，佛山没有步同列"四大名镇"的朱仙镇一蹶不振的后尘，而是在艰难中励志探索，始终没有松懈发展的原动力，在日渐深化的程度上实行现代转型。改革开放以来，佛山又演绎了经济学家津津乐道的"顺德模式"和"南海模式"。前者是一种以集体经济为主、骨干企业为主、工业为主的经济发展方式。借助这种模式，顺德于 20 世纪 80 年代完成了从农业社会到初始化工业社会的过渡，完善了有利于科学发展的体制机制，诞生了顺德家电的"四大花旦"——美的、科龙、华宝、万家乐。后者是以草根经济为基础，按照"三大产业齐发展，五个层次一起上"的方针，调动县、镇、村、组、户各方面的积极性和社会资源，形成中小企业满天星斗的局面。上述两种模式衍生了佛山集群发展的制造业基地、各显神通的专业市场、驰名中外的佛山品牌、享誉全国的民营经济。

佛山在自晋至唐的得名过程中埋下了文化精神的基因，又在现代产业经济发展中，培育和彰显了一种敢为人先、崇文务实和通济和谐的佛山精神。这种文化基因和文化精神，使佛山人得近代风气之先，走出了一批影响卓著的名人：从民族资本家陈启源到公车上书的康有为，从"近代科学先驱"邹伯奇到"铁路之父"詹天佑，从"岭南诗宗"孙蕡到"我佛山人"吴趼人，从睁眼看世界的梁廷枏到出使西国的张荫桓，从岭南雄狮黄飞鸿到好莱坞功夫巨星李小龙。在现代工商发展方式上也多有创造，从工商巨镇到家电之都，从"三来一补"到经济体制改革，从专业镇建设到大部制改革，从简镇强权到创新型城市建设，百年佛山人在政治、经济、文化领域引领风骚，演绎了一个个岭南传奇。佛山适时地开发了中国最具经济实力和发展活力之一的珠江三角洲腹地，位于亚太经济发展活跃的东亚及东南亚的交会处的地理位置优势，由古代"四大名镇"之一转型为中国的改革先锋。

佛山人生生不息、与时俱进的创造力，蕴含着深厚的文化血脉和丰富的文化启示，值得进行系统的梳理和深层次的阐释。当代的佛山人，在默默发家致富、务实兴市的同时，应该自觉地了解生于斯、长于斯的这个城市的“自我”，总结这个城市发展的风风雨雨、潮起潮落的足迹，以佛山曾是文献之邦、人文渊薮的传统，来充实自己的人文情怀，提高“佛山之梦”的境界。佛山人也有梦，一百年前“我佛山人”吴趼人在《南方报》上连载过一部《新石头记》，写贾宝玉重入凡世乃是晚清社会，他不满于晚清的种种奇怪不平之事，后来偶然误入“文明境界”，目睹境内先进的科技、优良的制度，不胜唏嘘。他呼唤“真正能自由的国民，必要人人能有了自治的能力，能守社会上的规则，能明法律上的界线，才可以说自由”；而那种“野蛮的自由”，只是薛蟠要去的地方。这些佛山文化遗产，是佛山人应该重新唤回记忆，重新加以阐释的。

“我佛山人”是我研究小说史时所熟悉的。我曾到过佛山，与佛山人交流过读书的乐趣和体会，佛山的文化魅力和经济成就也让我感动。略有遗憾的是，当我想深入追踪佛山的历史身份、品位和文化 DNA 时，图书馆和书店里除了旅游手册之类，竟难以找到有丰厚文化底蕴的新读物。“崇文”的佛山，究竟隐藏在繁华都市的何方？“喧嚣”的佛山，可曾还有一方人文净土？我困惑着，也寻觅着。如今这套“佛山市人文和社科研究丛书”，当可满足我的精神饥渴。它涵盖了佛山的方方面面，政治、经济、文化、历史、人文、地理，城市、人物、事件，时空交错，经纬纵横，一如古镇佛山，繁华而不喧嚣，富有而不夸耀；也如当代佛山，美丽而不失内秀，从容而颇具大气。只要你开卷展读，定会感受到佛山气息，迎面而来：佛山味道，沁人心脾；佛山故事，让人陶醉；佛山人物，让人钦佩；佛山经验，引人深思；佛山传奇，催人奋进。当你游览祖庙圣域、南风古灶、梁园古宅之后，从容体味这些讲述佛山文化的书籍，自会感到精神充实，畅想佛山的过去、当下和未来。我有一个愿望，这套丛书不止于三四本，而应该是上十本、上百本，因为佛山的智慧和传奇，还在书写着新的篇章，佛山是一部读不完的大书。佛山，又名禅城。佛山于我们，是参不透的禅。这套丛书可以使我们驻足沉思，时有顿悟！

我喜欢谈论人文地理，近来尤其关注包括佛山在内的南中国地区的历史文化。但是对于佛山，充其量只是走马观花、浮光掠影，爱之有加，知之有限。聊作数言，权作观感。是为序。

2017 年 3 月

序

数千年前的新石器时代，佛山地区就出现了古椰、河宕、银洲、鱿鱼岗这些规模较大的原始农渔聚落。这些孕育了佛山乃至广府文明的聚落，历经几千年的岁月沧桑，至今仍默默地伴随在灯火辉煌的城市周边。这些遗址对研究岭南地区人类聚居历史有重要意义，其中高明古椰遗址更被誉为“广东的河姆渡”，成为2006年中国十大考古发现之一。它们是佛山地区人类聚居历史源远流长的辉煌见证。

可是，有多少人了解？

唐代至明清，佛山历史村落不断扩张发展，形成了成熟、多样的广府村落形制，集广府村落文化之大成，三水大旗头村更被誉为“岭南第一村”。近现代工业化和西学东渐，佛山历史村落又成为岭南乃至全国的先驱。

历史村落于我们之魅力，在于其包容之博杂，在于乡土与人之联系，在于其藏而不露之宏大文化，妙不可言。正是横看成岭侧成峰，远近高低各不同！

佛山历史村落是这一方先民的智慧结晶，历经千年传承，随遇而变。村落纷繁复杂的变化，正隐含着大千世界的本质。不读懂历史村落，如何品味佛山？

每一个有年份的村落都是有独立配方的陈年美酒，只有懂得品味方能领略其精妙。众多历史村落之精妙在世人面前，如珍珠藏于沙砾，光芒被掩盖尘封。因此十年之路漫漫，我们的理想是重新发现佛山历史村落的价值，并通过自己的思考和实践重塑佛山历史村落的价值！

每个历史悠久的村落都是一个错综复杂的小宇宙，物质文化、非物质文化和人类族群交叠，形成了变幻无穷的村落文化。不同的历史时期，其文化一直在流变。要解构之，其困难可想而知。

今日此书仅为研究工作的阶段性小结，亦为鞭策自己前行的动力。我们愿为寻求广府古村之真、之善、之美上下求索、共尽绵薄！

周彝馨　吕唐军

二〇一七年初春于周彝馨广府建筑推广工作室

目　　录

附表

第一章 绪论

仲尼有言："礼失而求诸野。"

人类学家 C. 阿伦斯伯格和 S. 金布尔指出，聚落"是将文化与社会联系起来的一个主要环节，也许还是决定性环节"，是"文化社会个性之间的联系，是文化的缩影"。聚落是真正意义上的本土的、"日常的"生活世界，是诠释人类生活空间的重要突破口。它是人类聚居环境的基本单元，是人类聚落中最本真的状态。要探求文化的本质，必然要研究村落。

第一节　研究佛山历史村落的意义

一、佛山历史村落具有典型的岭南文化特色

村落是人类文化的集合体，岭南村落包含了博大精深的岭南文化。佛山有众多重要的岭南历史村落，在岭南历史村落中的地位举足轻重。三水大旗头村被称为岭南第一村，三水长岐、南海松塘、顺德逢简、高明阮埇等村落是岭南村落中的明珠。

今天岭南学派已成显学，研究岭南历史村落的学者和著述众多。但多数研究仍聚焦于广州、粤北、粤东等地区。广州作为岭南首府，毗邻佛山，比佛山的历史更悠久；粤北与粤东则是作为客家文化与潮汕文化的代表。作为岭南建筑文化关键一环的佛山历史村落文化实是被忽略了。加上近年来佛山发展迅速，对历史村落的更新保护方法反复多变，众多的历史村落已濒临湮灭，危机更甚。因此我们的研究，要为佛山历史村落研究理清思路，为岭南历史村落研究提供更多珍贵的历史和现状资料。

佛山历史村落折射出佛山乃至岭南广府地区的历史、文化发展脉络。今天研究之目的，是还原佛山历史文化之原貌，确立其在岭南与广府文化中的核心地位。

二、佛山历史村落是大量历史信息的载体

对传统的研究，是对文化与历史的一种侧面反思。我们研究历史村落文化，最终是为了还原历史原貌，传承文化精粹，为后人留下经验与启示。

在地区经济发展与城市化进程中，历史村落的环境亦发生重要变化，大量历史村落在无声无息中变迁、湮没、消亡。佛山的历史村落是宝贵的

文化遗产，我们将尽最大的努力，以影像和文字形式将其辉煌记录下来，给子孙留下真实的历史信息。

文化是需要不断传承才能发扬光大的。岭南村落研究早已自成一派，然博大精深的佛山历史村落仍未被深刻解读与继承发扬。我们的研究，将在文化精神层面解读佛山历史村落，探索一条传承与弘扬之路。

三、探索历史村落对于指导当代村落更新活化的意义

村落是有生命的，其生、老、病、死遵循一定的规律，其演变进化也遵循生物适应性的规律。村落的形态千变万化，借助达尔文的自然选择学说“物竞天择，适者生存”解释之，其核心是村落对多样的自然环境与社会环境的适应性。这点在历史村落中表现得尤为明显。历史村落建立伊始，就不断适应不同的时代、不同的环境和不同的社会文化，至今遗存的历史村落具有典型性。因此，我们对历史村落的研究，最终目的是寻找这种适应性原则。

在地区经济发展与城市化进程中，历史村落的环境亦发生重要变化，大量村落在无声无息中变迁、湮没、消亡。当代村落出现许多重大转折，空心村、村落老化、村落空间变异、村落消亡等突出问题在佛山历史村落中皆有出现。以一孔窥全貌，研究佛山地区历史村落的变迁及其动因，对于应对当代村落的众多重要问题有积极作用。

佛山历史村落产生于特定的历史、文化环境，是不可再生资源，具有重大的保护研究价值。通过对佛山历史村落的深入研究，我们可以掌握村落文化变迁的脉络，可为当代的历史村落保护与活化提供理论依据，对于应对当代历史村落保护与活化的众多问题有积极指导意义。

第二节　研究对象的概念与范围界定

一、关于“历史”

《中国历史辞典》对“历史”的释义是：事物的发展过程。人们往往把非现实的东西，即已经逝去的东西称为历史，但它是过去确曾存在的客观事物，而不是在人们头脑中虚构的产物。现实也会随着时间的推移而变为历史，因此历史与现实只是相对的事情。这是“历史”一词的本意。

二、历史村落的范围界定

“历史”既然是不断流变的，“历史村落”的内涵亦必然是不断变化的。“历史村落”并不特指某一时期某一朝代的村落，因此要解读“历史村落”，必然要掌握历史村落的流变与趋势。

本书研究的历史村落的时间范围，是指中华人民共和国建立（1949年）前建村的村落，并必须保留有一定数量的物质文化遗产和非物质文化遗产。

三、佛山地区范围界定

本书中“佛山”所指的地域范围，是指包括禅城区、南海区、顺德区、三水区和高明区五区的佛山地区范围（见图1－1）。以2002年公布的佛山行政辖区范围为界。

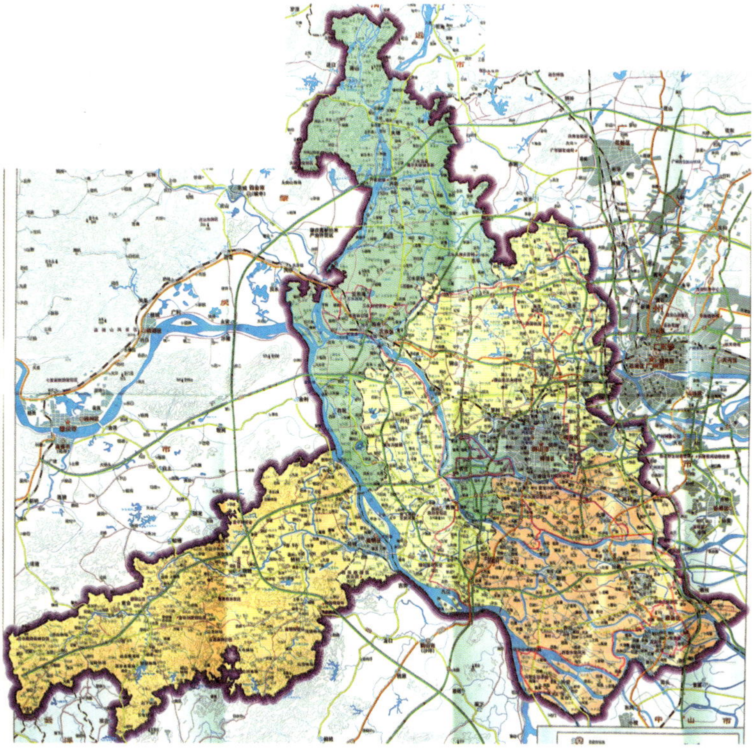

图1－1　佛山五区地图

图片来源：《佛山五区地图》

第二章

佛山地区历史文化背景

第一节　佛山地区概况

佛山位于中国广东省中南部，地处珠江三角洲腹地，东经113°06′，北纬23°02′，北邻广州，南接江门，东通珠海，西连肇庆，临近港澳，地理位置优越（见图2－1）。

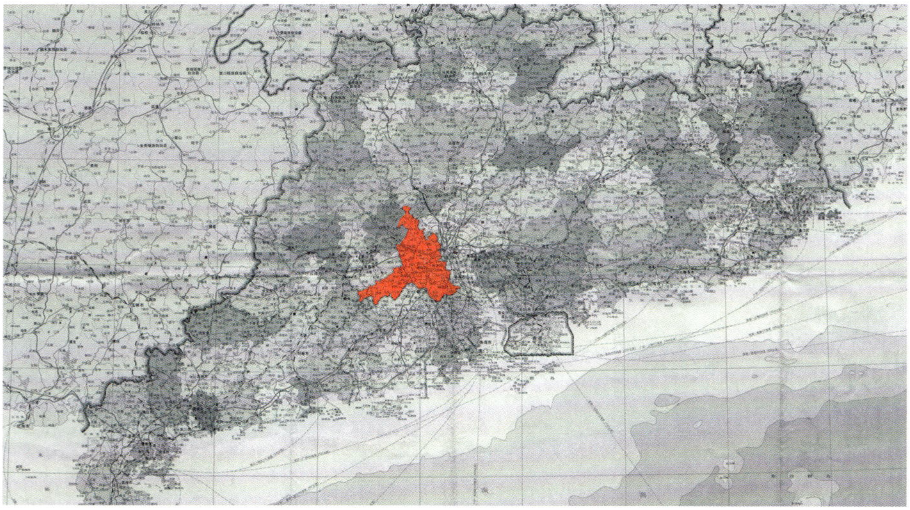

图2－1　佛山市区位图（红色范围为佛山市）

图片来源：作者绘，参考《广东省地图》

五六千年前，佛山处在古珠江三角洲的南部滨海地区，离海边约一二十公里。北宋前，西江、北江在三水汇合，佛山处在古珠江三角洲的西、北江冲积扇的前沿，出海港汊很多，珠江水系中的西江、北江及其支流贯穿全境。

距今约4500—5500年前，百越先民沿西江、北江繁衍生息，佛山已经开创了渔耕和制陶的原始文明。秦汉年间，更有颇具规模的农渔村落。明清时期，佛山成为中国四大名镇之一和“四大聚”之一。几千年来，佛山一直是岭南文化与广府文化的核心地带，历史悠久，人文荟萃，积淀深厚。

第二节　佛山地区聚落的萌芽时期

自新石器时代始，佛山已具有一定规模的农渔聚落，今天这些原始聚落的地面构筑已不存，仅剩下遗址和众多重要的文物佐证。其中最重要的遗址有西樵山遗址、河宕遗址、鱿鱼岗遗址、三水银洲遗址和高明古椰遗址等，它们共同证明了，4000 年前，佛山已经出现多个原始人聚居点，是佛山地区人类聚居村落的黎明时期。

一、古椰遗址（高明荷城）

古椰遗址在高明荷城古椰村鲤鱼岗，东距西江约 1.8 公里，东北部为南蓬山，西南部为圣堂山。西江支流高明河（沧江）经遗址南面流过。4000 年前，珠江口仍是一个大海湾，这个海湾的西岸是一片连绵的崇山峻岭，茂密的原始森林绵延到海边，而在山脚海边较为平缓的地方，生活着一群古人——古椰古人。

古椰遗址属贝丘遗址，1984 年被发现，是新石器时代晚期大约距今 5000—4000 年之间的史前人类的生产、生活遗存。2006 年十大考古成果评选，高明古椰贝丘遗址上榜，成为佛山首个荣登这一殊荣的考古遗迹，堪称“广东的河姆渡”。2013 年，列为全国重点文物保护单位。

2006 年进行抢救性发掘，发掘面积为 1000 平方米。岗顶区发现柱洞、灰坑等遗迹单位 89 个；缓坡区文化堆积已被大量的近现代墓葬破坏殆尽；坡脚区堆积最厚的分 8 层，发现了一处早期的活动面和一处唐代的路面；水田区文化堆积分 7 层，1 层为现代表土层，2 层为唐代文化层，3 层为早商时期文化层。

出土的文物主要有 5 种，包括砍砸器、刮削器、石斧、石锛、石凿和砺石等石器；属于陶器的夹砂粗陶片，印纹多为叶脉纹；猪脊骨、鳖壳等动物遗骨；黑土层中还发现了全世界贝丘中独一无二的保存完整的木器；而更重要的是出土了 40 多粒稻谷，属新石器时代晚期遗物。

二、西樵山遗址（南海西樵）

西樵山遗址发现于 1958 年，是广东省省级文物保护单位。

西樵山是一座古老的死火山，由于火山的作用，形成的岩石适于人类打制石器。历年来对遗址的考古调查及发掘资料表明，西樵山是一处分布面积广、石器丰富、延续年代长的采石场和石器加工场遗址。时间大概从新石器初期延续到青铜时代早期（西周前后）。

西樵山采石场遗址已发现10多处，主要分布在中部铁泉峰锦岩、南蛇岗东南坡、火石迳、富贤村后坡、镇头及佛子庙等地。该文化遗址出土遗物非常丰富，有加工石器用的工具石砧、石锤、琢锤，有石器生产工具石球砍砸器、刮削器、石斧、石锛、石铲等，多为打制石器，成品比例少，多为残次品。石器类型可分为以双肩石器为特征的打制、磨制石器，以小石核石器、石片石器为特征的细石器。这些石器以其独特的风格，构成“西樵山文化”。墓葬多发现于贝丘遗址中，已发掘近100座。陶器以夹砂的圜底釜、圈足罐、陶支脚及泥质的圜底罐、折圈足壶、矮足或高足盘、豆等器形为主，有少量彩陶，几何印纹陶发达，纹样达10多种，刻画符号也较多。

三、河宕遗址（禅城石湾）

河宕遗址位于禅城石湾澜石河宕河南村旧墟，北江支流东平水道从遗址西南流入潭洲水道，西边是一片低矮山岗，东南是一片广阔的冲积平原。该遗址是一个土墩型新石器时代晚期的遗址，距今约4000年，遗址面积1万平方米，是广东省省级文物保护单位。

河宕遗址为贝丘遗址。贝丘，是古代人类居住遗址的一种，以包含大量古代人类吃剩抛弃的贝壳为特征。贝丘遗址多位于海、湖泊和河流的沿岸。在贝丘的文化层中夹杂着贝壳、各种食物的残渣以及石器、陶器等文化遗物，还往往发现房基、窖穴和墓葬等遗迹。

1977年开始进行挖掘，发现了大量生活居住遗迹和文化遗物。遗迹有红烧土硬面、灶坑、灰坑、柱子洞、墓葬等，清理墓葬77座。石器有锛、斧、镞、凿、矛、砺石及石环、石环芯等600多件。出土陶器有釜、罐、壶、豆、盘、盂、纺轮，可复原陶器近20件。纹样以几何印纹陶为多，其中又以曲折纹为主，另有方格纹、叶脉纹、云雷纹、S形纹、凸点或凸格纹，已出现云雷与曲折或方格组合纹样，陶器上还有一批刻画符号。还有骨器、牙器、蚌器、蚝器等。

四、鱿鱼岗遗址（南海西樵）

鱿鱼岗遗址在南海西樵百西西岸村东南处鱿鱼岗上，面积约1.4万平方米，1980 年发现，1985 年进行考古发掘，时间在石峡文化晚期至夏商之际，是广东省省级文物保护单位。

遗址发掘发现了柱洞、灰坑及房屋倒塌遗迹，发现房址 4 处、灰坑 12 个，出土原始墓葬 36 座。房址上发现 10 个柱洞，柱洞口径均在 20 厘米以上，深度为 10—30 厘米，房址上又压着一层倒塌的木骨泥墙堆积。出土陶器有夹砂陶，泥质陶的釜、罐、豆、盆等及陶纺轮。陶片纹饰丰富，有曲折纹、云雷纹、席纹、篮纹、绳纹等，石器有双肩石斧、石锛、三棱石镞、石环等，骨器有骨镞、骨针等，还有水陆两栖动物遗骨。

五、银洲遗址（三水白坭）

银洲遗址在三水白坭银洲村豆兵岗。该岗东北为低塱地，有稻田，西南为村落。岗高约 12 米，面积约 1.5 万平方米。银洲遗址为贝丘遗址，年代为新石器时代晚期后段至青铜时代早期。遗址面积 2.5 万平方米。1982 年发现，1991—1993 年发掘近 775 平方米，是广东省省级文物保护单位。

考古发掘清理墓葬 78 座、灰坑 90 个、房址 5 座。房址四周有基槽，底部排列密集的柱洞。文化内涵分三期。第一期陶器有釜、罐、豆、鼎，纹饰有细斜条纹、条纹、粗线叶脉纹，鼎类仅个别出现，30 号墓有一件木质饰物。第二期陶器有釜、豆、圜底罐、圈足罐、器座、纺轮等，纹饰以曲折纹为主，另有云雷纹、叶脉纹、复线长方格纹等 10 多种；石器有锛、凿、镞、砺石等。第三期陶器新出现凹底罐、广肩罐、细把豆、盘、大口高领尊、有流器等，纹饰有叶脉纹、复线长方格纹、双线方格纹、方格纹、双线方格凸点纹等；石器种类与第二期相同。

六、灶岗遗址（南海九江）

1998 年春，在南海九江大同灶岗发掘了一处新石器时代晚期的贝丘遗址。在 134 平方米范围内，发现了住房遗迹、灰坑和墓葬，出土石器、骨器、陶片以及兽骨、鱼骨和鳖甲等。灶岗是一座高约 20 米的土墩，位于南海西南 16 公里。北依西樵山，东有顺德水，西有西江。灶岗附近还有些土墩，其上也往往发现贝丘遗址。贝丘遗址分布在灶岗西南坡，主要由淡水腹足类软体动物蛤、蠕、螺等的硬壳堆积而成，也有少量在海水中生长的蚝（牡蛎）、鲍鱼等的壳。贝壳堆积沿山脚伸向西北，北坡也有零星发现。遗址范围原本很大，因近年取土仅剩十之一二，山腰断崖上暴露出贝壳的堆积层次。在山崖中段，我们顺崖边开了 5 个探方。尤其是在住房周围，第四层生土层，灰黄色，与贝壳层界线分明。这是一片斜坡，东北高，西南低，表面也凹凸不平。表面发现两座住房，灰坑、火塘和部分柱洞深入地层中。

第三节　民系与移民历史

岭南三大民系，佛山有其二——广府系和客家系。广府民系是从汉武帝开始，经多次南下大军、中原移民与土著百越族结合，在唐代基本形成的；客家民系主要是从两晋开始，尤其是宋元以来自中原南下的移民。高明、三水等地区本来是广府民系与客家民系混居之地，由于清末的“土客之争”发生了大械斗，死伤盈城，因此客家民系迁出高明等区域，偏安于三水南山一带。

从秦代开始，历朝历代就采取开发岭南的战略性移民措施。西晋末年，中原的衣冠望族，或是普通百姓，一部分流入珠江流域。西晋永嘉和东晋年间，珠三角是一个重要的移民迁入地。唐安史之乱后，移民南行入广州，大批北方军人为防御南诏进入岭南。唐代张九龄修通梅岭古道后，南北交通更为通畅。与其相连的珠玑巷，正是梅岭过后的第一站，也成为南迁移民的暂居地。因此佛山大量的村谱族谱中记载先人们来自南雄珠玑巷。

两宋时期掀起了中原南迁的移民浪潮，促使广东人口的构成，其中90%已是汉族。广府系的移民主要在宋代迁入。移民多经南雄再迁各地。广府、潮汕、客家三大民系的分野日益明显。北宋末年广府系移民大量南迁。元攻陷南宋京城临安，大量灾民再次涌向岭南。南宋末年广府系移民再次大量南迁。文天祥、张世杰率数十万江淮宋军转战岭南等沿海地区，在新会崖门与元军会战，十万大军全部覆亡。不少军民流落岭南定居。

南迁移民将珠江三角洲开发成土地肥沃、物产丰富的富饶地区，并造成了佛山地区以广府民系为主，遗留了部分客家民系村落的现状。珠江三角洲的先民们发挥勇于探索的精神，创造了岭南经济社会的发展，并且大量的移民迁往海外打工或经商，开创了华侨文化，推动了世界经济的发展。

第四节　社会文化环境

从新石器时代起，高明古椰遗址、南海西樵山遗址和佛山河宕贝丘遗址等遗存，就显示出佛山聚落和居住文化的源远流长。

佛山是一座历史悠久的文化名城，岭南文化气息浓郁，底蕴深厚，崇文尚武精神彰显，是广府文化的发源地和兴盛之地，亦是广府文化的核心地带。

早在唐宋年间，佛山的手工业、商业和文化已盛极南国。明清时期佛山有辉煌的陶瓷业、铸造业、纺织业和中成药业，有“南国陶都”“广纱中心”“粤剧之乡”“武术之乡”“岭南成药之乡”“南方铸造中心”“民间艺术之乡”等美誉；作为中国南狮的发源地，佛山狮头、佛山扎作和佛山灯色工艺名扬海外，获“狮王之王”之美誉。清末，佛山得风气之先，成为中国近代民族工业的发源地之一，先后诞生了中国第一家新式缫丝厂和第一家火柴厂，并建立了“南洋兄弟烟草公司竹嘴厂”。

佛山人文积淀深厚，是广东历史上出了最多状元的城市。广东在中国历史上一共出过 9 个状元，其中 5 个来自佛山。佛山还曾涌现康有为①、詹天佑②、吴趼人③、伦文叙④、戴鸿慈⑤、谭平山⑥等名人。

---

① 见表 6－2《佛山历史村落重要历史名人》。

② 詹天佑（1861—1919），字眷诚，号达朝，中国近代铁路工程专家。祖籍江西婺源，生于广东南海。12 岁留学美国，1878 年考入耶鲁大学土木工程系，专习铁路工程，获得哲学学士学位。1905—1909 年主持修建我国自建的第一条铁路——京张铁路，创造“竖井施工法”和“人”字形线路，震惊中外；在筹划修建沪嘉、洛潼、津芦、锦州、萍醴、新易、潮汕、粤汉等铁路中，成绩斐然。著有《铁路名词表》《京张铁路工程纪略》等；有“中国铁路之父”“中国近代工程之父”之称。

③ 见表 6－2《佛山历史村落重要历史名人》。

④ 见表 6－2《佛山历史村落重要历史名人》。

⑤ 见表 6－2《佛山历史村落重要历史名人》。

⑥ 见表 6－2《佛山历史村落重要历史名人》。

第五节 经济环境

一、以农业为主的产业环境

在农业经济占绝对优势的村落产业结构影响下，村落的区位与空间格局受到重要影响。近田、近塘成为聚落选址的一个重要因素。多数村落选择靠近农田，并且将村落建筑修建于可以俯瞰村属农田的方位。村落周边的河塘，除了可以排泄雨水，亦是储存水源的空间，还可养殖水产品，在旱季又可以排灌农田，可谓相得益彰。且村落选址趋向鱼塘众多的地段，被鱼塘围绕，形成众星拱月的态势。

二、小农经济的影响

小农经济是一种自给自足的自然经济。小农经济的特点，一是分散性，以家庭为单位；二是封闭性，农业和家庭手工业结合；三是自足性，生产的产品都是自己消费或绝大部分自己消费，而不是进行商品交换。

在小农经济分散性的影响下，家族聚居就成为村落生活的最合理方式。以家庭为单位的生产协作促进了村落家族建筑的集聚性，拉近了家族建筑的距离。因此在宗族的控制下，家族是最有影响力的单元。村落亦形成了围绕支祠聚居的居住模式。

三、河运经济的影响

佛山地区 50 多条主要水道、近 1000 公里的通航里程和 20 多个口岸使水上运输四通八达，为经济发展提供了良好的条件。本地区拥有多个珠江出海口，与南海相连，凭借海上交通与其他国家与地区发生贸易往来，历史上从未中断。这使佛山成为中外文化交会之地，充分体现了中外文化交流整合的特质与风格，成为中国经济和文化上的一个非常特殊的地区，这种作用在近现代历史上更为凸显。多数聚落的选址近水，并有津口与周边水道相通。

第三章

佛山地区重要历史村落概述

佛山地区有众多重要的历史村落，我们依据其规模、历史价值、保存完好程度、特色等方面做出综合评价，并选出16个各具特色的村落进行详细论述。

第一节　大旗头（三水乐平）

大旗头村即三水乐平郑村，为清光绪年间广东水师提督郑绍忠所建，是岭南地区有代表性的清代村落，保存比较完整。现为中国历史文化名村、国家级传统村落、省级文物保护单位，并号称“岭南第一村”。

大旗头村坐西向东，占地约5.2万平方米，古建筑群建筑面积约1.4万平方米。梳式布局，聚族而居，祠堂、府第、民居、文塔、阳埕[①]和池塘兼备。以村东北文塔为笔，村前池塘为墨池，阳埕为纸，塔下两方石，大者高三尺许，形如砚，小者方块状，形如印，组成一个“文房四宝”的人文景观。

大旗头村经历了一个相当长的“分房”过程，体现了广府家族的繁衍历史。随着不断分房，每房人既建住宅亦建祠堂，形成了一片统一、集约的村落建筑群。

图3－1　三水大旗头村航拍

① 阳埕俗称地堂、广场、晒谷场。

图 3－2　三水大旗头村

图 3－3　三水大旗头村局部

第二节　长岐（三水芦苞）

长岐村地处三水芦苞东郊，距镇中心 10 公里，毗邻独树岗及花都赤坭莲塘村，是名副其实的“三花”交界，附近有闻名遐迩的“三水温泉”。长岐背靠文笔山，旁倚九曲河，占地 4.5 平方公里，是芦苞镇规模大、保存好的古村落。长岐村始建于明代，有500多年历史，有钟、何、黄、卢四大姓氏，陈、徐两小姓，其中家族最庞大的是卢氏，全村1200余人，卢氏占了一半。然而卢氏并非开村之祖，而是四大姓氏中定居最迟的；开村的乃是来自花都的钟氏，同出于花都的黄氏随后亦安家至此。族谱上载："卢时忠于大明年间来本村……忠号岐初，故本村名为长岐，又名岐山。"这一记载还道出了村名的来历。另一说，村西侧曾有一"岐山古庙"，在建村之前就已存在，因此村随庙名定为"岐山村"。后来卢氏人丁兴旺而成为村中大姓后，觉得村名恐犯了古庙名讳，便改称"长岐"，取长期居住在岐山之意。现为广东省古村落。

从前，长岐村的陆路交通并不通畅，村民要外出，要么靠船，要么靠九曲河上的独木桥。这桥不是直的，乃一棵大树干从中间劈开，并排架设而成。以船为主的交通对村民而言更显重要，珠江上的水上居民也因此常常光顾长岐。

长岐村坐东向西偏南，东南面背倚山岗"文笔顶"，南面有稍低的"木棉岗"护佑，北面和西面有池塘护卫，合四灵地格局。四大姓氏各建祠堂，所建年代不同，建筑次序为钟、黄、何、卢。

两面水两面山，山水共同筑成长岐的天然防线。塘中只有两条塘堤通往外界。而文笔顶的另一侧棘竹横生、枝繁叶茂，更是难以翻越。村口两侧更楼立于塘边，留有枪孔、侦察口。

图3－4　三水长岐村卫星图

图片来源：百度地图

图 3－5　三水长岐村航拍

图 3－6　三水长岐村巷道

图3－7　三水长岐村卢氏大宗祠阳埕

第三节　松塘（南海西樵）

松塘村位于南粤名山——西樵山之西十里处，隶属南海西樵上金瓯村委会。现为中国历史文化名村、国家级传统村落、广东省历史文化名村、广东省十大最美古村落之一，是南海首个历史文化名村。

自宋咸淳九年（1273年），松塘村始祖区世来开基繁衍至今，已传28代，村中今日常住人口近1700人。历700余年孕育，怀人文底蕴精华，明清以来，科甲蝉联，共出进士5人（其中翰林4人）、进士行伍出身而晋身府台者1人、考中举人及获颁优贡者近20人，是名副其实的翰林村。其中区玉麟、区谔良、区大典、区大原为钦点翰林，而进士区湛森与不经科考而由行伍递升至知府的区维瀚，更分别领文武三品衔；近现代诞生女革命家区梦觉。

松塘村自然环境得天独厚，三面岗峦环抱，北有大塘岗，南有舟华岗，西有文阁岗，以三座山岗为中心，周边遍布小丘陵，有金钟岗、飞燕岗、珍岗、老东岗等，将村落包围其中。村口向东，紫气东来，有“三台献瑞”之说。中央池塘片片连绵，村落倚岗列建，“巷巷朝塘，百巷归源”。村落风貌保存较好。传统建筑规模20,275平方米。村中宗祠家庙、家塾书舍、古民居、古巷道、古井、古树众多。

松塘村民间习俗活跃，流传至今的有正月初四“出色”巡游、二月初二土地诞、六月二十四关帝诞、八月十五中秋烧番塔、九月重阳、孔子诞等活动。

图 3－8　南海松塘村卫星图

图片来源：百度地图

图 3－9　南海松塘村航拍

图 3－10　南海松塘村

图 3－11　南海松塘村祠堂群

第四节　黎边（南海狮山）

黎边村位于南海狮山狮岭村，由黎东、黎西两个村组成，两村均姓黎，据称并无血缘关系。黎边村于南宋咸淳九年（1273 年）从南雄珠玑巷迁至狮岭黎边岗开村，至今已传 27 代，现人口约 700 多。

晚清时期，黎边村曾出现两位朝廷命官——黎廷桂和黎湛枝。民国时期的黎照寰，先后出任全国工商银行行长和上海交通大学校长等职，被上海人尊称为“黎南海”。

图 3－12　南海黎边村卫星图

图片来源：百度地图

图 3－13　南海黎边村航拍

图 3－14　南海黎边村建筑群 1

图 3－15　南海黎边村建筑群 2

图 3－16　南海黎边村古祠堂群

第五节　碧江（顺德北滘）

碧江位于顺德北滘的东北面，始建于宋，距今已有 1000 多年历史，因有一小山岗“碧岗”而得名，后用粤语同音字改称“碧江”。现为中国历史文化名村、中国传统村落。

碧江辖区总面积约 8.9 平方公里，常住人口约 2.98 万，最鼎盛时期曾有 3 万多人口。清咸丰《顺德县志》中载碧江属龙头堡，民夹水而居，百货辐辏，为广州货物一大中转站。

龙头山、伏龙、浮石、温鱼、狮诸岗等山岗皆在碧江内，陈氏昆岗在碧江西北，古人谓此乃“五兽当关，九龙入洞”的风水格局。《顺德县志·舆地略》道：“山自番禺来者，抱旗山渡海而西，为大、小龙头，至都宁最高，逆鱼塘之渚，为县北障。”他们视碧江为顺德的龙头，并把都宁山看作屹立县北的屏障。由于地理位置优越，古珠江水系中的陈村水道、紫泥水道和石壁水道三条主航道交汇于碧江四方磨，形成了一个古代西江、北江的中途要港。碧江在清代中叶已发展成一个颇具规模的手工业造纸基地，并形成了三墟六市，到清末又成为珠三角重要的粮食加工储运中心，俗称“谷埠”，是顺德著名的四大圩镇之一，在珠三角名噪一时。北宋初甘、丁、马、刘、仇五姓率先聚居至此，北宋末年到明代，苏、梁、李、赵等大家族先后迁入并不断壮大，现今碧江主要姓氏为苏、赵两姓。

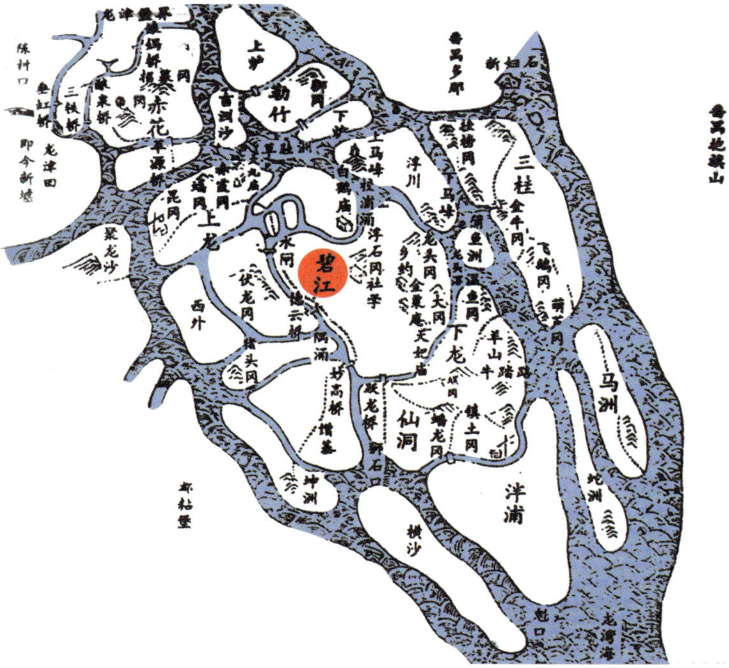

图 3－17　清代碧江区位图

图片来源：佛山市规划局顺德分局，佛山市城市规划勘测设计研究院．北滘镇碧江村历史文化保护与发展规划说明书、专题研究［R］．2009．曾艳萍改

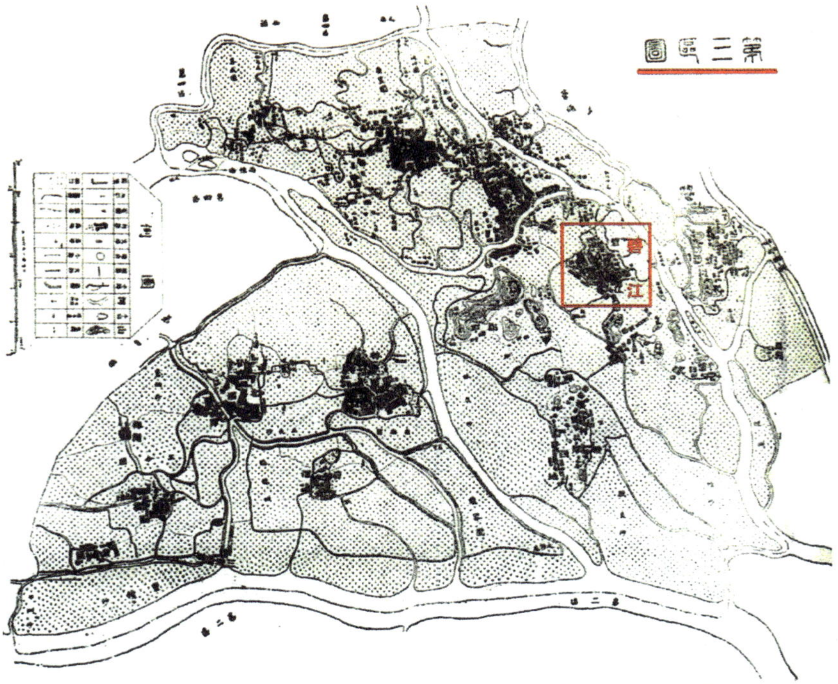

图 3－18　民国时期碧江区位图

图片来源：佛山市规划局顺德分局，佛山市城市规划勘测设计研究院．北滘镇碧江村历史文化保护与发展规划说明书、专题研究［R］．2009．

碧江保留了部分村落机理，保存了祠堂、馆舍、书塾、民居和园林等较为丰富的历史文化遗产，其中包括省级文物保护单位碧江金楼、尊明苏公祠、慕堂苏公祠、碧江村心祠堂群（含峭岩苏公祠、黄家祠、源庵苏公祠、楚珍苏公祠）、碧江泰兴大街祠堂群（含澄碧苏公祠、丛兰苏公祠、逸云苏公祠、何求苏公祠）等重要古建。

自古碧江文风鼎盛，素有“文乡雅集”之称，据统计，宋朝以来碧江最少出过 26 名进士、145 名举人，还有很多通过科举以外途径入朝为官者，自明景泰三年（1452 年）顺德建县至清代中叶，碧江出了 17 名进士、106 名举人，其中苏、赵二姓就占了 14 名进士。而苏氏一门名人辈出，有宋元祐九年（1094 年）进士、太尉右丞苏绍箕，宋殿前指挥、岭南抗元的六世祖苏刘义，精研堪舆风水、兴建始祖太尉三公庙和髻管缨堂的“惠门四俊”之一的八世祖苏显，清雍乾间开碧江儒商风气之先的苏弼，清岭南著名学者和书法家苏珥，还有清乾隆年间著《女学言行录》的李晚芳等，以及苏葵、梁若衡等著名学者和仕宦名人，多不胜举。

这些名人遍布京城和全国各地，他们告老还乡后，致力于建造祠堂和宅第园林，因而碧江村留下了大片富有特色的古建筑。清咸丰《顺德县志》有“俗以祠堂为重大，族祠至二三十区，其宏丽者，费数百金，而莫盛于碧江”之记述。碧江村现存的祠堂、民居、书塾、园林等明清古建筑有近12万平方米，明清古民居300多间、祠堂30多间，主要集中在村心大街和泰兴大街两个历史文化保护区。碧江村以岭南祠堂、岭南民居著称，其中，由金楼、泥楼、职方第、亦渔遗塾、慕堂苏公祠、三兴大宅等省级文物保护单位组成的碧江金楼古建筑群尤为难得，历史文化保护区内拥有8处省级保护文物、10处市级保护文物。

图3－19　顺德碧江村卫星图

图片来源：百度地图

图3-20　顺德碧江村历史建筑分布图

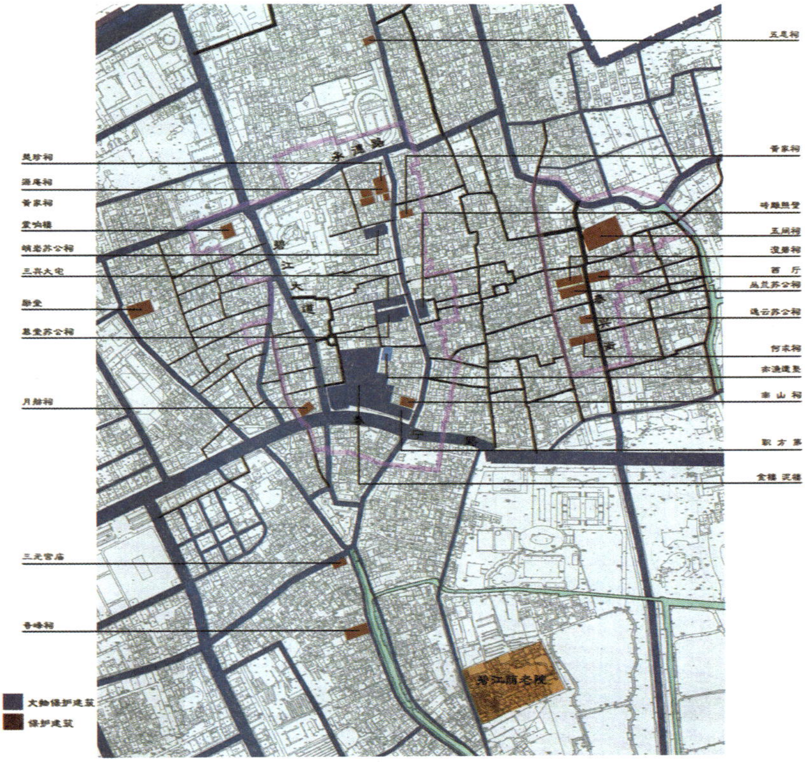

图3-21　顺德碧江村现有历史建筑分布图

图片来源：佛山市规划局顺德分局，佛山市城市规划勘测设计研究院．北滘镇碧江村历史文化保护与发展规划说明书、专题研究［R］．2009.

第六节　逢简（顺德杏坛）

逢简村地处顺德杏坛的北端，自西汉起就有人生息，后来发展成一方集市，唐代就已成村。逢简素有“顺德周庄”之称，四面环水，气候宜人，文风鼎盛，是典型的岭南水乡。村落面积约5.2平方公里，户籍人口6000多。全村河涌总长度达23.8公里，农耕鱼塘4000多亩。

图3－22　顺德逢简村航拍

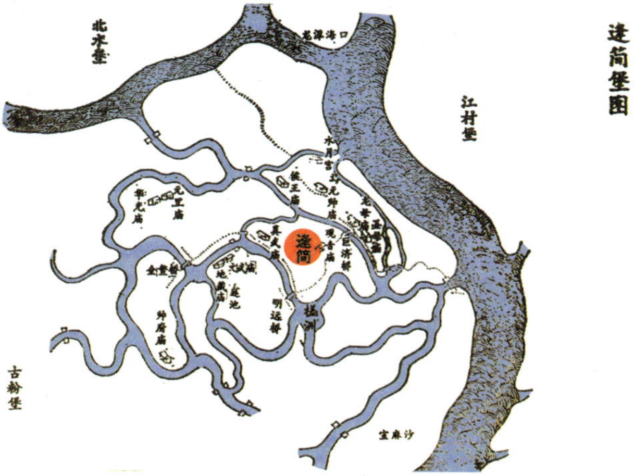

图3－23　清代逢简堡图

图片来源：逢简村提供，曾艳萍改

2008 年，离逢简不远的龙江麻祖岗，发现了先秦时期的文化层，采集、出土了一批商代的陶器、陶片和石器，确认了距今 3000 多年前，逢简附近的地域已有人类居住。逢简碧梧村西汉遗址出土了铁凿、环首刀、陶器等，并有不少水牛、黑熊、梅花鹿、狗、青鱼、鳖等动物骨骼，向人们展现了西汉时期逢简先民以渔猎为主的劳动生活情形。至唐宋年间，逢简渐成村落，村民以渔猎为生。1973 年，逢简出土了一批北宋的渔猎工具，包括梭镖、渔叉、箭簇、铜针、钓钩等。13 世纪，逢简地名“逢村”，已有逢、简等姓在此繁衍生息。明景泰三年（1452 年），顺德立县，逢简为一堡，属马宁都。明万历十年（1582 年）版《顺德县志》载，逢简堡下辖共三村：逢村、简村、东岸。民国二十一年（1932 年），顺德设 193 个乡，其中有逢简南乡、逢简北乡。民国二十九年，顺德县分 13 个区，其中有逢简乡。

村落四面环水，河涌呈“井”字形，自南往北流过村落，汇入西江支流，把村落切割成若干小沙岛。村落原来由梁、刘、李三大族姓的人共同构成，各族中人以河涌为界，枕河而居。随着各族人口的增加及与外姓的联婚，村内姓氏开始增多，每个姓氏分别建立了自己的祠堂。村内具有浓郁的历史文化底蕴，文物古迹遍布，社稷、古桥、庙宇、祠堂、民居、古树众多。水乡村落机理完整，自然环境优美，顺德各地特色美食尽现逢简，如手磨芝麻糊、双皮奶、豆腐、蒸猪、鱼饼等。逢简有说唱龙舟、人龙舞、锣鼓柜、咏春拳等非物质文化遗产。

图 3－24　顺德逢简村卫星图

图片来源：百度地图

第七节　沙滘（顺德乐从）

沙滘村位于顺德乐从，迳口大河、英雄河在村东交汇，沙滘大涌、英雄河、水藤河流经村内。村落面积6.2平方公里，村落以南有约1平方公里农田鱼塘。

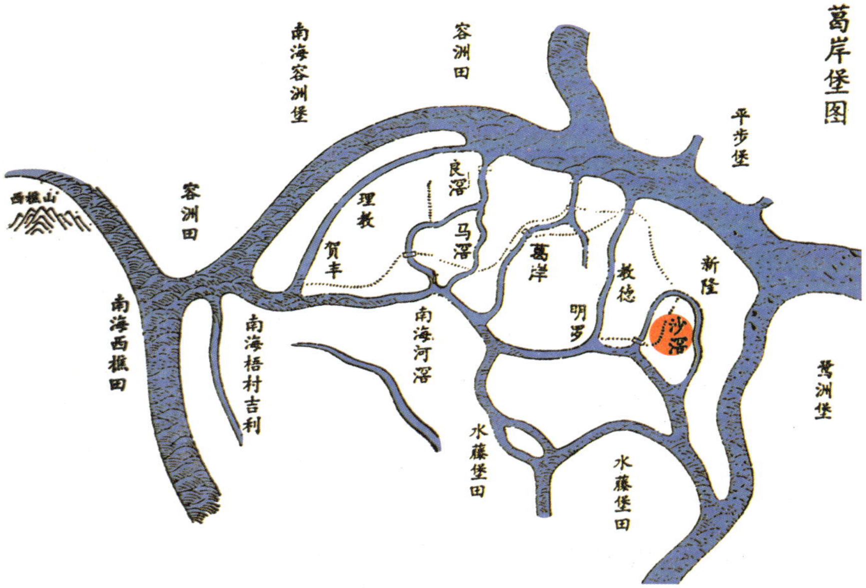

图3－25　顺德沙滘清代区位图

图片来源：佛山市规划局顺德分局，佛山市城市规划勘测设计研究院．乐从镇沙滘历史文化保护与发展规划说明书、专题研究［R］．2009，曾艳萍改

沙滘为罗姓开村，陈姓兴村。南宋绍兴二十七年（1157年），部分罗氏经广东南雄珠玑巷落籍于此，拟名“沙溪”，有诗句“沙溪风俗本纯良，传说罗家开此村”和地名“罗家巷”佐证。明代岑①文亮、岑文凯兄弟得中功名，认为“沙溪”的“溪”意境太小，故改名“沙滘”，明景泰三年（1452年）顺德建县后，隶属葛岸堡。至清中期，沙滘村已是人人称羡的“烟户繁盛之处”。村中大姓为陈，占总人口的37.1%，此外还有何、刘、梁、岑、霍、吴、黄、李、周、黎、冯、罗、区等姓氏。辖区总面积5.31平方公里。

① 通“陈”。

罗姓人迁入后居住在两河交汇处，后来陈氏族人经河南颍水河南下，其中一支定居沙滘，最早在现在的“颍川旧址”居住。陈氏太祖先溪公南迁落籍时，为表与祖先血脉相连，在门前开挖小河一条，以为连接河南颍水的支流，后人便称此地为“颍川旧址”。凭借经商和教育，陈姓逐渐发展壮大，高官、大贾、名儒辈出，成了沙滘大家，开始向周边扩张，逐步成为村中第一大姓。陈氏九世祖闲倡公，由西村分支到隔海（现在的南村）开村，他勤耕苦种，到儿孙长大成人，家境逐步富裕，人们称呼他为“牧伯”，牧伯里由此得名。民国初期，马来西亚华侨陈泰①回西村低地建民居多间。

沙滘的传统建筑，主要代表是省级文物保护单位、与广州陈家祠同宗的沙滘陈氏大宗祠以及古民居群。村落保持和延续了较为完整的清代、民国风貌，中西合璧，具有时代特征。现存有清代、民国各个不同时期的祠堂、书社、家塾、民居以及码头等传统建筑290余处，文物建筑占地约5万多平方米。其中陈氏大宗祠为省级文物保护单位，牧伯里、颍川旧址及低地坊为保存较为完整的古民居群。还有观音庙、财神庙、天后庙等众多大小庙宇。建筑工艺精湛，石雕、木雕、砖雕、灰塑、彩绘等精美。

沙滘华侨曾担任马达加斯加、毛里求斯、塞舌尔三个岛国的总统、副总统。

图3-26 顺德沙滘村卫星图

图片来源：百度地图

① 陈泰，顺德乐从沙滘西村人，19世纪70年代到马来西亚经营锡矿成为巨富。1895年召集、参与筹建沙滘陈氏大宗祠，负责在南洋采办上等木料，历时三年之久。20世纪初在家乡兴办公益事业。

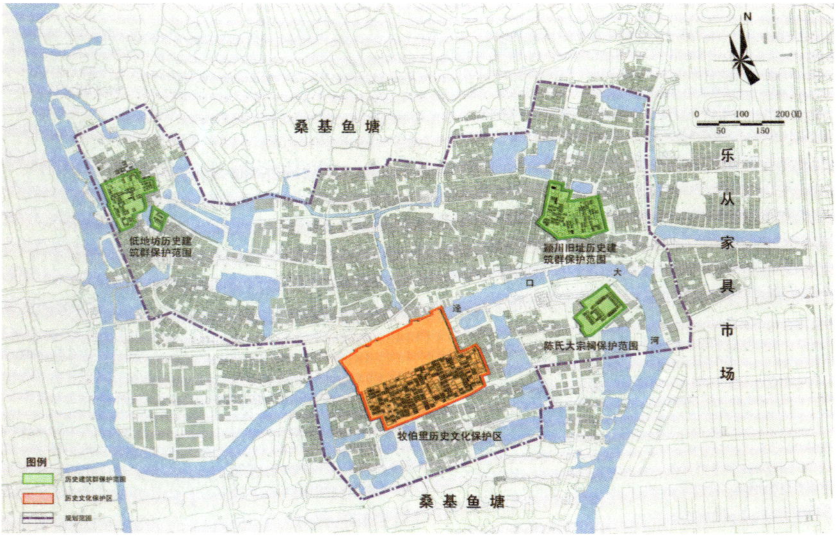

图 3 –27　顺德沙滘村总平面图

图片来源：佛山市规划局顺德分局，佛山市城市规划勘测设计研究院．乐从镇沙滘历史文化保护与发展规划说明书、专题研究［R］. 2009.

南村牧伯里民居群，为清至民国年间兴建。牧伯为古代对州郡一级长官的尊称，在明清时期当地陈氏有人在广西当“牧伯”，后来其两个儿子在沙滘南村开枝散叶，为了纪念他，称之为“牧伯里”。民居群前有一块“永禁规条”石碑，禁止在牧伯里开设烟馆、赌馆，禁止把房屋押给典当行或卖给外姓人，禁止扩建房屋等。至今，牧伯里住的仍多是陈姓人；部分人在海外定居后，房子仍不卖，只是出租。

颍川旧址包括多栋清至民国的民居、西墅陈公祠以及“颍川旧址”“颍川支源”巷门、花岗石巷道，占地约 1 万平方米，梳式布局。

西村低地坊包括低地大街、低地中街、环翠陈公祠、瑞田陈大夫家庙，以及周围建筑群，是南洋商人陈泰出资兴建的。该区西面为大片的桑基鱼塘。民居群大部分为民国初期至中期的建筑。

第八节　汤南（南海里水）

汤南村位于南海里水汤村，东靠汤南山岗群。宋代开村，历代名人辈出，如明代八世祖汤恩礼官将仕郎、九世祖汤举公赠正仪大夫、十世祖汤康显大理寺正卿等。汤南村在清乾隆至道光年间兴盛。现为广东省古村落。

图3－28　南海汤南村航拍

图3－29　南海汤南村鸟瞰

汤南村村落占地面积为6.8万平方米，现存历史建筑面积3.4万平方米，朝向西偏北，人口约400。建筑群前庭开阔，背靠山岗。保存下来的历史建筑有明清时期的民居、祠堂、炮楼、花岗岩石板路和花岗岩石砌塘基等，9条古巷的门楼、汤氏宗祠、大有书塾、信祥花厅和中西合璧的鬼楼庄等建筑尤为突出，还有超过百年历史的榕树、龙眼和木棉。古建筑群密集而整齐，小巷纵横，砖雕、灰塑、壁画众多，设有防火通道和防盗设施，下水道排水系统采用条石暗渠，结构非常合理。民居均采用三间两廊式，镬耳山墙。

第九节　璜溪（南海狮山）

璜溪村隶属于南海狮山高边村，始建于宋，至今已有800多年。自明清开始，璜溪村移居海外（东南亚、澳洲、美洲）的华侨、华人人口累积超过1000，故有华侨村之称。村内历史建筑群多由华侨出资修建。历史名人有：南宋宰相张浚[①]之孙张耿（南宋）、清末民初曾任广东省财政厅厅长的李聘臣等。现为省级历史文化名村、省级传统村落。

图3-30　南海璜溪村航拍

① 张浚（1097—1164），字德远，世称紫岩先生。汉州绵竹（今属四川）人。南宋名相、抗金名将、学者。宋徽宗政和八年（1118年）进士，历枢密院编修官、侍御史、知枢密院事、川陕宣抚处置使、尚书右仆射同中书门下平章事兼知枢密院事都督诸路军马等职，隆兴元年（1163年）封魏国公。病卒，赠太保，后加赠太师，谥忠献。著有《紫岩易传》等。

璜溪村自然环境优美、村落机理清晰、建筑精美，保留有13条巷道的民居和祠堂、书舍、炮楼。

第十节　孔西（南海里水）

孔西村隶属于南海里水共同村。现为南海区十大古村落之一、广东省古村落。

明永乐九年（1411年），为避兵乱，祖籍山东曲阜的孔子五十八世孙孔公通偕子彦均、彦璋从广州彩虹桥迁此建立孔村，距今已有600余年，其子彦均、彦璋成为孔南村始祖，其孙承完、承济、承湘成为孔西村始祖。目前人口规模约300。

村中以清代建筑为主，保存较为完好。历史建筑群占地18.89亩，共有80座民居，为七巷八列。巷为南北走向，每列10座民居，前5座与后5座之间为中心巷，东西走向。每座房屋皆坐北向南，三间两廊式。

村中“至圣家庙”为晚清民国建筑，三路三进三开间，占地面积为1269平方米，规模宏大。

图3－31　南海孔西村航拍

图 3－32　南海孔西村鸟瞰

第十一节　蒲坑（三水南山）

蒲坑村位于三水南山六和村，已有 300 多年历史。南山镇素有“广东香格里拉”的美誉，坐落于三水最北部，地理位置独特，东西两面皆有大山围抱，江河贯镇而过，森林覆盖率在 70% 以上，6 万多亩的原始次森林，使其成为珠三角都市群中罕见的“世外桃源”。六和在南山镇深处，大南山、蒲坑山、邓坑山等四面环绕，周围山峦起伏、林木葱郁、青山绿水，景色迷人。六和全部片区约有 1.3 万人口，95% 说客家话；蒲坑村民是客家人，来自福建莆田，又因居住地是一个山坑，故名蒲坑。

蒲坑居德林公祠，是三水六和客家山村规模最大的祠堂，其整体建筑至今保存完好，现为佛山市文物保护单位。祠堂边有一棵 150 年树龄的龙眼树。据三水县志记载，民国二十七年（1938 年），日军入侵三水，县城沦陷，国民党县政府曾迁至居德林公祠办公。祠堂门口原有两座小脸盆粗细的铸铁“猪仔炮”，用以对付山贼、土匪和“红头贼”①。祠堂门前竖起 1 米高的花岗岩石板，上面有数个射击孔。

① 清政府对陈金钰农民起义军的蔑称。

图 3－33　三水蒲坑村鸟瞰

图 3－34　三水蒲坑村航拍

图 3－35　三水蒲坑村建筑群

图 3－36　三水蒲坑村局部

第十二节　禾生（三水南山）

禾生村位于三水南山六和村，与高屋村相邻。禾生村和高屋村人都姓李，在上百年的变迁中，两村人逐渐互相融合。

清末民初，该地区有禾生圩。禾生圩原名东坑陂，因圩东水坑有拦水陂头，利于禾苗生长，故名禾生圩。在禾生圩西南 0.3 公里处，是镬耳屋村。《三水地名志》载，镬耳屋村的始祖李茂申是清朝时从嘉应州（今梅县）迁来的，因村中建了镬耳屋，故名镬耳屋村。新中国成立后，镬耳屋村更名为“禾生村”。

禾生村为梳式聚落，以德瑜李公祠为门面和中心，村前有一狭长的池塘。德瑜李公祠建于清代，是六和规模第二大的祠堂建筑。

原本在德瑜李公祠右侧，是高屋村的贤玉李公祠，但贤玉李公祠在 1968 年的洪水中被冲垮了，如今，只剩下一块刻着“贤”字的小石匾。高屋村人在原祠堂的旧址上搭建了一座简易的祠堂，用于村民族人集会。

村中原有两个祠堂，所以池塘中间原本有一条塘基，将池塘一分为二。清末民初，村中不断有年轻人病逝，不少村民只能从四会、广宁等地收养男丁延续香火。后来村中的老人将这个现象与民间俗语“一村两塘，专死少年郎”相联系，村民遂将池塘中间的塘基铲平，两个池塘合二为一。此后两村的人丁渐渐兴旺起来，两村融合更加紧密。

图 3－37　三水禾生村

图 3－38　三水禾生村卫星图

图片来源：百度地图

图 3－39　三水禾生村航拍

图 3-40　三水禾生村建筑群

第十三节　乐屋（三水南山）

在广府文化盛行的珠三角，围龙屋并不多见。三水南山六和村乐屋村的围屋非常有代表性。

乐屋村祖先从梅州龙川迁徙而来，至今已在六和定居360余年。最早，他们的祖先在围屋中定居，为了保护财产及家人安全，耗费心血修建了这座围屋。

围屋原本只有一环，第一环的房间住满后，又以中间的祠堂为圆心，开始修建第二环房屋，最多时住了几百位族人。但第二环并没有聚合成完整的半圆形，修建到一半就没有再继续。这时，乐氏族人的其中一支搬出了围屋，在旁边又修建了一座祠堂，繁衍生息。

客家围屋在六和保存下来的非常稀少。乐屋村的围屋是保存得最完好的，但已是人去楼空，难掩残破迹象。围屋中间的祠堂保存完好，但围绕而建的房屋已经部分损毁，后半部分已经衔接不起一个半圆形。围屋是三合土建造的，用没有杂质的细净红土，按一定比例掺以细河沙、水田底层淤泥和老墙泥混制而成。三合土被充分搅拌后，加水反复翻整发酵，再大力夯筑而成。

图 3－41　三水乐屋村航拍

图 3－42　三水乐屋村

第十四节　独树岗（三水芦苞）

独树岗（曾称树溪、同树）为三水的第一大自然村，地处三水芦苞东郊，距镇中心约 10 公里，毗邻长岐村。独树岗始建于元至顺（1330—1333）末年，坐落于北江支流芦苞涌南岸的一片岗丘之上。到中华人民共和国成立之初，独树岗方圆达 8 平方公里，耕地一万余亩。独树岗人口多、土地广，在附近一带很有势力，据称清末芦苞“东西坊”在龙坡社学“开局”，独树岗蔡氏出资 500 银元，自成一局，也成了“东坊”势力最大的宗族。

据传，独树岗因古时候村中山岗上的一棵巍然屹立的参天大树而得名。700 年前，朱姓人家最早在独树岗的杉岗一带开村，故此处早期曾称朱家村。其后有蔡、周、冼等氏族先后来到独树岗定居，自清末民初始，有以打鱼为生的梁氏人家上岸定居。因蔡氏人丁兴旺，不断拓展，独树岗蔚为大村，至民国末年，村中人口已有 5000 多。因地广人多，而蔡氏族人占了九成多，故独树岗向来有“三水一棵蔡”之称。

图 3－43　三水独树岗卫星图

图片来源：百度地图

图3-44　三水独树岗村航拍

图3-45　三水独树岗村

独树岗的蔡氏源远流长，据《独树岗蔡氏族谱》记载，独树岗蔡氏先辈从莆田入仕广东南雄，任南雄知府，定居南雄珠玑巷，若干年后，又有家族后人南游至大塘、胥江、芦苞墟等地经商，后迁至土地较多的独树岗。其子孙后代迁徙至三水河口、南海、阳山、清远等地。关于独树岗蔡氏的来源，广东省社科院研究员陈忠烈认为，独树岗蔡氏应该是从莆田辗转至独树岗，在南来时已经有相当数量的人口，并在大塘、芦苞墟等地待过。他认为这种迁徙属于“举族移居”。

独树岗村的蔡氏祠堂共有9座。蔡氏大宗祠（勋顺堂）建于清光绪四年（1878年），抗日战争期间曾遭受破坏，后经重修。祠坐东南向西北，三路三进三开间，带左右衬祠及青云巷。旁边还建有纪念其开村始祖的“秀清公园”，与宗祠互相辉映。“珠玑宦裔，镐洛宗潢”“独树基开七百年，望族三江源北粤”，在蔡氏大宗祠里，这些对联处处彰显独树岗蔡氏不同凡响的来历。

村中还有洪圣庙，始建于明万历四十五年（1617年），现为市级文物保护单位。

图3-46　独树岗蔡氏大宗祠与秀清公园

第十五节　阮埇（高明荷城）

阮埇村位于高明荷城荷富路西侧，土地面积0.4673平方公里。阮埇的历史可以追溯至元至正年间，最早是区氏族人从南雄珠矶巷迁至此地定居，因村多涌沼，后又有阮姓迁入建村而得名。明清两代，阮埇村进学入仕者众多，约计有进士15位、举人48位；其中区益祖孙7人，高中进士2人、举人5人，开创高明人科考及第之最。

阮埇三面环水，整条村被护村河包围，分为阮东、阮西、阮南、阮北四坊。清代编撰印刷的《江川区氏族谱》，已经刊登有阮埇村建设发展规划图，规划时间之早，制度措施之完善，为高明之最，不仅规划有宽10米的护村河、石板路、石桥、埗头，还规划有商业街、西山塔等阮埇八景。阮埇村核心区为阮西坊和阮北坊，现存明末清初民居41间、清代中期民居13间以及明清年间铺设的石板路、石桥及埗头等。村落还有大夫区公祠、古金库、古围墙、古巷道、书院、私塾等古迹，均有较高的历史艺术价值。

阮西坊古民居群为阮埇的第一核心区。据《江川区氏族谱》记载，该古民居群始建于元末明初，为阮氏族人与区氏族人开村时兴建。随着区氏族人繁衍生息、阮氏族人衰落减少，最后阮氏族人的陆续搬迁，区氏族人逐渐占据，至明末清初阮埇村已全部为区氏族人所居。现存的41座古民居均为明末清初区氏族人所建，总面积约5万平方米。坊中原建有一座区氏大宗祠，为区氏族人于明代为纪念先祖而建，建筑恢宏壮观，可惜新中国成立后被拆毁，现仅剩下祠堂的遗址。

阮北坊古民居群（八大家）位于阮埇村北面，为阮埇的第二核心区。据阮埇村区氏族谱记载，该古民居群建于清康熙年间，是时任奉直大夫的区士元为其8个儿子兴建的，每个儿子2座，共16座，故称“大夫第”，又称“八大家”。现存13座。古民居群四周建有围墙，中间建有一座门楼，通过石桥和石板路与阮西坊相连。

图3－47　高明阮埇村卫星图

图片来源：百度地图

图 3－48　高明阮埇村航拍

图 3－49　高明阮埇村巷道

第十六节　深水（高明明城）

深水村隶属高明明城罗稔村，距离明城镇中心约 6 公里，始建于清光绪元年（1875 年）。嘉庆十七年（1812 年），李姓从附近的岳塘村迁来建村。目前，该村还有张、苏、刘三个姓氏，全村总人口 200 多，其中以李姓居多。深水村古民居群现为市级文物保护单位。

据《广东省高明县地名志》（1992 年版）记载，深水村地处元珠岗，形如田螺。先祖在选址开村时，相中了此处一片山坡地，遂请道士占卦，测算家宅。遵照道士指点，先祖将家宅安置在两山的山洼处，意喻此处为塘，村为螺，螺离开了水就不能生存，遂取村名为“深水”村。村东头的高地被村民喻为螺头，一直被村民守护着，尽管岁月流逝，日月更替，高地始终没被破坏和开发。

该古民居群平面呈棋盘式布局，坐西北向东南，共 3 行，原每行 5 列，共 15 座房屋，现仅剩下 13 座。

图 3－50　高明深水村航拍

图 3－51　高明深水村巷道 1

图 3－52　高明深水村巷道 2

第四章

佛山历史村落空间布局

第一节　佛山地区自然环境

一、佛山地区地理环境

佛山属粤中丘陵和平原区，地势自西北向东南倾斜，地理环境优越，土地肥沃。平原区为佛山地区的地貌主体，低山、丘陵和台地散布于平原之上。三水北部、高明北部属于丘陵区域，中部与南部属于冲积平原与河网平原区，周围还有三水盆地等小构造盆地。

佛山地形平坦，河网密布，平原又分为围田、沙田、基塘等地形。冲积平原与河网平原区低地古代开发利用比较困难，宋以后人们找到围垦这种土地的方式，珠江三角洲低地才得到大规模开发。高明西部和三水北部地区靠近高要地区，为山地丘陵区域。区内普遍存在台地和河流阶地。台地前缘往往有海蚀遗迹，包括古海蚀崖、古海蚀穴和古海蚀平台，如南海石碣、九江中学等地。

佛山地区诸河下游两岸河漫滩平原，临河的外带地势略高，远离河边的内带地势低平，因排水不畅，常年积水成沼泽，土名叫“塱”。下游冲积平原的内带，处于山麓洪积冲积扇形地前方，地下水补给，常年积水洼地分布于大旺草塘、三水农场和南边一带。有些积水洼地是被湮灭了的古代珠江汊道，如北江下游芦苞涌和西南涌沿岸。为确保农业生产和居民点安全，自宋代以来，沿河汊修筑堤防，1952 年起又实施大规模的联围筑闸，加强防洪能力。低洼地调节水位困难大些，人们索性部分浚深为鱼塘，取土填高部分为旱地，称“基塘”，在基塘内种植果桑、甘蔗等作物和养鱼。人工堤围和基塘都是常见的人工地貌。

在某些古代的小海湾和小湖外，形成一些古沙堤，如佛山石湾等地，这些古海沙堤含海相贝壳碎屑，埋藏有新石器时代的遗物。

1853 年冯奉初编纂的《顺德县志》卷三指出：“昔者五岭以南皆大海耳，渐为洲岛，渐成乡井，民亦蕃焉。”珠江河口由海变成河汊、沙洲分布的三角洲，被人民逐步开发。

二、佛山地区气候条件

佛山临近海洋，雨量充沛，四季如春，属亚热带季风性湿润气候，全年日照时数在1800小时以上，无霜期达350天以上。总的来说，佛山夏长冬暖，深冬有阵寒；夏雨冬干，春秋常有旱；春季多低温阴雨，春末夏初多暴雨；春夏常有热带风暴袭击。

佛山地区是季风环流比较发达的地区。夏季盛行的偏南风来自热带海洋和赤道海洋的暖湿气团，空气中水汽含量大，气候温暖、湿润多雨，具有明显的海洋性气候特点。冬季盛行的偏北风，空气中水汽含量减少，气候寒冷，干燥少雨，具有明显的大陆性气候特点。随着冬夏季风的进退，广东各地降水量呈现出明显的季节性变化。每年9月底10月初至翌年2月底3月初，为东北季风控制；10月底至翌年2月中旬为东北季风盛期。西风带槽后的西北气流引导冬季风南下和爆发寒潮，造成全省大风、降温及阴雨天气。一次寒潮过程可使降温10摄氏度以上，持续三四天便可回暖，天气转晴朗。每年3月中旬至5月中旬，广东为东南季风时期，容易形成大范围的蒙雨天气；5月中旬至9月，为西南季风时期，暖湿不稳定，常降大雨到暴雨；6月中下旬，热带东风带控制，前汛期结束，进入热带风暴活动季节。佛山地区的气候变化完全体现了广东的气候特点及规律。

佛山地区每年到达地面的太阳总辐射量，在4400兆焦耳/平方米以上；月最大总辐射出现在7月份，总辐射月最小值出现于2月份。总辐射以夏季（6—8月）最多，冬季（12—2月）最少，秋季多于春季。

年平均气温在21—23摄氏度之间，山地低于平原、谷地。1月气温最低，13—14摄氏度之间，7月最热，平均气温在28—29摄氏度。2月份气温逐渐回升，3、4月份升温最快，8月份开始气温逐渐下降，10、11月降温最快，10月份平均气温23—24摄氏度。秋季气温高于春季。气温年较差15摄氏度。极端最高气温出现于7月中下旬，极端最低气温多出现于1月份，有时也出现于12月和2月。气温日较差平均在6—10摄氏度之间，秋、冬季节日较差大些，春、夏季节日较差小些。1月和10月气温日较差平均在8—10摄氏度。4月和7月6摄氏度左右。

佛山地区为多雨区。年平均降水量1557毫米，最大值2269毫米，最小值1059毫米。山地降水量多于平原和盆地，迎风坡降水量多于背风坡，年中降水量随风向的季节转换而有明显的变化。12月是全年降水量最少的月份，在20—30毫米；2月份开始降水量渐增，80毫米以下；3、4月份降水量迅速增加，4月份降水比3月份增加一倍；5、6月份是全年降水量最多的月份，尤其是迎东南季风的山前地带；8、9月份还有一个降水的高峰期；10、11月降水量明显减少。4—10月是多雨时期，称雨季，集中了全年降水量的80%以上；同时降水集中于夏季，夏季降水量占年降水量的44%以上，冬季降水不足全年的8%，春秋季降水量一般占全年10—30%，春季降水量多于秋季。下半年多雨。降水日数约130—150天，降水日数最多的是6月份，最少的是11月和12月。不仅降水量丰沛，降水日数多，且雨量集中，降水强度大，一日极端最大降水量超过200毫米，一小时最大降雨量在80—100毫米之间。

风向有明显的季节转换。冬季（1月）吹东北到东风；春季（4月）是从冬季风向夏季风过渡的季节，风向多不稳定；夏季（7月）盛行风向主要以东南风和西南风为主；秋季（10月）是从夏季风向冬季风过渡的季节，吹东风和偏北风。

三、佛山地区水文

佛山位于珠江口附近而且地处珠江三角洲中部河网区，河流纵横交错。珠江水系中的西江、北江及其支流贯穿全境，水路四通八达，航运交通方便。水系内除西北江干流及其主要分流河道外，集雨面积超过1000平方公里的河流还有高明河。西江干流在市境内长69.1公里，有支流河道11条，总长度243.2公里；北江干流在市境内长100.2公里，有支流河道13条，总长度258.2公里。50多条主要水道，近1000公里的通航里程和20多个口岸使水上运输四通八达，为经济发展提供了良好的条件。本地区拥有多个珠江出海口，与南海相连。

佛山地区水系，为西江、北江思贤滘以下河网水系和入注的其他诸河，主要有北江干流水道、高明河、甘竹溪分流、容桂水道、佛山水道（佛山涌）、潭洲水道、顺德水道、西南涌、芦苞涌、吉利涌等。

西江三角洲河口段自思贤滘西开始，主流在甘竹滩附近有甘竹溪分流，至南华有容桂水道分流；向东分流部分，由洪奇沥经伶仃洋注入南海。思贤滘长3.5公里，沟通西江和北江。高明河处西江干流水道右岸，发源于高明区托盘顶，于高明区海口碑汇入西江干流水道，集水面积1010平方公里，河长86公里，平均年径流量8.90亿立方米。北江自思贤滘北滘口向南至南海区紫洞，称北江干流水道，河长25公里，在紫洞附近分流三支，北支为佛山水道，中支为潭洲水道，南支为主流从紫洞至顺德区张松上河，称顺德水道，河长48公里；张松上河至番禺小虎山淹尾称沙湾水道。思贤滘北滘口至淹尾，河长105公里。另一分流经蕉门水道和洪奇沥经伶仃洋注入南海。东部北江分流的西南涌、芦苞涌汇于流溪河。（见参考文献［18］）潭洲水道，自南海紫洞至顺德沙亭止，全长37公里，河面宽200—300米，最窄处约100米，最宽处650米。平洲水道，自顺德登洲头至南海平洲止，全长17公里，河面宽100—150米。西、北江汇流后，北支流入佛山水道，

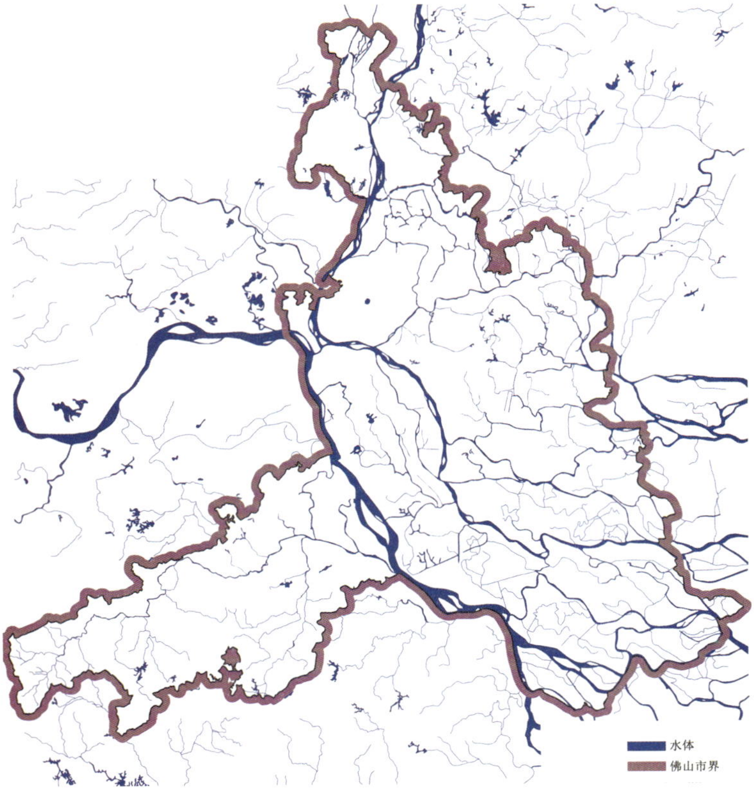

图 4－1　佛山地区水系分布图

资料来源：周彝馨、曾艳萍绘，底图来自《佛山五区地图》

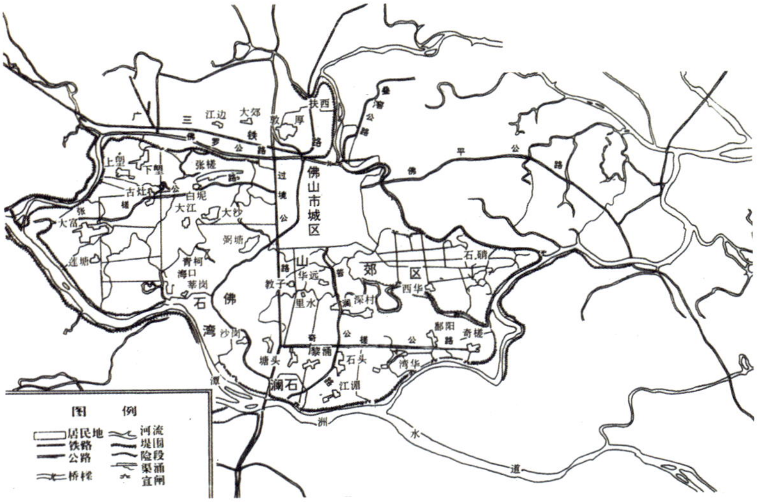

图 4－2　禅城区水系分布图

资料来源：《佛山名镇历史文化资料汇编》

至顺德小布又再分岔向西与北江汇合，即吉利涌，然后东流入海。佛山水道属北江二级支流，自沙口至广州，全长33公里，在禅城区段称“汾江河”，河面宽50—60米，在人民桥果栏出分岔，支流向东转南，经军桥至南海石肯水闸，主流北上到镇水窦。明代以前北江的主要排洪道是芦苞涌与西南涌。潭洲水道则河床宽阔，排洪畅通。到明代，珠江三角洲范围扩大，下游出海水道壅滞，芦苞涌、西南涌相继干涸。

珠江水系进入珠江三角洲地区，越向下游分岔越多，河道呈网状，迂回曲折，河汊纵横互相沟通，经过联围治理，最后注入南海。密如蜘蛛网的小河道在本地区称为“涌”。佛山地区大部分的历史村落都在河道旁或者被河道穿越，所以河道对佛山村落的形态形成有直接的影响。如顺德沙滘村的形态布局充分尊重和利用了旁边水道的曲折变化，将沙滘陈氏大宗祠布置于水道南北向转东西向的节点处，体现出村落入口布置的机巧。

按水道驳岸断面的形式可以分为自然式和规整式驳岸。自然式驳岸是带有植被的缓坡式驳岸，富有天然野趣；规整式驳岸则常用花岗岩、红砂岩、毛石、砖等砌筑而成，剖面通常是垂直或陡坡，抗洪能力强。混合式驳岸则常用砖石砌筑加固，上覆植被。

基塘是人工自然的产物，是人工生态系统。基塘包括桑基鱼塘、蔗基鱼塘和果基鱼塘，是水网地区特有的种植业同池塘养鱼相结合的一种生产方法。南海和顺德均有大量的基塘。

四、佛山地区主要自然灾害

由于地理位置和气候影响，佛山地区主要的自然灾害有暴雨、洪涝（包括外洪和内涝）、台风、旱灾、雷暴、龙卷风等。

佛山地区日降水量大于50毫米暴雨日数平均每年7天左右。暴雨量一般占年雨量的10%—20%，比较集中出现在4—9月，此间的暴雨日数占全年暴雨日数的95%。多年平均，5月至6月有大暴雨，造成前汛期降水的高峰期，称龙舟水。8—9月有大暴雨，出现第二个多雨期，群众称之为白露水。暴雨可造成山洪暴发、洪水泛滥，淹没农田、村庄，并可导致房屋倒塌、决堤、滑坡、泥石流和水土流失等灾害。

由于持续性暴雨和总降雨量大，江河暴涨，低洼地积水，造成洪涝灾害。佛山地区的洪水灾害主要有流域性洪灾（因江河干支流洪水期造成）与局部性洪灾（因局部性地区暴雨造成山洪暴发、水势陡涨）两种类型。第一种可称为外洪灾害，第二种可称为内涝灾害。我们简单分析佛山地区两种灾害的成因如下：流域性的洪水灾害主要源于每年雨季江河进入汛期、水位涨高造成整个流域的水灾危险，加上河道淤堵和堤围欠坚固，会造成大灾难。流域性的洪水灾害来势猛、时间短，极其危险。内涝灾害原因有两种：一为江河水涨、闭窦期长，内水不能外泄造成；二为台风暴雨、宣泄不及造成淹浸。闭窦期遇台风暴雨，为害尤烈。内涝灾害来势较慢、时间长，危害大。洪水季节，西江和北江上游洪水，全部倾入三水思贤滘地区，如两江洪水相遇顶托，便形成大洪水。洪水以龙舟水最严重，因这时正值农历五月大潮，如洪水下泄，刚与初一或十五大潮相遇，便加剧洪水。佛山地区洪水因组成不同，可大致分为三种情况：西江单独发生洪水；北江单独发生洪水；西北江同时发洪，且相碰。以最后一种情况厉害。自清道光以来，佛山地区发生较大的洪涝灾害 48 次，其中清代 29 次，民国 11 次，新中国成立后 8 次。

台风风力大，破坏性极强，能大范围摧毁房屋、庄稼和树木，直接威胁人民的生命财产。在一次热带风暴影响的过程中，一般可持续降水 2—4 天。台风暴雨不仅直接造成灾害，更严重的是常引发山洪，导致农田受淹、房屋倒塌、山崩滑坡和水土流失等。自民国以来，佛山地区因台风造成重大损失的有 12 次。

季节性干旱偶有发生。春旱影响较大，秋旱极少发生。自民国以来，佛山地区发生过 6 次大旱。

雷暴属常见的天气现象。由于佛山地处低纬度，高温湿重，每当冷暖空气交汇，或者热力对流旺盛发展，均可引起雷暴的频繁出现。年平均雷暴日数为 50—75 天。

五、佛山地区农业环境

佛山地区主体部分是珠江三角洲冲积平原，耕地集中连片，土壤肥沃，在人为作用下，已形成沙田、围田、基塘等类型。加之亚热带季风气候影响及河网交织，能满足水稻和多种热带水果、蔬菜生长需要，作物年可三熟，塘鱼可安全过冬。

佛山地区土壤主要有水稻土、堆叠土、赤红壤等。土层深厚而肥沃，自然环境好，基本达到高产土壤要求。堆叠土是在三角洲沉积物上，经人为开塘筑基，每年大量塘泥上基，堆叠而成，过去基上种桑、蔗、果，近年来随着三角洲经济的发展，种桑养蚕已大为减少，而多种蔗、果及牧草。

本区农业的发展也存在某些不利因素，主要是台风、暴雨、洪涝等。同时由于本地区城镇人口激增，工业发展迅速等原因，环境污染问题也日益突出，是农业发展的一个隐患。

由于各种地貌类型都占相当比例，所以有利于农业的多种经营。平原虽分散而不集中，但生产潜力很大，而且滨海滩涂不断发展，可以逐年扩大围垦。丘陵一般土层较深，山地则属低山，均可充分开发利用。平原最为重要，开发利用时间早，成为耕作业最发达的地区，丘陵低山地区，河谷平原散布其间，耕地较为分散。

佛山地区很早就栽桑养蚕，得天独厚的气候条件使其成为蚕桑生产的理想基地。在清朝乾隆年间，曾“弃田筑塘，废稻树桑”，不少地方相继变成了桑基鱼塘专业性的生产区。历史上，佛山地区桑蚕在全国曾占极为重要的地位，民国达到全盛。由于水热条件好，桑叶亩产近万斤，一年可养蚕七八造，产茧量高。但因夏秋时持续高温，蚕丝质量差，出丝率也低。现有桑园面积和产茧量，远未恢复到历史最高水平。养蚕业是劳动密集型产业，种桑一般不与粮食作物争地，还具有提供柴薪和改善环境之功能。

佛山地区亦是中国著名的淡水渔业基地。淡水渔业在唐代以前生产方式落后，到了 9 世纪中唐时期，开始了池塘养鱼。自宋代开始，大量修筑堤围，养鱼业获得了较大的发展。到 15 世纪中叶，珠江三角洲初步形成了基塘生产的雏形，并开始从自给性生产为主进入商品性生产为主的时期。17 世纪明末清初，商品性池塘养鱼获得更进一步的发展，佛山地区成为以基塘生产为特色的全国著名淡水渔业生产基地。佛山历史村落的淡水养殖，主要有池塘、山塘、水库、河涌、家庭小水面和稻田养鱼，以池塘养鱼为主，面积占淡水养殖的一半左右，产量约占九成。顺德、南海、高明是池塘养鱼的老基地，三水已有相当的淡水养殖基础，成为新的塘鱼生产基地。稻田养鱼，原是本省池塘养鱼的先行生产方式，历史悠久，已有相当丰富的经验。淡水鱼中鲩、鲮、鲤、鳊、鲫占绝对优势，其经济价值都比较高。另外还推广了福寿鱼、杂交鲤、鳗鱼、罗氏对虾、加州鲈、尖吻鲈、淡水白鲳、桂花鱼、水鱼等。

第二节　佛山历史村落的风水格局

佛山历史村落讲究“枕山、环水、面屏”，崇尚风水堪舆学说。聚落靠山，三面环水，前塘后村，是最理想的聚居环境。

佛山历史村落中，风水格局比南北朝向更为重要。众多聚落的族谱记载中都有迎合最优风水格局的记载，“左青龙，右白虎，前朱雀，后玄武”的风水格局极为频繁地出现在建筑的风水意象中。对于不理想的地形，人们则积极处理，使之顺应聚落需要，如引水成塘或挖塘蓄水。佛山历史村落多为顺坡而建，前低后高，威严、稳固，很有气势，与“步步高升”的风水格局相吻合，迎合了堪舆文化的风水图式。

村落的选址一般经过风水先生的觅龙、察砂、观水、点穴等步骤，综合气、风、水三项要素，同时运用了阴阳五行理论，考虑了阳光、风向、水源、地质、土壤、植被等因素。

但，以下三项则是佛山历史村落选址的基本要求：第一，交通方便即近交通，适合农产品和货物流通；第二，土地肥沃、适合生产养殖即近田，保证生产收成；第三，利于防御即近水，保证村落的安全。(见表4－1)

村头多有“水口”，即指村落中水体流入或流出的地方。佛山历史村落多以水口作为村落的门户，在水口建桥镇锁水口，并广植高大乔木，旁建水口庙、文昌庙、牌坊、文笔塔或炮楼等高耸建筑物。山水、田园、建筑、路桥融为一体，成为村落入口的标志性景观。如顺德杏坛龙潭村，村口有迎龙桥，还有“乐善好施”牌坊、兴仁书院、白公祠等建筑，四周古榕参天，与河道共同组合成多层次的水口空间格局。

表4－1　佛山部分历史村落的风水格局

村名	区位	地形	地形图示	水体与山体	水体与山体图示
孔村	南海里水	平原		村前有水塘	
料美	南海里水	平原		村落周边有水塘	

续表

村名	区位	地形	地形图示	水体与山体	水体与山体图示
汤南	南海里水	平原丘陵，背山面水		村前有水塘，背山面水	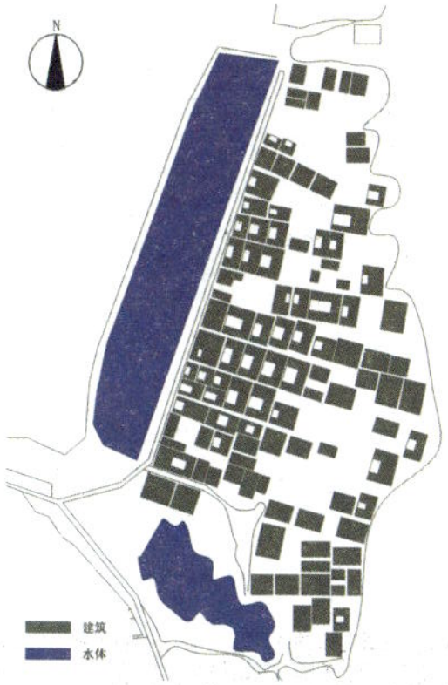
小布	南海里水	平原		村落周边有水塘	

续表

村名	区位	地形	地形图示	水体与山体	水体与山体图示
凤岗	南海狮山	平原丘陵，背山面水		背山面水，面向江河，村前有池塘	
璜溪	南海狮山	平原，河池环绕		旁有河涌，村前有池塘	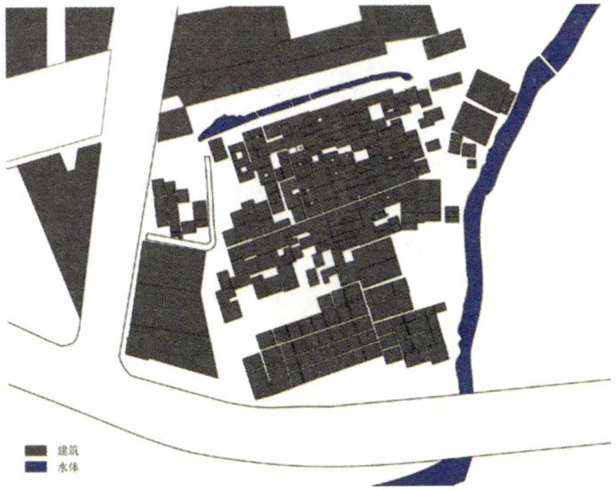

续表

村名	区位	地形	地形图示	水体与山体	水体与山体图示
黎边	南海狮山	平原丘陵，背山面水		背山面水，村前有池塘	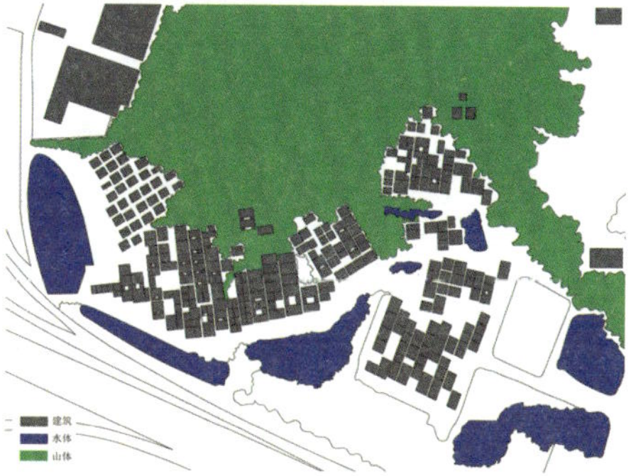
南浦	南海狮山	平原		旁有江河，周边池塘环绕	

续表

村名	区位	地形	地形图示	水体与山体	水体与山体图示
七甫	南海狮山	平原丘陵，面水		村前有池塘	
百西村头	南海西樵	平原，池塘环绕		河流池塘环绕，有护村河及9个水塘：大塘、生水塘、三房塘、藕莲塘、社坛塘、四房塘、五房塘、圆塘、长塘	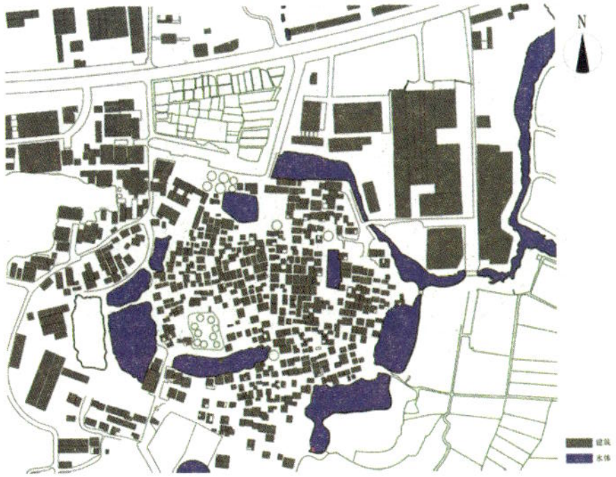

续表

村名	区位	地形	地形图示	水体与山体	水体与山体图示
松塘	南海西樵	三面岗峦环抱，北有大塘岗、南有舟华岗、西有文阁岗，周边遍布小丘陵		三面岗峦环抱，中央池塘连绵	
沙滘	顺德乐从	平原		江河环村，池塘遍布	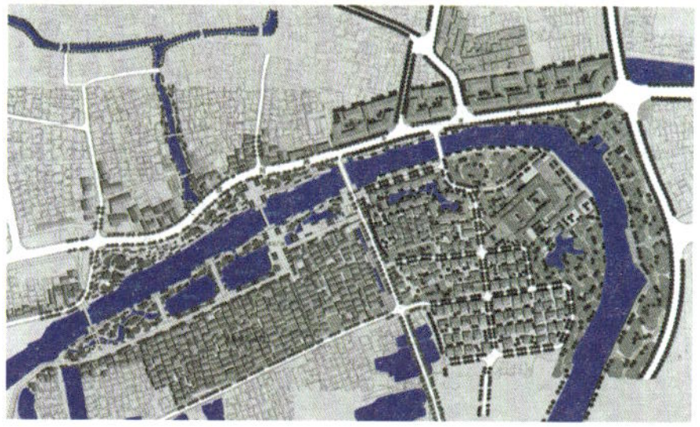

续表

村名	区位	地形	地形图示	水体与山体	水体与山体图示
北水	顺德杏坛	平原		河涌网状分布，池塘环绕	
昌教	顺德杏坛	平原		河涌网状分布，池塘环绕	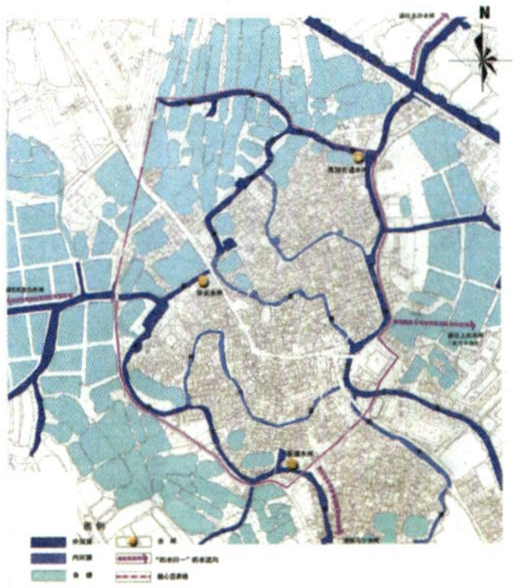

续表

村名	区位	地形	地形图示	水体与山体	水体与山体图示
逢简	顺德杏坛	平原		河涌网状分布，池塘环绕	
古朗	顺德杏坛	平原		河涌网状分布，池塘环绕	

续表

村名	区位	地形	地形图示	水体与山体	水体与山体图示
桑麻	顺德杏坛	平原		河涌网状分布，池塘环绕	
上地	顺德杏坛	平原		河涌网状分布，池塘环绕	

续表

村名	区位	地形	地形图示	水体与山体	水体与山体图示
大旗头	三水乐平	平原，面水		村前有池塘	
贤僚	三水乐平	平原丘陵		池塘环绕	

续表

村名	区位	地形	地形图示	水体与山体	水体与山体图示
大宜岗	三水芦苞	平原丘陵		池塘环绕	
独树岗	三水芦苞	平原		北面有江河，池塘遍布	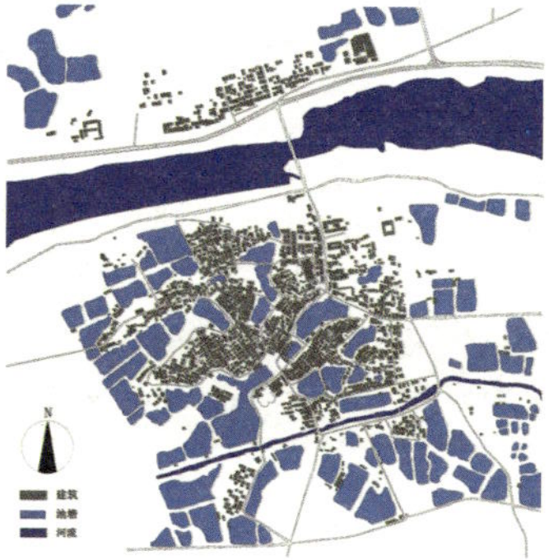

续表

村名	区位	地形	地形图示	水体与山体	水体与山体图示
长岐	三水芦苞	平原丘陵		西面有江河，池塘遍布	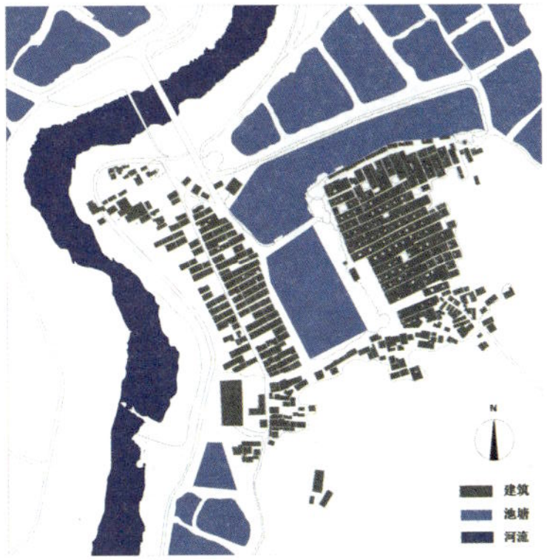
豆地脚	三水南山	平原丘陵		池塘环绕	

续表

村名	区位	地形	地形图示	水体与山体	水体与山体图示
乐屋	三水 南山	平原丘陵		村前有池塘	
禾生	三水 南山	平原丘陵		村前有池塘	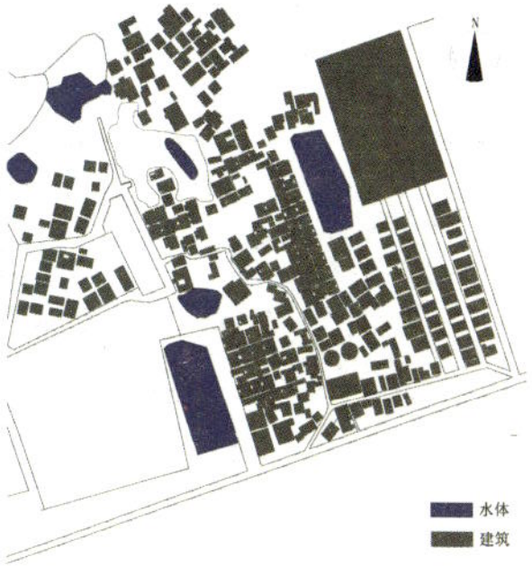

续表

村名	区位	地形	地形图示	水体与山体	水体与山体图示
蒲坑	三水南山	丘陵山地，背倚山地		背倚山地，池塘环绕	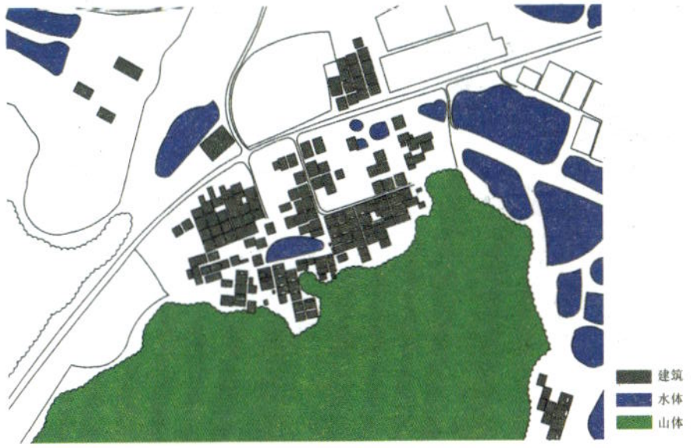
择善	三水南山	丘陵山地		村前有风水塘，池塘环绕	

续表

村名	区位	地形	地形图示	水体与山体	水体与山体图示
西村	三水西南	平原		池塘环绕	
版村	高明更合	丘陵山地		池塘遍布，背山面水	

续表

村名	区位	地形	地形图示	水体与山体	水体与山体图示
布练	高明更合	丘陵山地		背山面水，村前多池塘	
高村	高明更合	丘陵山地		背山面水，池塘环绕	

续表

村名	区位	地形	地形图示	水体与山体	水体与山体图示
吉田	高明 更合	丘陵山地		背山面水	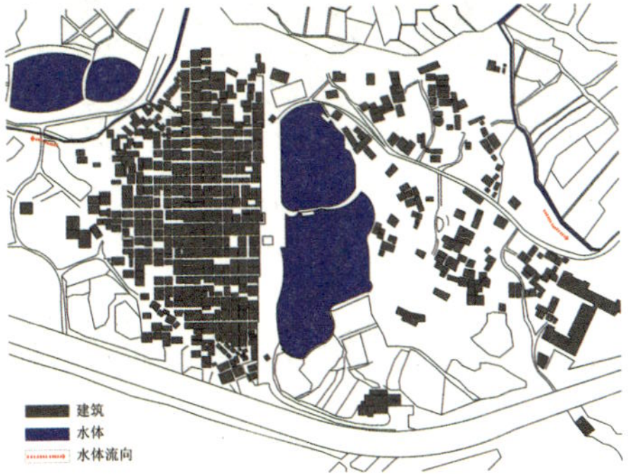
朗锦	高明 更合	丘陵山地		池塘遍布，背山面水	

续表

村名	区位	地形	地形图示	水体与山体	水体与山体图示
平塘	高明更合	丘陵山地		池塘环绕	
蛇塘	高明更合	丘陵山地		池塘环绕	

续表

村名	区位	地形	地形图示	水体与山体	水体与山体图示
泽河	高明 更合	丘陵山地		池塘环绕	
墩衷	高明 荷城	平原		村前有池塘	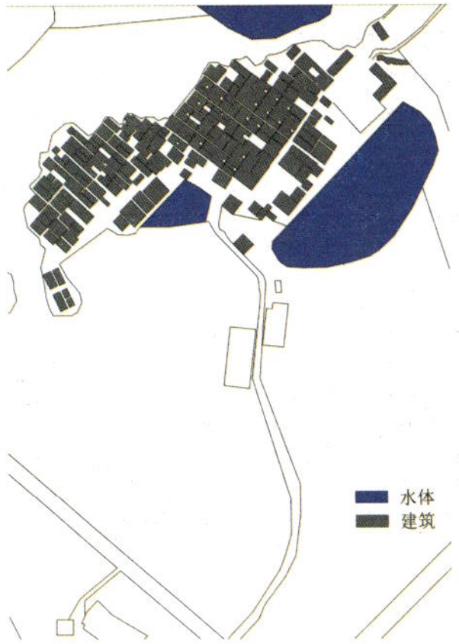

续表

村名	区位	地形	地形图示	水体与山体	水体与山体图示
榴村	高明荷城	丘陵		背山面水，村前池塘环绕	
阮埇	高明荷城	平原		池塘遍布	

续表

村名	区位	地形	地形图示	水体与山体	水体与山体图示
墨编	高明荷城	平原		背山面水，村前河池环绕	
鸦岗	高明明城	平原		村前有池塘	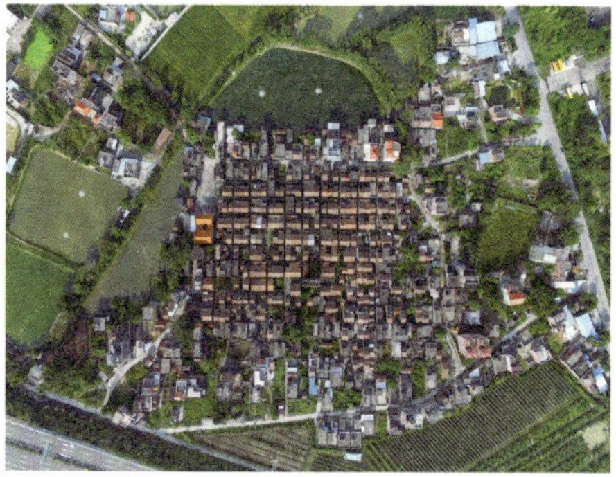

续表

村名	区位	地形	地形图示	水体与山体	水体与山体图示
深水	高明明城	丘陵		背山面水，池塘环绕	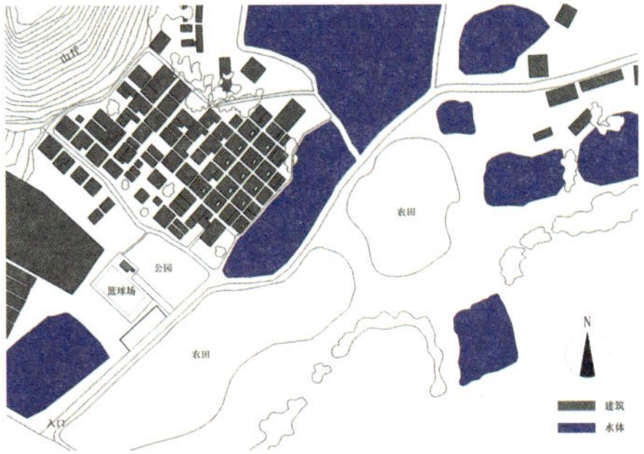
豸岗	高明杨和	平原丘陵		背山面水，池塘环绕	

资料来源：

1. 周彝馨广府建筑推广工作室，吕唐军摄，周彝馨、沈镜鸿、朱玉进、陈文滨、欧阳奇立、骆琪、陈桂涛、陈阳阳、陈光恒、陈佳琳、陈晓冰、张舒颜、谢泽芳、杨凯媚、张文素、谭海霞绘。

2. 《乐从镇沙滘村历史文化保护与发展规划》。

3. 《佛山市顺德区杏坛镇昌教村历史文化保护与发展规划文本·图集》。

4. 《北滘镇碧江村历史文化保护与发展说明书·专题研究》。

5. 百度地图、Google 地图

虑及防御及风水格局，佛山历史村落多选背靠山地、面临水源的地方，如果没有山体相傍，则后部遍植密林。山体和水体的朝向对村落的朝向影响最为关键。于建筑通风采光而言，最理想的朝向是坐北朝南，但很多村落因地制宜，依据自然环境和风水格局而改变朝向，如三水大旗头村和高明吉田村，是西向的聚落布局，风水塘位于东面。为了大的风水格局，建筑单体可以牺牲朝向。（见表4－2）

表4－2　佛山部分历史村落朝向

村名	区位	村落朝向	图示
汤南	南海 里水	西偏北	
璜溪	南海 狮山	北偏西	
黎边	南海 狮山	南向，南偏东	

续表

村名	区位	村落朝向	图示
松塘	南海西樵	南偏东，南向，南偏西，北偏西，北向，北偏东	
沙滘南村牧伯里	顺德乐从	南偏东，北偏西	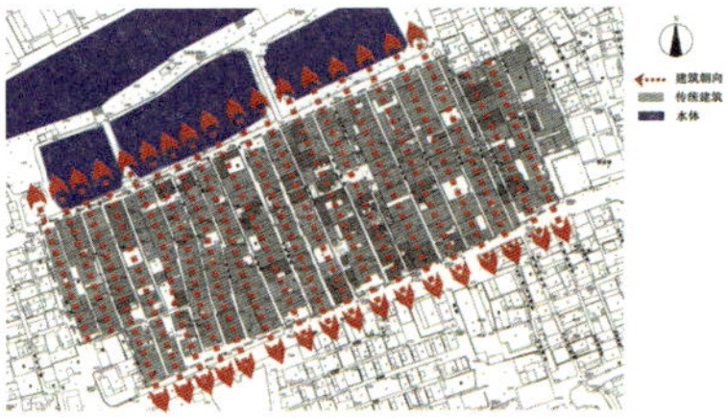
沙滘西村低地坊	顺德乐从	西偏南	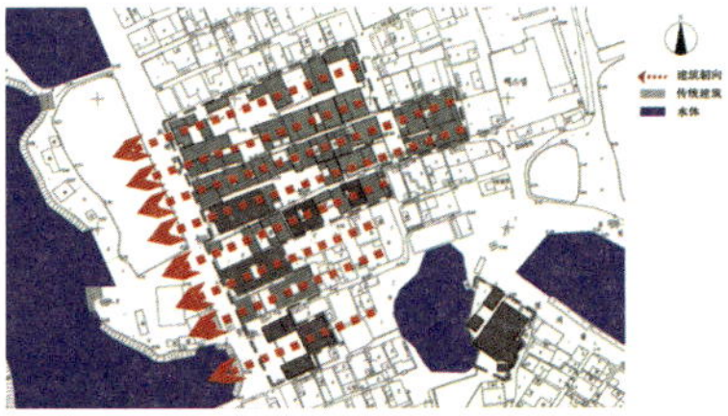
沙滘颍川旧居	顺德乐从	南偏西，东偏北	
独树岗	三水芦苞	东偏南，南偏东，南向，南偏西，北偏西	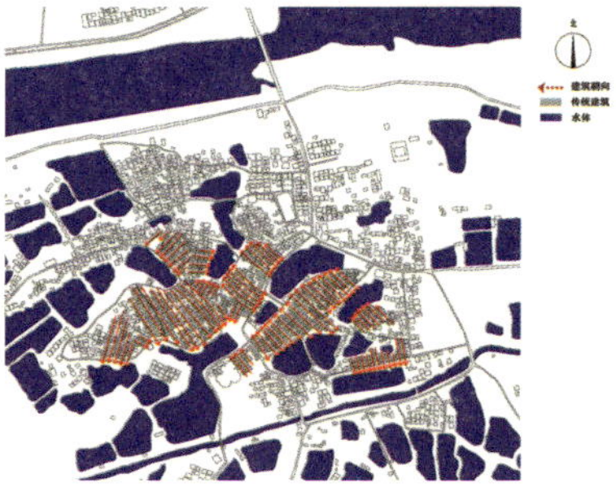

续表

村名	区位	村落朝向	图示
长岐	三水 芦苞	西偏南，北偏西	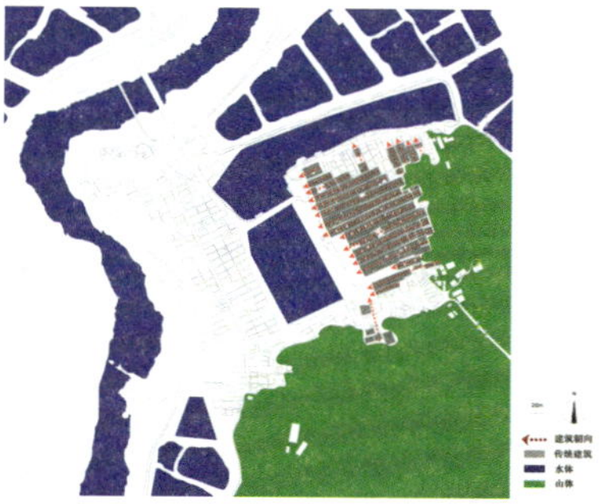
禾生	三水 南山	东偏北，西偏南	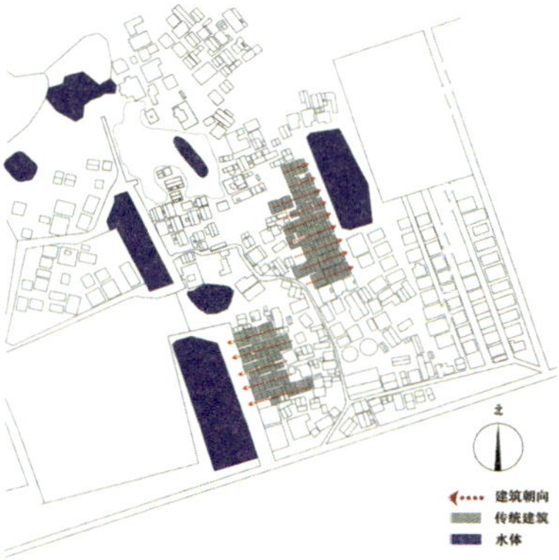
蒲坑	三水 南山	北偏西	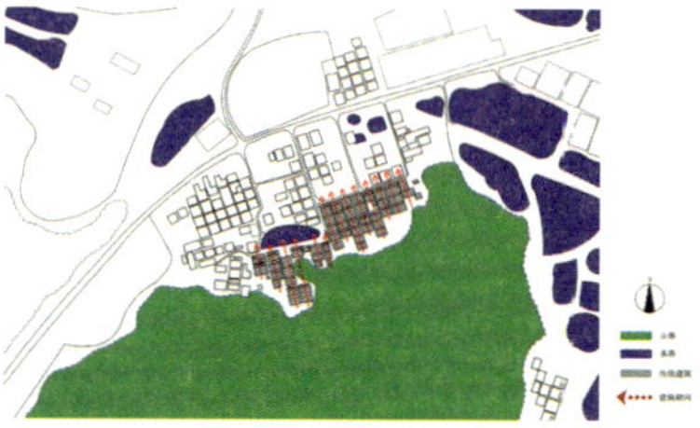
吉田	高明 更合	西向	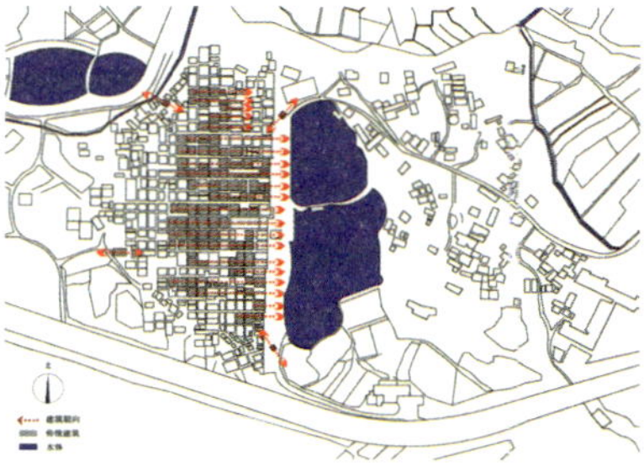

续表

村名	区位	村落朝向	图示
墩衷	高明荷城	东南	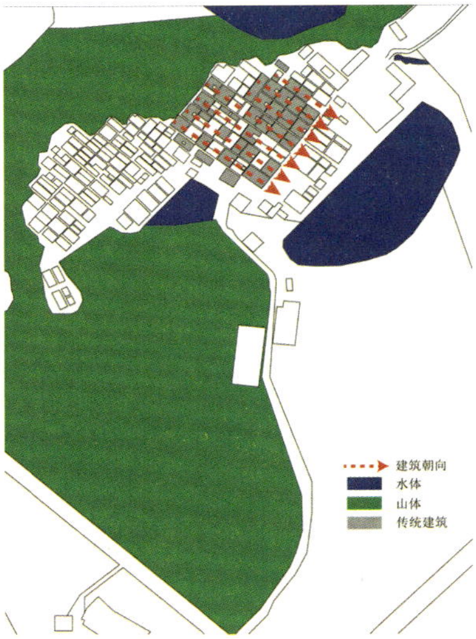
阮埇	高明荷城	南向，北向	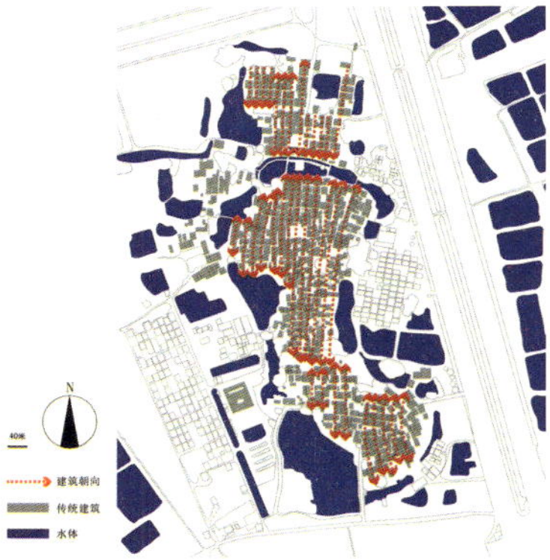
深水	高明名城	东南	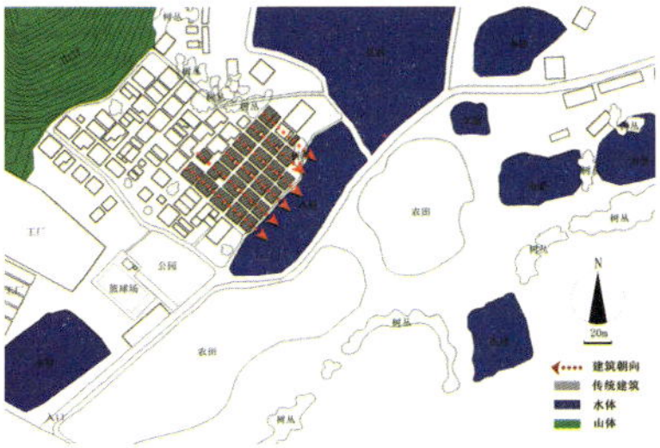

资料来源：周彝馨广府建筑推广工作室，周彝馨、沈镜鸿、朱玉进、陈文滨、欧阳奇立、骆琪、陈桂涛、陈阳阳、陈光恒、陈佳琳、陈晓冰、张舒颜、谢泽芳绘。

第三节　村落布局类型与案例

从村落的总平面布局上看，佛山历史村落的空间布局形态大体可以分为梳式、棋盘式、河网水乡、综合式等，也有极少数围屋、线性等布局形态。几种布局形态并非泾渭分明，而是互有组合、叠加。

梳式、棋盘式布局村落均为村族同构，有明确的整体秩序法则，社会结构紧密，村落结构严谨，建筑密度高，对土地的利用充分。每个村落一般均有祠堂、书塾，作为村落公共活动的中心，宗族建筑受到最高重视，作为村落的中心或是门面。梳式与棋盘式布局村落有明确的主朝向，经过严整规划，呈现出群体优于个体的特征，居住单元没有太多的个性。为了防御，村落的入口设门楼，村落内部设碉楼、瞭望塔等。

一、梳式布局

广府民系分布于珠江流域，占领了珠江三角洲腹地，地理环境优越。在这样的地理空间位置中，产生了以梳式村落为代表的村落形态。梳式村落形态舒展，格局严整，防御性弱，重视宗族门面，是尽得天时地利的布局方式。

梳式村落多为顺坡而建，背山面水，村落前面开放，背面封闭，前低后高。梳式村落的入口处一般有阳埕，村落边界一般沿水面开放。水面包括河流和池塘等。池塘通常在村落南、东南或西南方向，通常为半圆形或不规则长圆形，称为“风水塘”。水体周边的边界不仅是村落入口，亦为村落门面。同一梳式片段朝向单一，像梳子一样排列成行。佛山传统村落认为风水格局比建筑朝向更为重要。很多村落因地制宜，依据环境的不同而改变朝向，如三水乐平大旗头村的村落布局是东西朝向的，风水塘位于东面（见图4－5）。

村落主入口边界一般布置以众多的宗族公共建筑，并且公共建筑的正立面面向村落外围的阳埕和水体，成为最引人注目的门面。村落一般有多个巷道可以进入，巷道多与水体垂直，并直对水道上的小埠头，巷道入口处有里坊门楼。这种多个公共建筑沿水边排列，建筑大门宏伟开敞，多条巷道可以直通村落内部的格局（见图4－3），显示出其族群较为安逸的生存环境和与本地族群的稳定关系。在安全的生活环境下，宣扬本族群的社会地位与经济地位就成为更为迫切的需要。

图 4 –3　三水长岐村航拍

梳式村落中族群阶层一般是按等高线分布的，由于高处不易受洪涝灾害，因此位于地势高处的往往是村落中的缙绅阶层，在宗族中相对弱势的阶层则居于标高较低、更易受水灾之处。如三水大旗头村，宗族中重要人物居住的核心区位于西边地势较高处，而普通村民的住宅区则位于东边地势较低处（见参考文献[6]）。

在梳式村落中，祠堂是村落空间秩序的绝对主导者。在梳式村落中宗族建筑位于入口或村落前排、临水空间，同支族的居住建筑则严格按照祠堂建筑的朝向与宽度、开间进行排列，形成了多个形态严整的建筑行列。不同支族的建筑朝向大同小异，空间互有配合，形成了整个村落有条不紊的空间结构。祠堂维系着村落的空间秩序，正如宗族维系着社会秩序。村落空间形态与其宗族关系一样，在宗族的整体统治下，支族各有相异，但仍然和谐共处，服从整体布局。对个人最有支配地位的，仍然是支族，反映在村落空间形态中，对建筑单体的朝向、大小、排列、布局最有支配地位的，是支祠建筑或支族门楼。而所有的支族空间都在宗族的整体控制之下。

梳式村落的建筑排列机理与纵向巷道平行，纵向民居序列，少则四五家，多则七八家。前沿建筑排列整齐，后沿则不规则。梳式村落同支族之间的住宅前后相接不相通，不同支族之间的住宅相邻，靠纵向长巷相连接。居住建筑单元大多是三间两廊式，外观和平面整齐划一。居住建筑大门向侧面开，只有祠堂、书院等公共建筑可以正向中轴开门。村落中同一时期同宗族建造的每户民居的平面布局一致，面积相等，体现了宗族内的平等思想，贫富差异体现在室内。

“土地”“社公”和其他神祇同村中的坊巷布局保持着配属关系，居民是坊众，同时又是专奉某一“社公”的“社众”。整齐划一的人文认同，使社区生活有序化，体现了“社公”神文化对社众和村落社区的文化规范。

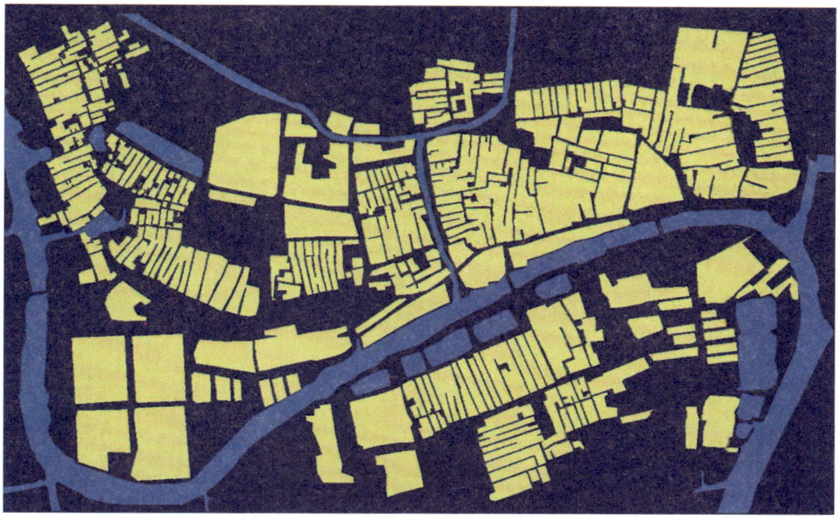

图 4－4　沙滘梳式布局巷道机理

图片来源：佛山市规划局顺德分局，佛山市城市规划勘测设计研究院．乐从镇沙滘历史文化保护与发展规划说明书、专题研究［R］．2009.

梳式村落很大程度地保存了古制，例如“里坊制度”和“田间五涂制”。

里坊又名闾里，是从春秋到隋唐采取的封闭式管理制度，用方格网式街道把城内居住区划为许多个里坊，用高墙围合，在里坊内辟十字街或横街，坊墙四面或两面开门，早启晚闭，实行宵禁，由专人管理。[①] 梳式村落也是以方格网式里巷把民居划分为多个里坊，每条里巷前沿设有里坊门楼，门楼大门可关闭作为防御之用。

古代道路系统分为五级，即“路、道、涂、畛、径”，称“田间五涂制”，第一级为径，做步行道，不能通车。据《周礼·地官·遂人》及郑玄“注”，五涂制度是“径容牛马，畛容大车，涂容乘车一轨，道容二轨，路容三轨”。“径容牛马”，即径宽可容两头牛马走过，一般为 4—6 尺。当前佛山地区梳式村落的里巷，巷宽 1.2—2 米，与古制相符。而村前阳埕宽

① 林崇德．中国少年儿童艺术百科全书．造型艺术卷［M］．太原：希望出版社，2002.

度，也约等于畛宽，可容大车通行。

我们把梳式布局村落的案例分为单片段梳式布局村落和多片段梳式布局村落。

（一）单片段梳式布局

单片段梳式村落多为单姓氏村落，是典型的血缘型村落。其梳式片段单一且特征明显，是梳式村落的典型代表。

1. 大旗头（三水乐平）

大旗头村坐西向东，占地约 5.2 万平方米，古建筑群建筑面积约 1.4 万平方米。村落水口在东北部，入口处有古桥、文塔和象征文房四宝的景观。

村落前临池塘，建筑群密集而整齐，由 3 个祠堂建筑（振威将军家庙、裕礼郑公祠、郑氏宗祠）和 1 个府第建筑（尚书第）统领建筑群的 5 列建筑，其中 4 列超过 10 进。6 条里巷前均有门楼。民居均为三间两廊式建筑，镬耳山墙。

建筑群设有防火通道和防盗设施。下水道排水系统非常合理，所有屋檐的雨水排到天井和小巷，由“渗井”泄入条石暗渠，经暗渠再排入水塘。巷道全部以条石铺砌，方便清理暗渠和疏浚下水道。

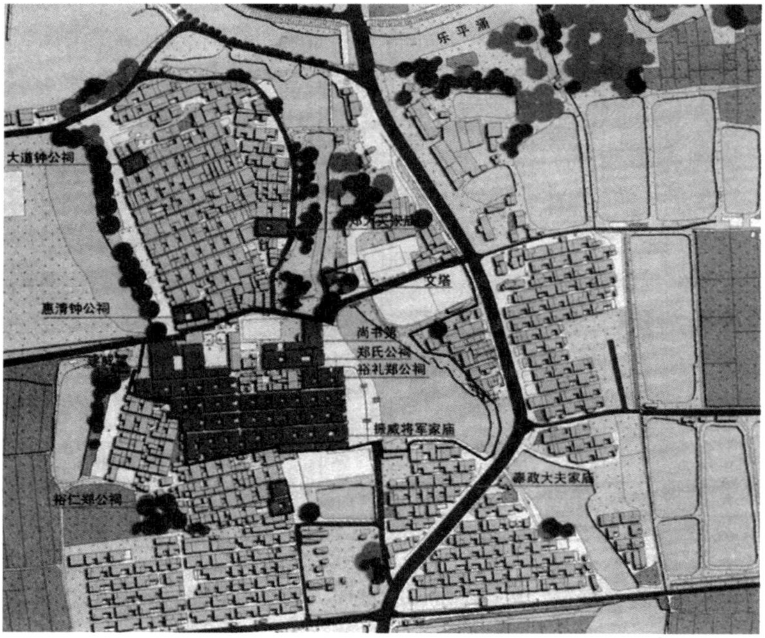

图 4－5　三水大旗头村总平面图

图片来源：广东历史地图集．编辑委员会．广东历史地图集［M］．广州：广东省地图出版社，1995.

2. 长岐（三水芦苞）

长岐村朝向西偏南，东南面背倚山岗“文笔顶”，南面有稍低的“木棉岗”护佑，北面和西面有池塘护卫，为四灵地格局。水塘中只有两条塘堤通往外界，塘堤上还筑了大闸，晚上拉闸防盗。村口两侧水塘边有更楼。

长岐村为规模宏大的单片段梳式布局，由4个姓氏的祠堂（钟氏大宗祠、黄氏大宗祠、翼亭黄公祠、卢氏大宗祠）和2个书塾（丽泉书社和以锴家塾）引领着16列三间两廊的民居建筑面塘展开，多者超过10进。面水界面整齐，卢氏大宗祠引领的一列建筑后退较大，祠前留有进深很大的阳埕，显示出卢氏大宗祠的重要地位。每条小巷都有两道闸门，并有更夫巡守。村落中部还有5个书塾（贞健家塾、耀唐书舍、振华家塾、朝生书舍、超鸿家塾）。

村中民居格局为三间两廊，一般是前辈居住在前房，后辈住在后房，寓意要继后。此外一侧天井还有一条暗道。暗道一般通往邻里，平时作为下水道之用，以砖掩盖，若哪家遭遇暴徒强闯，便可推开砖头穿过暗道到邻居家里躲避。不仅如此，暗道也通往古屋间的巷道。

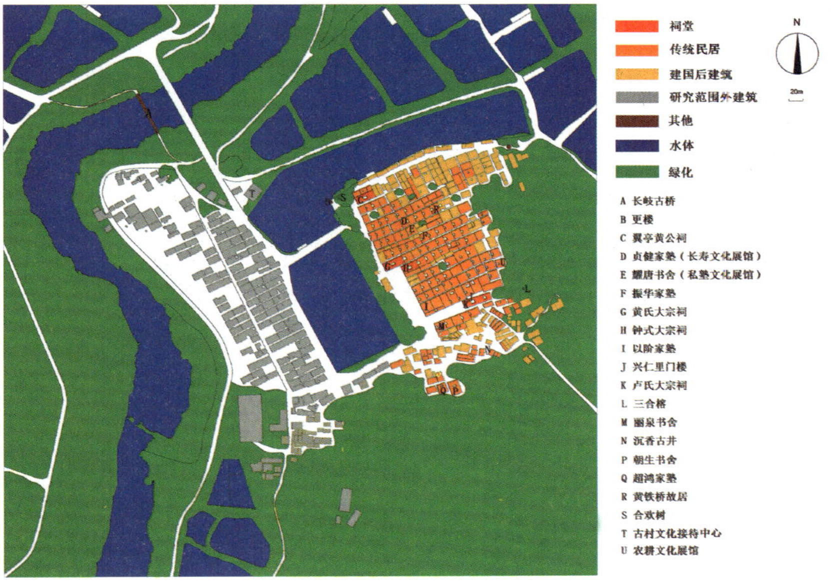

图4-6　三水长岐村总平面图

资料来源：周彝馨广府建筑推广工作室，陈佳琳绘

3. 汤南（南海里水）

汤南村占地面积为6.8万平方米，现存历史建筑面积3.4万平方米，建筑群朝向西偏北，背靠山岗，面临池塘与阳埕，为单片段梳式村落。

村落南北两面均有入口，南面入口处有汤氏宗祠，显示出宗祠的重要地位，北面入口处有炮楼。村落由 2 个祠堂（汤氏宗祠和文萃汤公祠）和 8 个书塾（信祥家塾、梦鳌书舍、万平书舍、大有书塾、师五家塾、大韶书舍、大成书舍、乐堂书室）引领着 12 列三间两廊的民居建筑面塘展开。面水的建筑群界面非常整齐。9 条古巷保留有门楼，村落内部还有一个显裔家塾。古建筑群密集而整齐，小巷纵横，设有防火通道和防盗设施，下水道排水系统采用条石暗渠，结构非常合理。民居均采用三间两廊式，镬耳山墙。

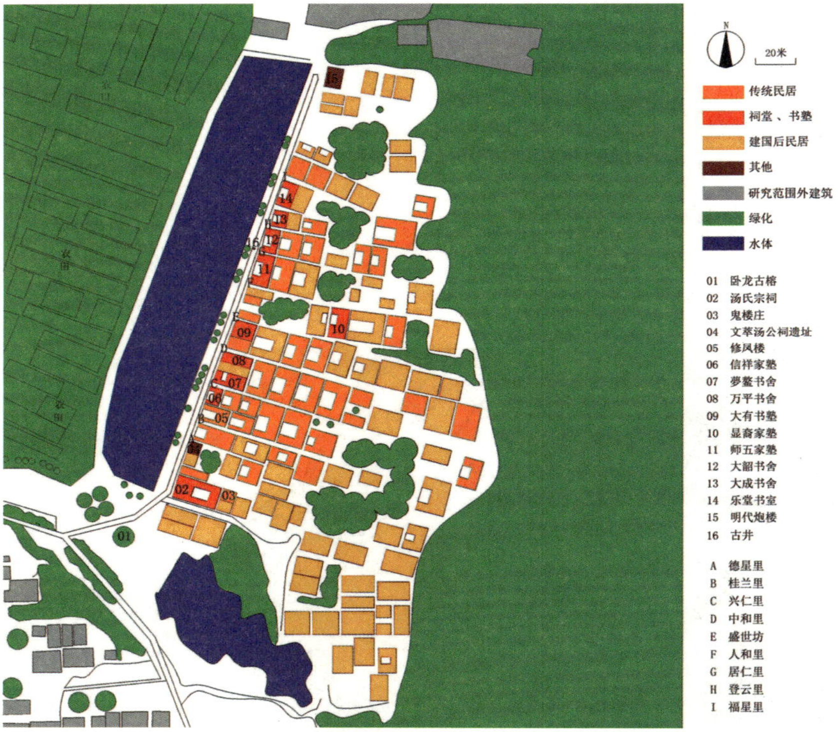

图 4－7　南海汤南村总平面图

资料来源：周彝馨广府建筑推广工作室，陈晓冰绘

4. 璜溪（南海狮山）

璜溪村自然环境优美、村落机理清晰，为单片段梳式村落。村落建筑群朝向北偏西，北面、东面和西面被河涌围绕。

村落东西两面均有入口，西面入口处有炮楼和李氏大宗祠，显示出宗祠的重要地位。村落由 3 个祠堂（李氏大宗祠、常安公祠和六世祖祠）和多个书塾引领着 12 列三间两廊的民居建筑面塘展开。面水的建筑群界面非常整齐。保留有 2 条横街与 10 条纵巷。10 条纵巷包括东华里、毓秀里、仁厚里、敦和里、居仁里、中和里、怀安里、人和里、西华里、右兴巷。村落内部还有一个德深李公祠。尚存传统民居 70 多栋、古井 4 口、古树 7 棵。

图 4－8　南海璜溪村总平面图

资料来源：周彝馨广府建筑推广工作室，沈镜鸿绘

5. 沙滘南村牧伯里、西村低地坊（顺德乐从）

沙滘南村牧伯里民居群现为市级文物保护单位。民居群朝向为北偏西，北面是三个池塘，池塘的北面是河流，民居群东西宽 200 米，南北进深 100 米，占地约 2.0 万多平方米。平面呈单片段梳式布局，由 17 条南北走向的小巷、20 列民居建筑组成。共存有清代至民国年间（1644—1948）的民居 120 多间，以及巷门、祠堂、书塾等，建筑功能较齐全。

有代表性的建筑约 30 间，基本上都有 100 多年的历史。大部分为清末的三间两廊中式传统民居，也有民国初期华侨建筑的中西风格融合的楼房。传统民居多为龙船脊，镬耳山墙，部分为红砂岩墙基，墙基上浮雕花卉，门楣及窗楣上均有精细的灰塑或砖雕装饰。中西风格融合的楼房，多为两层建筑、砖混结构，西方柱式，窗户上饰半圆形灰塑。屋内有木雕构件、砖雕“天官赐福”或“门官土地福神”神龛、彩色玻璃屏风及古罗马柱等，并多保存有整套旧家具。

图 4－9　顺德沙滘村南村牧伯里民居群总平面图

图片来源：佛山市规划局顺德分局，佛山市城市规划勘测设计研究院．乐从镇沙滘历史文化保护与发展规划说明书、专题研究［R］．2009.

西村低地坊民居群朝向为西偏南，西面是大片的桑基鱼塘。低地坊民居群平面呈单片段梳式布局，由 8 列民居建筑组成。

建筑群大部分为民国初期至中期所建，包括 2 座祠堂和马来西亚华侨陈泰在民国初期回乡建造的 7 座民居，占地约 1.2 万多平方米。两间祠堂为环翠陈公祠和瑞田陈大夫家庙，均为三间两进，镬耳山墙。陈泰旧居为典型三间两廊式布局，原共有 9 座，因故拆除了 2 座，每个单元外貌基本相同，面阔 13 米，进深 9 米，占地约 110 平方米，镬耳山墙，灰塑龙船脊，部分外墙有灰塑，墙基、后墙用红砂岩砌筑，主体建筑基本保持完整。

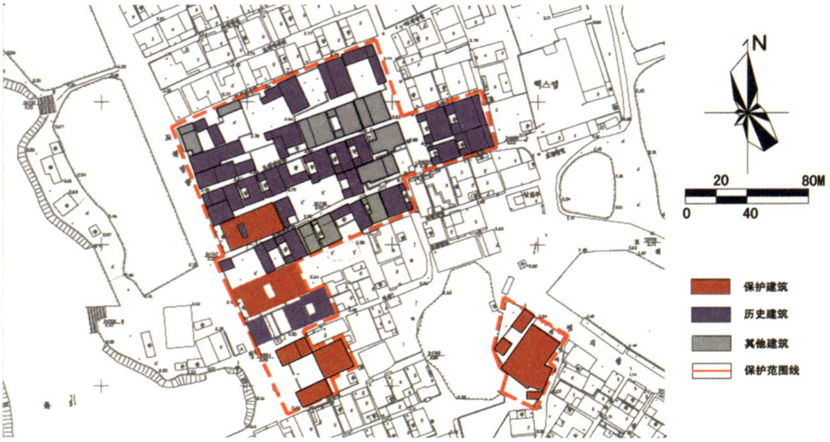

图 4－10　顺德沙滘村低地坊民居群总平面图

图片来源：佛山市规划局顺德分局，佛山市城市规划勘测设计研究院．乐从镇沙滘历史文化保护与发展规划说明书、专题研究［R］．2009.

图4－11　顺德沙滘村低地坊民居群复原图

图片来源：佛山市规划局顺德分局，佛山市城市规划勘测设计研究院．乐从镇沙滘历史文化保护与发展规划说明书、专题研究［R］．2009.

6. 吉田（高明更合）

吉田村位于高明更合，建于清代。

图4－12　高明吉田村航拍1

图 4－13　高明吉田村航拍 2

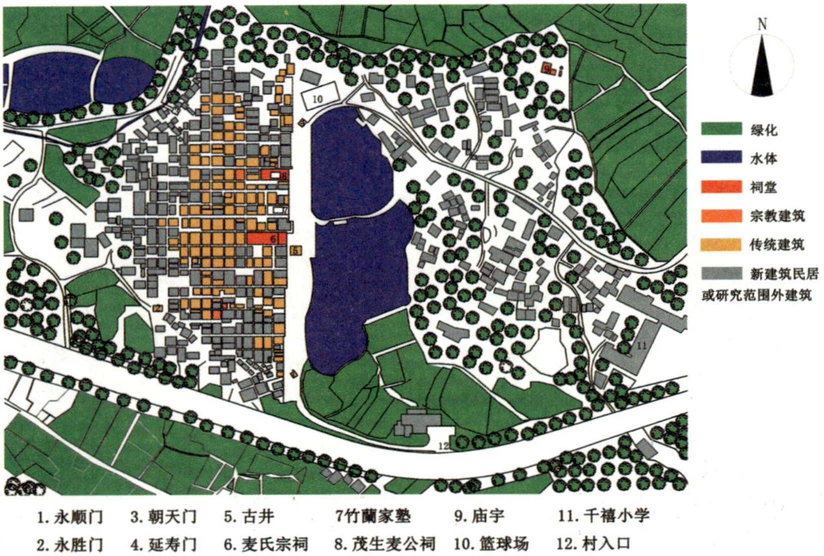

图 4－14　高明吉田村总平面图

资料来源：周彝馨广府建筑推广工作室，朱玉进绘

吉田村建筑群坐西向东，背倚峰峦山脉，面临阳埕与半月形池塘，为单片段梳式村落。村落由2个祠堂（汤氏宗祠和文萃汤公祠）和1个书塾（竹兰家塾）引领着18列民居建筑面塘展开，面水的建筑群界面非常整齐。村落保存了4个门楼（永顺门、永胜门、朝天门、延寿门），内部还有3个宗教建筑。

村落内有重要古民居5排20座，排列整齐，三间两廊式格局，面阔9.4米，进深10.2米，部分为人字山墙，博古脊，另一部分为镬耳山墙，龙船脊。

7. 墩衷（高明荷城）

墩衷村位于高明荷城泰和村，建筑群坐东北向西南，背山面塘，为单片段梳式村落。村落东北面入口有黄氏大宗祠，显示出宗祠的重要地位。村落由7列三间两廊式民居建筑面塘展开。

墩衷有古民居32座。每座古民居布局和结构统一，镬耳山墙，博古脊，面阔9.12米，进深9.66米，面积为90平方米。建筑有完善的排水系统。

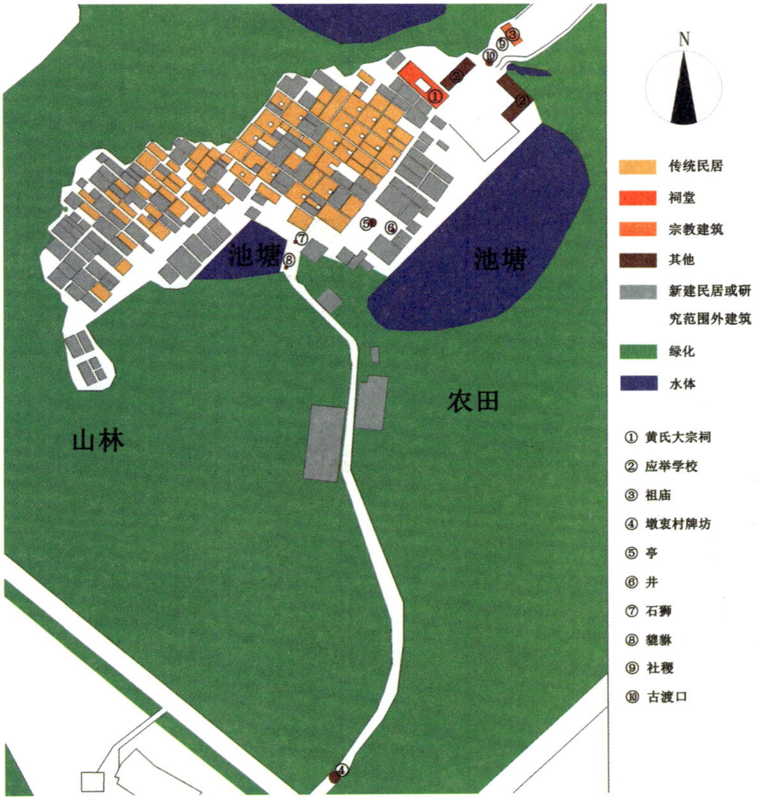

图4－15　高明墩衷村总平面图

资料来源：周彝馨广府建筑推广工作室，欧阳奇立绘

（二）多片段梳式布局

一般来说，两种情况会形成多片段的梳式村落。一种情况是村落为多族姓聚居，另一种情况是顺应地形变化。

在多族姓聚居的梳式村落中，村落机理一般随族姓有比较大的变化。村落形态复杂而清晰，村中各姓氏相对聚集，形成各个机理相对明显的组团。虽然总体相对复杂，但其中其实包含了许多整齐的梳形片段，梳形片段中的巷道形成了整齐的机理。村落机理与宗族分布之间存在较为清晰的对应关系，每个宗族都有属于自己的村落机理，巷道的格局都比较整齐，空间的高度组织性正是家族组织性的反映（见参考文献[11]）。整个村落中组团和形态机理的变化与其族姓分布是同构的。

地形中的山体和水体都会导致梳式村落被分成多个片段，且朝向不一。由于水乡对佛山地区来说具有特殊的重要性，因此我们把梳式村落在水乡中的变体定义为河网水乡，另行讨论。位于岗地上的村落，大多呈扇形或说放射形。以岗的最高点为中心，由此向外发散主要巷道，外围是祠堂、书院、阳埕等村落公共中心，形成中心高四周低的放射形格局。以南海松塘村为例，整个村落是由分布在多个岗丘上呈放射形的建筑群构成，并围绕绵延的池塘群展开，由于村心池塘群和周边山岗群的蜿蜒变化，村落形态产生了相应的变化，但祠堂均主要位于面塘的前排，结构仍为梳式布局。南海的黎边村也是如此。

梳式格局在相对发展成熟以后，渗透到了许多村落的形态格局之中，即使那些已经经营了多年的村落，在后期建设中也会在局部采用梳式布局。这也造成了一些形态复杂的梳式村落。

1. 黎边（南海狮山）

黎边村村落面积约 0.023 平方公里。村落东、西、南三面有池塘群围绕，后枕黎边岗，旁傍红砂岗。村自西向东共 400 多米，民居、庙宇、祠堂、府第、书舍错落其间，是顺应地形变化而成的多片段梳式村落。村落布局沿山体有微妙变化，大致可以分为 3 个梳式片段。建筑群依据山势前低后高，呈阶梯式顺坡建筑，以红砂岩、花岗岩等为基。多有镬耳山墙式传统建筑。

3 个梳式片段建筑群大致为坐北朝南，背靠山岗，面临池塘与阳埕。村落东西两面均有入口，西面入口处有秋津学堂、洪圣古庙和黎西黎氏宗祠，建筑群气势雄伟，既有古朴庄严的古庙古祠，又有中西结合、形态灵动的学堂，显示出村落主入口的辉煌气派。村落细部片段由 2 个祠堂（雪梅黎公祠、黎东黎氏宗祠）引领着 11 列三间两廊的民居建筑面塘展开。中部片段为 5 列民居建筑面向阳埕展开。东面片段较为零碎，大致为 8 列民居建筑面塘展开。面水的建筑群界面凹凸错落，加上坡地的高差和建筑群的方向变化，空间变化丰富，很有特点。

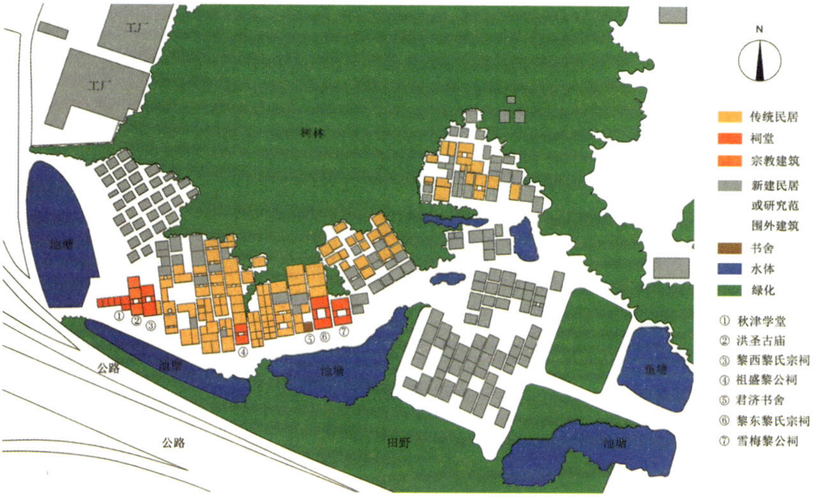

图 4－16　南海黎边村总平面图

图片来源：周彝馨广府建筑推广工作室，沈镜鸿绘

2. 蒲坑（三水南山）

蒲坑村的村落布局为多片段梳式布局，大致可以分为 3 个片段，基本都为坐南朝北。东部片段以居德林公祠、西园林公书室为门面与中心，引领着 8 列三间两廊式民居建筑，前面是宽阔的阳埕，东部还有一栋三层的更楼，建筑群主要以青砖砌筑，保存较好。居德林公祠对面有一棵百年龙

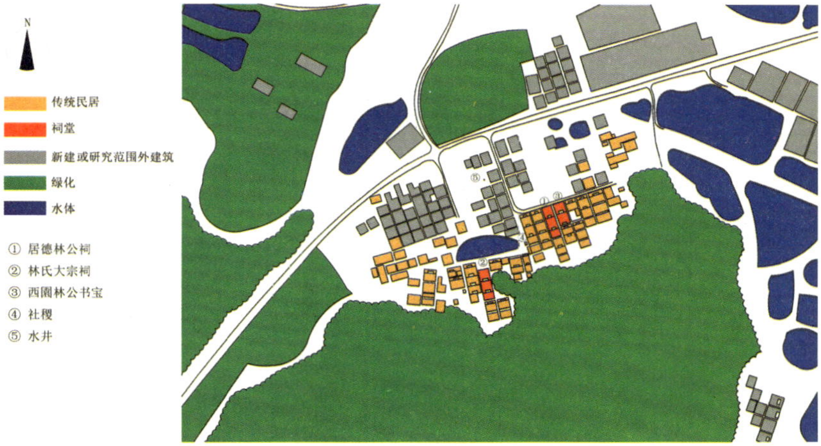

图 4－17　三水蒲坑村总平面图

图片来源：周彝馨广府建筑推广工作室，谢泽芳绘

眼树。中部片段以林氏大宗祠为门面与中心，引领着 7 列民居建筑面塘展开，前面的池塘为半月形风水塘。西部片段比较残缺，仅剩下 3 列不完整的民居建筑。中部与西部片段的建筑多为泥砖砌筑，损坏比较严重。村落中巷道和建筑门口旁边均有一个专门给猫狗出入的“狗洞”。

3. 禾生、高屋（三水南山）

禾生村的村落布局为多族姓形成的多片段梳式布局，大致可以分为 4 个片段，两个片段坐西朝东，两个片段坐东朝西。最重要的片段在村落中部，朝向为东偏北，东面有长方形池塘，以德瑜李公祠为门面与中心，引领着 10 列三间两廊式民居建筑面塘展开，多者达四进，现存 8 道里巷，建筑群保存较好。德瑜李公祠是六和规模第二大的祠堂建筑。原本在德瑜李公祠右侧，是高屋村的贤玉李公祠，但该祠堂在 1968 年的洪水中被冲垮了，高屋村人在原祠堂的旧址上搭建了一座简易的祠堂，用于村民族人集会。

南部片段朝向西偏南，西面有长方形池塘，以潘氏宗祠为门面与中心，引领着 5 列三间两廊式民居建筑面塘展开。中部向西的片段和北部片

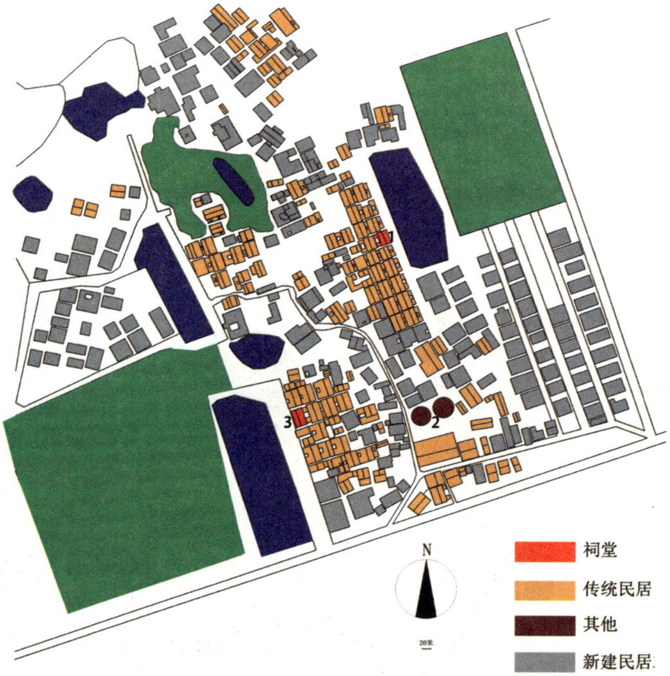

图 4－18　三水禾生村总平面图

图片来源：周彝馨广府建筑推广工作室，陈光恒绘

段比较残缺，前者仅剩下 3 列不完整的民居建筑，后者仅剩下 4 列不完整的民居建筑。

4. 沙滘颍川旧址

沙滘颍川旧址占地约 1 万平方米，为多片段梳式布局，可以分为 2 个片段。东部片段朝向东偏北，东面有阳埕，共 6 列民居建筑。西部片段朝向南偏西，由西墅陈公祠和“颍川旧址”“颍川支源”2 个里巷门楼引领着 3 列民居建筑。

建筑群多为传统的三间两廊式。其中大澳旧址一巷 1 号民居，大澳旧址一巷 3、5 号民居，思亲堂等建筑单体很有价值。

图 4－19　顺德沙滘村颍川旧居民居群总平面图

图片来源：佛山市规划局顺德分局，佛山市城市规划勘测设计研究院．乐从镇沙滘历史文化保护与发展规划说明书、专题研究［R］. 2009.

图 4－20　顺德沙滘村颍川旧居民居群复原图

图片来源：佛山市规划局顺德分局，佛山市城市规划勘测设计研究院．乐从镇沙滘历史文化保护与发展规划说明书、专题研究［R］. 2009.

5. 松塘（南海西樵）

松塘村自然环境得天独厚，三面岗峦环抱，北有大塘岗，南有舟华岗，西有文阁岗，以三座山岗为中心，周边遍布小丘陵，有金钟岗、飞燕岗、珍岗、老东岗等，将村落包围。三面岗峦环抱村口向东，紫气东来，有“三台献瑞”之说。中央池塘片片连绵。村落倚岗列建，百巷朝塘。传统建筑规模20,275平方米。村中宗祠家庙、家塾书舍、古民居、古巷道、古井、古树众多。

松塘村村落布局为顺应地形变化的多片段梳式布局，形态较为复杂，朝向随水体与山地而多变。松塘村建筑众多，从东部村口进入村落，沿入口和池塘众祠林列，共8个祠堂建筑（东山祖祠、世大夫家庙、存石祖祠、区氏宗祠、见五大夫祠、季房宗祠、六世祖祠、区氏大宗祠）、1个宗教建筑（孔圣庙）和2个书塾建筑（大夫家塾、彝圃家塾），形成气势雄伟的村落入口空间。村落内部还有3个祠堂建筑（樵侣祖祠、六世祖祠、区氏宗祠）、5个书塾建筑（明德社学、培元书舍、养正书舍、汇川家塾、松圃家塾）、2个府第建筑（司马第、太史第）和2个名人故居（翘秀园（区谔良旧居）、区梦觉故居。整个村落“巷巷朝塘，百巷归源”，营造出富有特色的宏大格局。

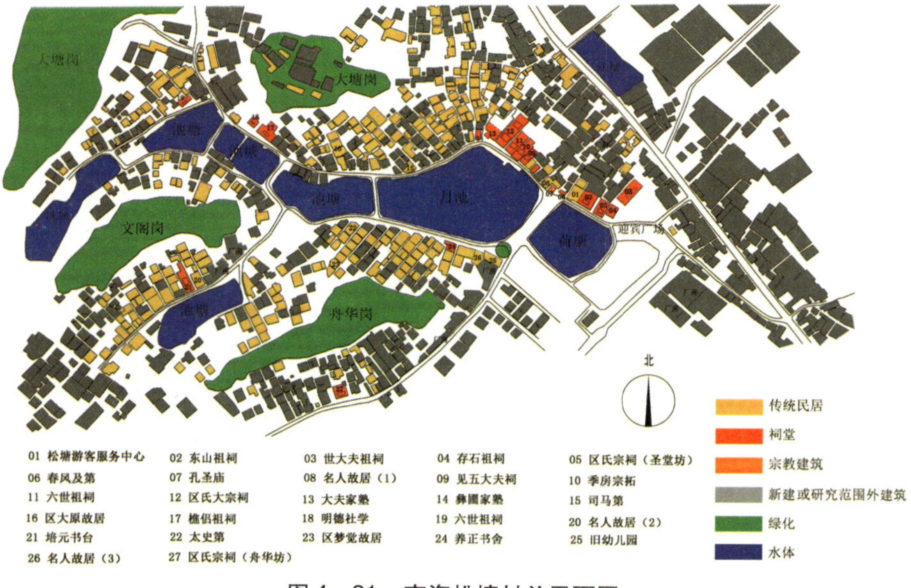

图4－21　南海松塘村总平面图

资料来源：周彝馨广府建筑推广工作室，陈阳阳绘

6. 独树岗（三水芦苞）

独树岗坐落北江支流芦苞涌南岸的一片岗丘之上，方圆达8平方公里，

耕地一万余亩，蔚为大村。

独树岗村落布局为顺应地形变化的多片段梳式布局，北部是河流，用地内池塘遍布，村落布局形态较为复杂，朝向随水体而多变。村落入口众多，入口空间并不明确。

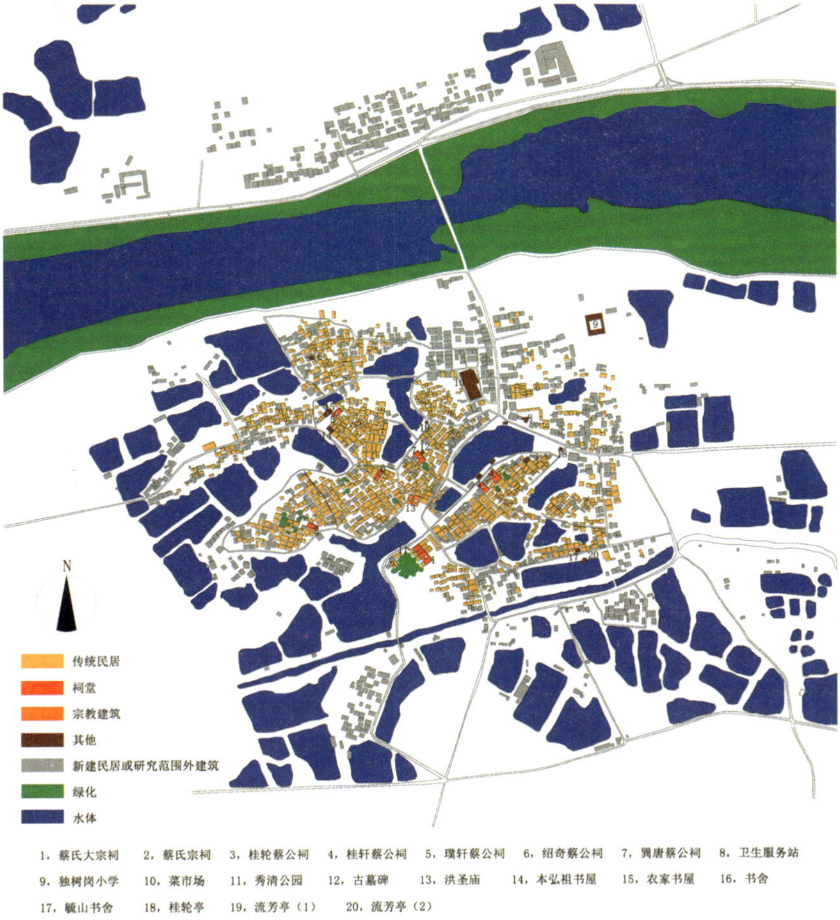

图 4－22　三水独树岗村总平面图

资料来源：周彝馨广府建筑推广工作室，陈桂涛绘

二、棋盘式布局

棋盘式布局村落多分布于高明地区，虽然与梳式布局同样为行列式布局，但在道路结构、居住单元两个方面依然有较大区别。

首先在道路结构方面。棋盘式布局村落中，纵横巷道相交，呈棋盘格局。在道路体系中，相比梳式布局以纵向巷道为主，棋盘式布局则纵横巷道地位比较接近，横向巷道比纵向巷道更宽，每个居住单元前后左右都有巷道。

其次在居住单元方面。每个居住单元是独立的，跟前后左右的居住单元均有巷道相隔。相比梳式布局中居住单元的大门多开于左右两侧的纵向巷道，棋盘式布局中的居住单元大门则开于建筑前的横向巷道。

1. 深水（高明明城）

深水村地处元珠岗，古民居群呈棋盘式布局，坐西北向东南，东南面和东面有池塘环绕。建筑群原为 3 行 5 列，共 15 座房屋，现仅剩下 13 座。横向巷道宽约 3 米，纵向巷道宽约 2 米。民居均为三间两廊式，人字山墙，龙船脊（现有 4 座改为一字脊）。每座房屋面阔 10.4 米，进深 11 米。建筑群地基呈阶梯状分布，雨水、生活污水都经由天井条石下埋设的排水孔洞流入巷道两旁的排水渠，而后注入村前的水塘。

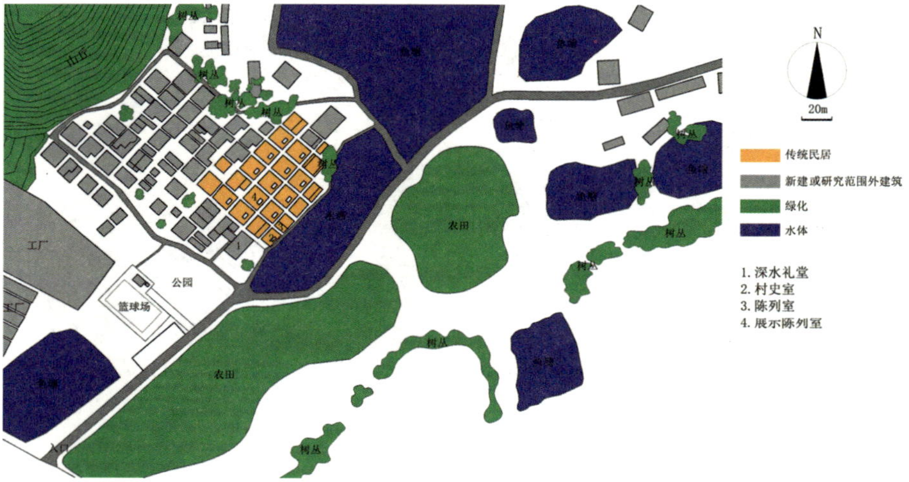

图 4－23　高明深水村总平面图

资料来源：周彝馨广府建筑推广工作室，骆琪绘

2. 阮埇阮北坊（高明荷城）

阮埇三面环水，整条村被护村河包围，分为阮东、阮西、阮南、阮北四坊，阮北坊古民居群（八大家）位于阮埇村北面，为阮埇村的第二核心区。阮北坊古民居群为时任奉直大夫区士元为其 8 个儿子兴建，每个儿子 2 座，共 16 座，故称“大夫第”，又称“八大家”。现存 13 座。民居群南部为宽阔的庭院，搭建有戏台，用作家族成员操练、休憩和娱乐之用。四周建有围墙，南部中央建有一座门楼。

该民居群布局呈棋盘式，坐北向南，西面和北面有池塘环绕。建筑群原为 4 行 4 列。每座民居均为三间两廊格局，镬耳山墙，龙船脊，面阔 10 米，进深 9.7 米。

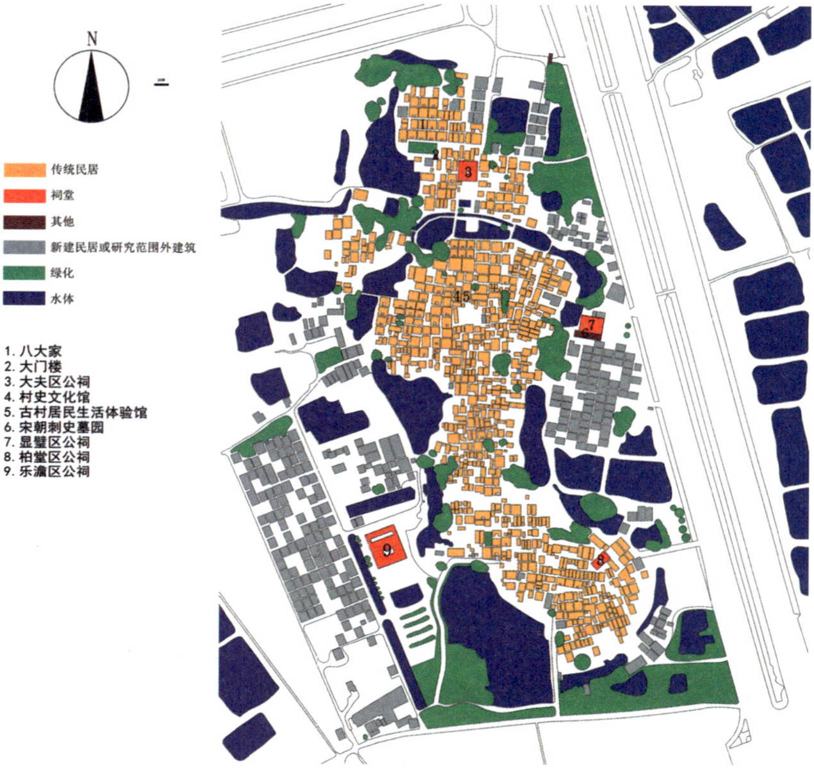

图 4－24　高明阮埇村总平面图

资料来源：周彝馨广府建筑推广工作室，陈文滨绘

三、河网水乡

河网水乡其实是顺应平原河网地区地形变化的多片段梳式村落，由于水乡对佛山地区的重要性，我们分列一类探讨。

佛山的南部大部分地区地处珠江三角洲中部河网区，河流纵横交错，迂回曲折，密如蛛网。佛山地区的河网水乡多在河道旁或被河道穿越，河道对村落的形态形成有直接的影响。河网水乡的外围往往是连片的基塘或果林、农业区等开敞空间，内部有众多的河网水道穿越，形成了广府风格浓厚的水乡村落。河涌是河网水乡组团的自然分界，村落由河涌分割成不同的板块。

河网水乡的布局形式随水体变化而呈现不同的格局。水网呈“T”或

“Y”形分汊处将村落划分为若干团块，每一团块都有临水界面和内部空间。沿水道的界面较为规整，在水道两边，有时是整齐的梳式布局，建筑与水道之间是阳埕和道路，有时是建筑直接临水，沿水面呈吊脚楼形式。建筑可建于河边，也可建于道路里侧，还可挑出河岸建于水上。临河建筑并不完全是封闭的界面，而是每隔一段距离就有一段间隙，或是留出埠头位置，或者成为垂直于河道的街巷入口的对景。在水道与水道之间的块状空间，则有梳式布局和团块形布局两种方式。

河网水乡通常把公共活动中心布置于临水道一侧，包括祠堂、书塾、宗教建筑等。在祠堂、书塾等的引领下，后方是沿水道、地形变化的梳式布局民居建筑。每排居住建筑之间的纵向巷道通向水道边，通常对应水边的埠头。由于水道是自然形态的，因此梳式布局的建筑群落顺应水道走向而变化，不像地形平坦的梳式村落般规整。

各姓氏和房支以河涌为界分居村落各处，每一组团都有自己固定的“社”，每个社都有各自的社神和埠头，各房支及家族、个人使用不同的埠头。

清代学者范端昂的《粤中见闻》描写顺德水乡：周回四十余里。涌水通潮。纵横曲折，无有一园林不到。夹岸多水松，大者合抱，枝干低垂，时有绿烟郁勃而出。桥梁长短不一，处处相通。舟入者咫尺迷路，以为是也。而已隔花林数重矣。

1. 逢简（顺德杏坛）

逢简村占地面积约 5.2 平方公里，四面环水，以水道为界，河涌呈“井”字形，自南往北流过村落，把村落切割成若干板块。村落外围是连片的基塘。村落原来由梁、刘、李三大族姓的人共同构成，各族以河涌为界，枕河而居。村落保留了众多梳式布局的巷道和民居群落，形成了非常复杂的多片段梳式布局村落。沿水道的界面较为规整，建筑与水道之间是阳埕和道路。梳式布局的建筑群落顺应水道走向而变化。各房支及家族、个人使用不同的埠头。

村落内每个姓氏都有自己的祠堂。村内文物古迹遍布，社稷、古桥、庙宇、祠堂、民居、古树众多。现存百年古建筑 15 座，祠堂、庙宇约 10 座，其中有省级文物保护单位刘氏大宗祠、石鼓祠、黎氏大宗祠、和之梁公祠、李氏祠堂等，还有明远、巨济、金鳌三座古桥。

图 4－25　顺德逢简村总平面图

图片来源：逢简村提供

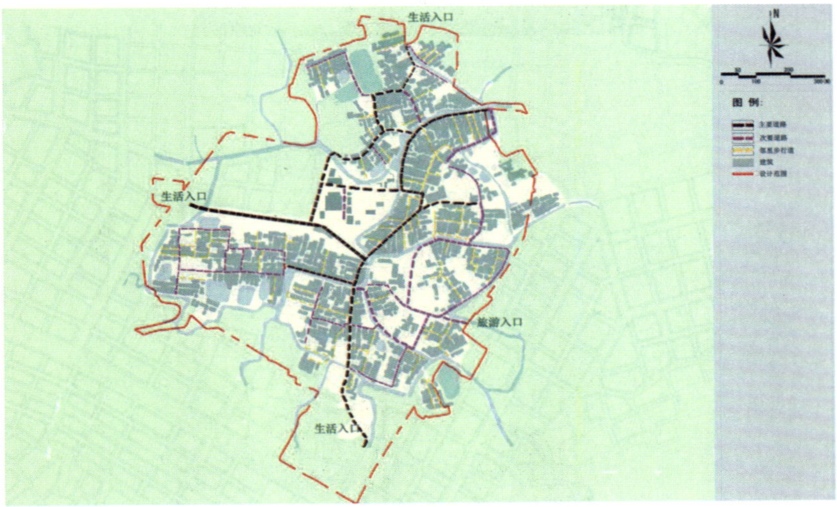

图 4－26　顺德逢简村建筑机理

图片来源：逢简村提供

2. 昌教（顺德杏坛）

昌教村仍然保留着数百年历史的古老大屋、家庙、祠堂。

昌教村占地面积 4 平方公里，蜿蜒复杂的河网水道把村落切割成若干板块。村落外围是连片的基塘。村落保留了众多梳式布局的巷道和民居群落，形成了非常复杂的多片段梳式布局村落。沿水道的界面较为规整，建筑与水道之间是阳埕和道路。梳式布局的建筑群落顺应水道走向而变化。黎氏、林氏是昌教村的两大姓氏，两大姓氏均有祠堂。

图 4－27　顺德昌教村卫星图

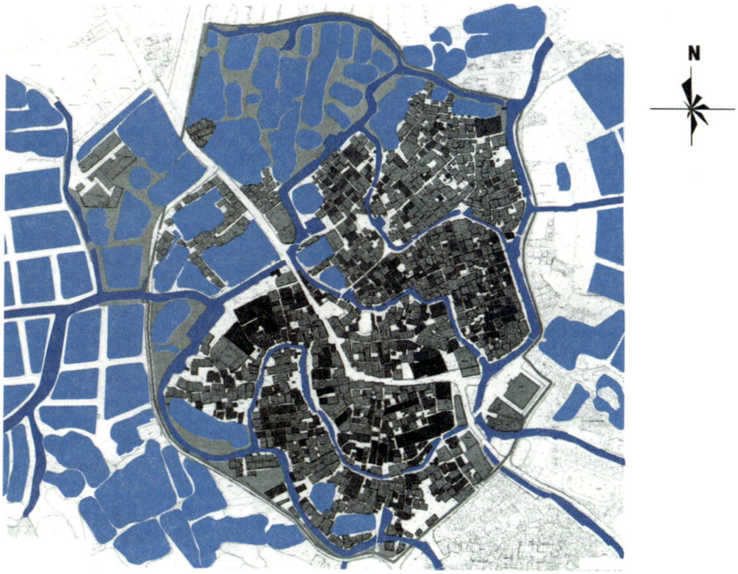

图 4－28　顺德昌教村总平面图

图片来源：佛山市顺德区规划设计院有限公司．佛山市顺德区杏坛镇昌教村历史文化保护与发展规划文本．图集［Z］.2009.

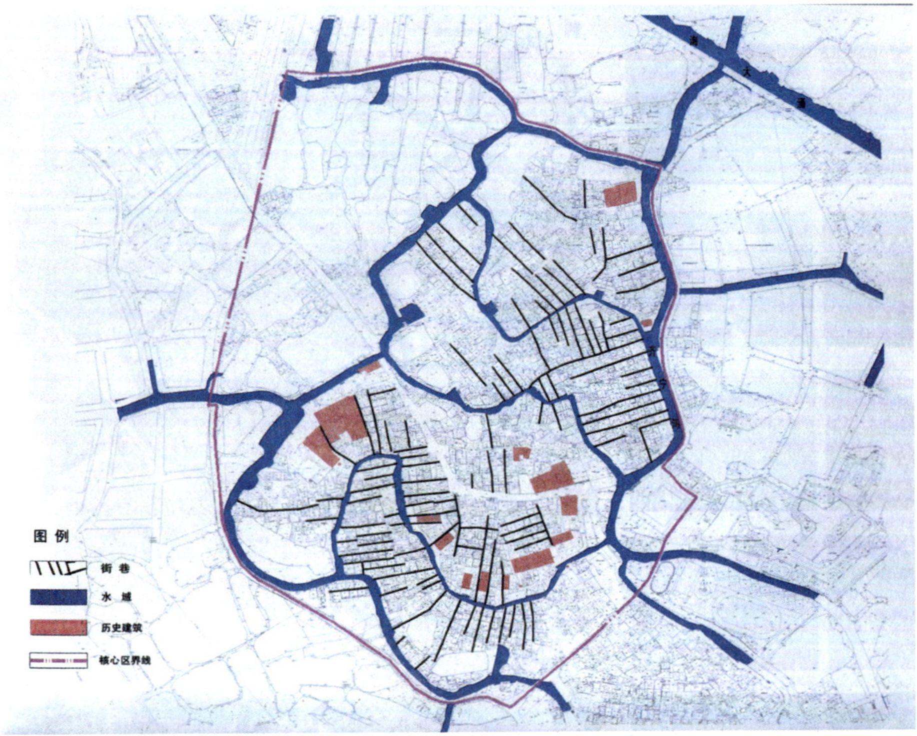

图 4－29　顺德昌教村街巷机理分析图

图片来源：佛山市顺德区规划设计院有限公司．佛山市顺德区杏坛镇昌教村历史文化保护与发展规划文本．图集［Z］．2009．

3．大墩（顺德乐从）

大墩村位于顺德乐从东平新城，南宋咸淳十年（1274 年），为躲避蒙古人的入侵，中原人梁氏一路南逃，从南雄珠玑巷南下迁入大墩村。相传大墩村先祖见到大河之间有这样一个大土墩，就在这里扎根生息，村名就叫大墩。全村现有人口 3500 多人，以何姓、梁姓为多。

大墩村中一条小河蜿蜒流经，把村落切割成若干板块。村落保留了众多梳式布局的巷道和民居群落，形成了非常复杂的多片段梳式布局村落。沿水道的界面较为规整，建筑与水道之间是阳埕和道路。梳式布局的建筑群落顺应水道走向而变化。

图 4－30　顺德大墩村卫星图

图片来源：百度地图

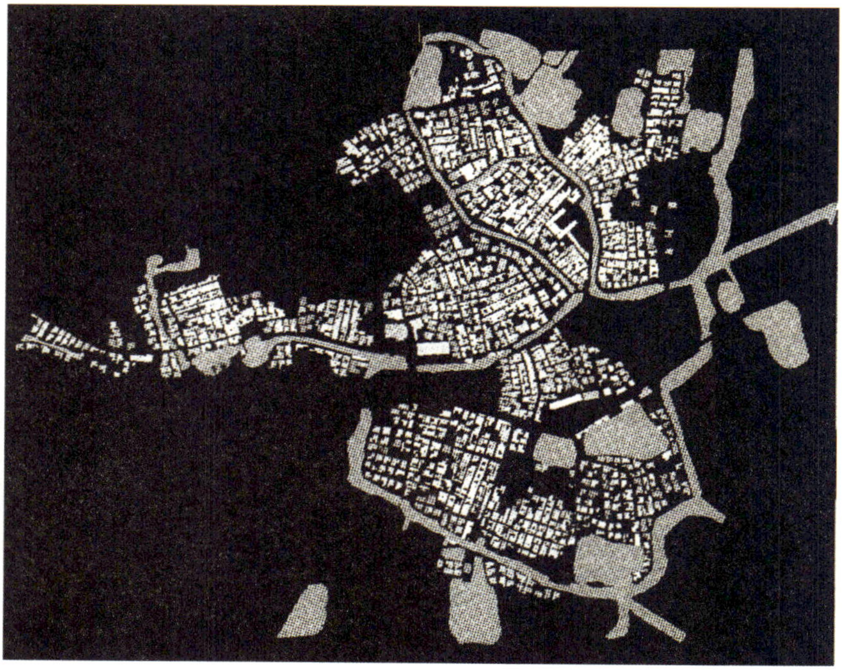

图 4－31　顺德大墩村总平面图

图片来源：冯江．祖先之翼——明清广州府的开垦、聚族而居与宗族祠堂的衍变［M］．北京：中国建筑工业出版社，2010.

图 4-32　顺德大墩村

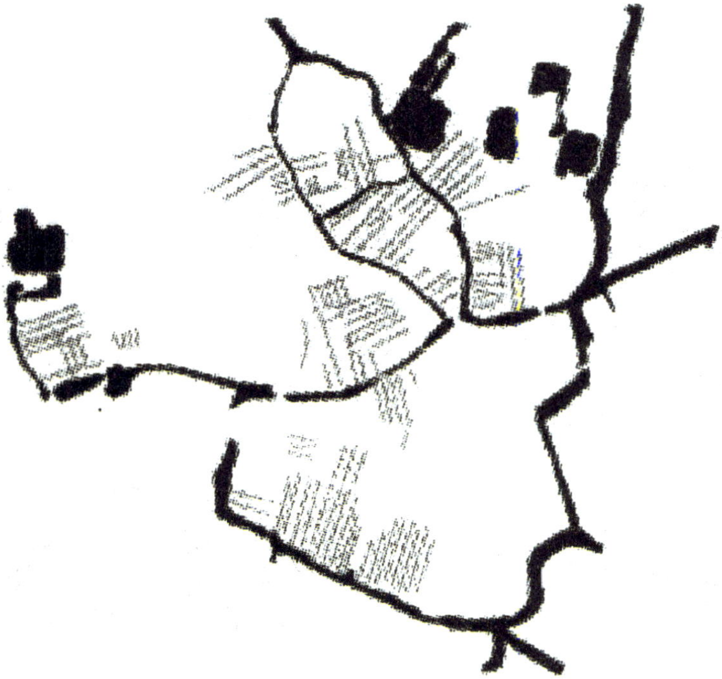

图 4-33　顺德大墩村巷道与水系关系图

图片来源：冯江．祖先之翼——明清广州府的开垦、聚族而居与宗族祠堂的衍变［M］．北京：中国建筑工业出版社，2010.

四、围屋布局

在广府文化盛行的珠三角，围屋并不多见，佛山地区遗留的围屋则更少。三水南山六和乐屋村的围屋是保存得比较完好的客家围屋。

1. 乐屋（三水南山）

乐屋村围屋前有长方形的禾坪，禾坪前有半月形的池塘。围屋前方后圆，核心部分是中部的乐氏宗祠，宗祠三间三进，门堂有屏门。祠堂大门和左右小巷各设一道门，围屋门上有一个小洞，专门给猫狗出入。围屋原有两圈房屋，整个围屋祠堂、厅堂、居室、杂屋、厕所、畜棚布局合理，游廊、天井、巷道、台阶、排水沟一应俱全。后部有半圆形的斜坡内院。半圆的池塘与半圆形的围屋、内院配搭，形成了“天圆地方”的建筑意象。塘水属阴，内院属阳，合风水文化。当前围屋的外圈已经有一半不存。

图 4－34　三水乐屋村航拍

2. 豆地脚（三水南山）

豆地脚村围屋前有禾坪，斜对半月形的池塘。围屋原为前方后圆，核心部分是中部宗祠，宗祠三间三进。祠堂门前有一阳埕，左右各设一道门楼。当前围屋后半部分已毁。

图 4－35　三水豆地脚村鸟瞰

图 4－36　三水豆地脚村围屋航拍

第五章

佛山历史村落物质文化遗产

第一节　居住建筑

民居是佛山历史村落中最大量的建筑物，形成了村落中最重要的建筑机理。佛山地区的传统民居具有典型的广府民居特色，也有部分本地特色的民居、客家民居等形制。

为了更清晰地阐述，我们将历史村落的传统居住建筑分为普通民居和府第建筑两大类。贵族、官僚、大地主和大商人的住宅，往往规模宏大，形制等级高，接近官式建筑的做法或者借鉴了西式庄园府第等做法，在村落中独树一帜，成为重点。而民间的普通民居，则一般规模较小，形制等级较低，在村落中和谐共处，成为平等的一员。当然了，两种居住建筑不存在清晰的边界，普通民居规模发展后，也接近府第建筑，成为村落的重点。本节以用地、建筑规模为依据，对普通民居和府第建筑做分类剖析。

一、民居

佛山历史村落的普通民居建筑大部分为三间两廊式民居，还有部分为明字屋、竹筒屋等。民国时期部分民居借鉴了西方住宅的做法，和地方建筑相结合，做出了西式或中西结合的民居建筑。

三间两廊式和明字屋都是以“间”为基本单位的合院式民居，有三间、五间、七间等。

（一）三间两廊式民居

佛山地区宗族观念深厚的村落，多采用三间两廊式民居为基本单元规划全村，形成梳式布局的村落。全村划出纵向巷道若干，巷道间布置一列若干幢的三间两廊民居，由巷道进入宅侧大门，丰裕人家可占用两幢以上宅基。布局严正划一，通风良好。（见参考文献[3]）

三间两廊即“冂”字形三开间三合院民居，平面呈对称布局的矩形。主座为一列三间房屋，即所谓“三间”，中间是厅堂，两侧是卧室。厅堂居中，前为天井。两个卧室前各带一个廊庑，即“两廊”。由廊庑入户，两个廊庑兼做厨房、柴房和杂物房。

三间两廊的中轴线上是厅堂和天井，有些厅的后部加建阁楼，称为神楼，用以供奉祖先牌位。厅的后墙不开窗，以防“漏财”，厅前通天井，可以有墙间隔，正中开门，可置隔扇，也可没有隔断。

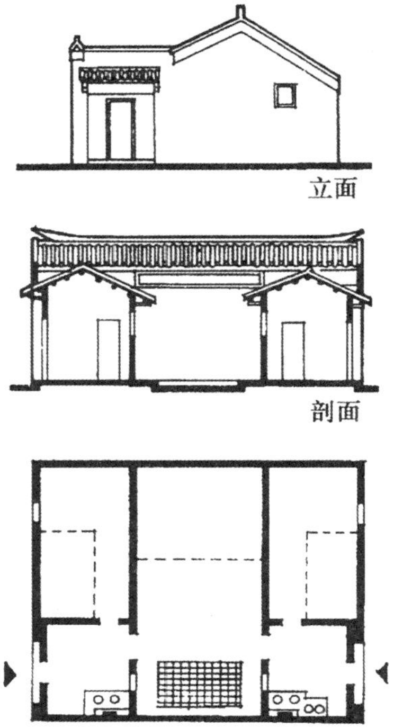

图5-1　三间两廊式住宅

图片来源：陆琦．广府民居［M］．广州：华南理工大学出版社，2013.

天井一般用花岗岩条石铺砌，厅堂正对的天井外墙叫“看墙”或“照墙”。天井内通常打一水井。

卧室在厅的两旁，房门一般开向厅，也可开向厨房。卧室后半部上面置阁楼，作储存稻谷和堆放农具、杂物用。卧室后部不开窗，东、西侧有时开小窗，有时不开窗，只在上部瓦面用两三块玻璃代替瓦片，称为“明瓦”，以解决采光问题。

庭院两旁为廊，廊上开门作为建筑入口与街道相接。多数民居其中一侧做凹斗门，表示为主要大门，另一侧做平门或不开门。也有民居两侧都是凹斗门的，表示该宅是两家合用。两廊的坡顶要斜向内庭院，认为“财水”要“内流”。大门一侧的廊庑一般做门房，另一侧廊庑做厨房、柴房和杂物房等。也有两廊均为厨房的，当兄弟分家时可各分一边屋，厅堂、天井和水井则共用。厨房顶上一般做成平顶作为晒台，两个卧室上的阁楼开窗口通出晒台，称为“水窗”。遇洪水时，人可上阁楼经水窗出晒台避洪水。

典型的案例有沙滘村牧伯里14巷11号民居。该民居占地面积82.34平方米，建筑面积133.84平方米。入口设在右侧廊庑，凹斗门上的封檐板雕刻精美，镬耳山墙。

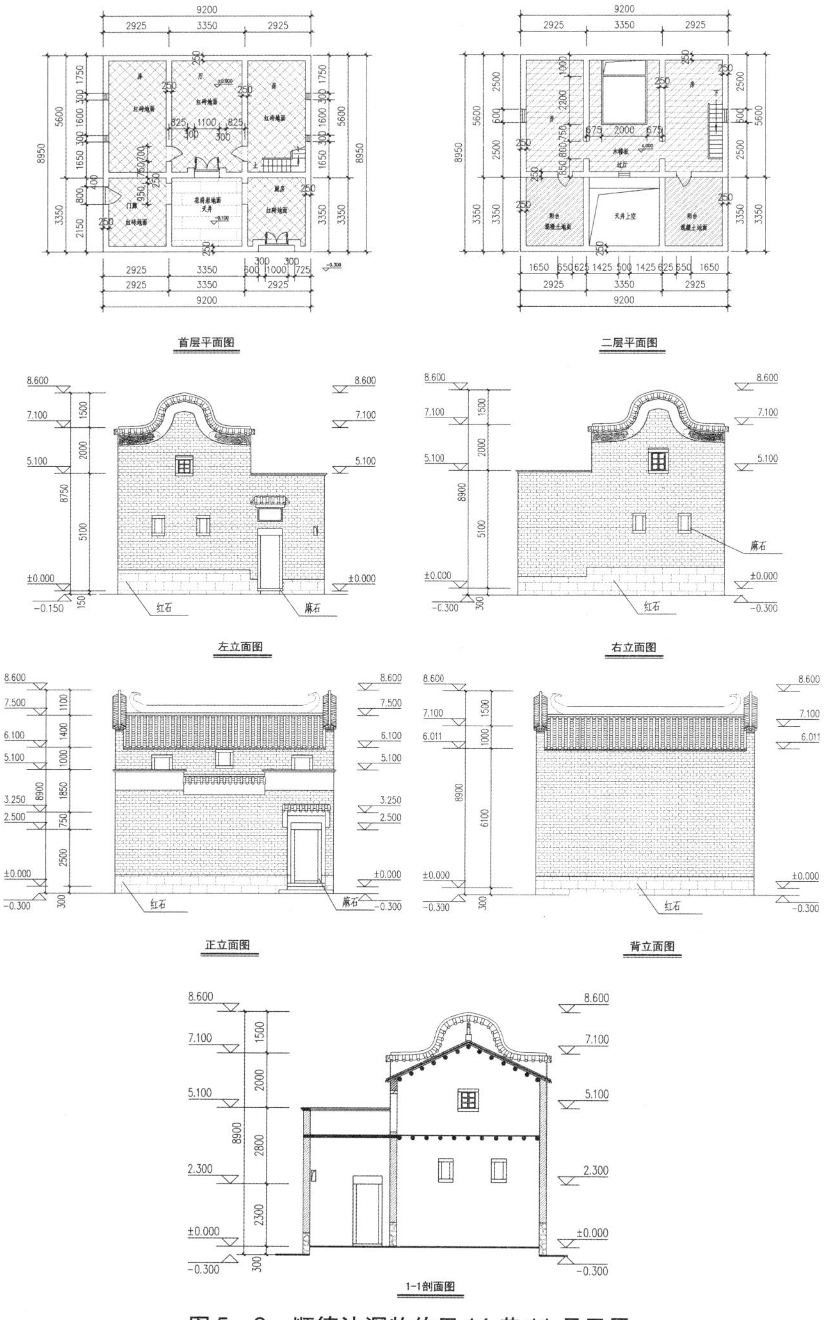

图 5－2　顺德沙滘牧伯里 14 巷 11 号民居

资料来源：中共佛山市南海区委宣传部．南海名胜［M］．广州：中山大学出版社，2010.

以三间两廊式为基本格式，还可以有很多变化，例如因屋地狭小而舍去一廊一间（称“一偏一正”），或由数座三间两廊组成大型民居等。以三间两廊单元为基础，在规模和高度上进行扩展，产生了多路、多进或多层的三间两廊建筑群。(见图5-3)

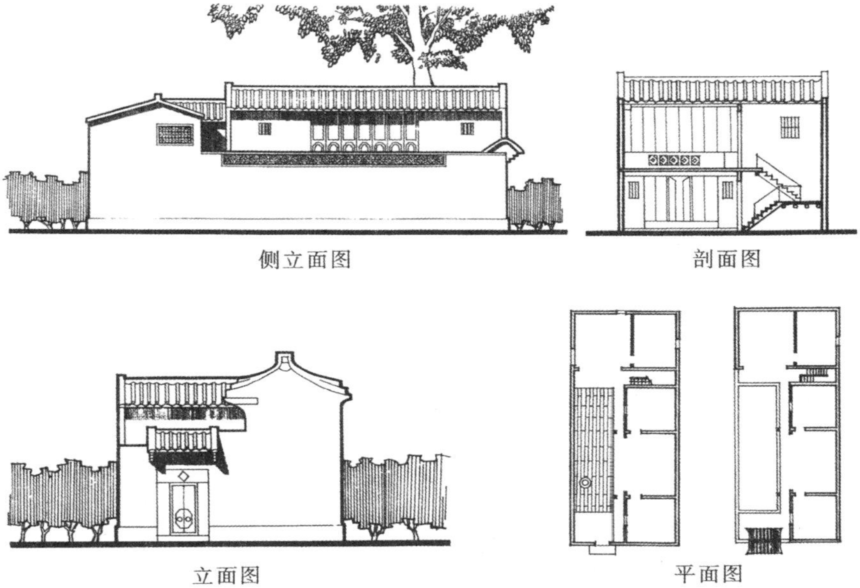

图5-3　由三间两廊变化而成的三水某村落民居

资料来源：陆琦．广府民居［M］．广州：华南理工大学出版社，2013.

典型案例如沙滘陈泰旧居（见图5-4）。该民居占地面积462.84平方米，建筑面积412平方米，由四个三间两廊民居单元构成，中间有一小巷连通。其余还有禅城南庄罗格孔家村德祥巷9号民居、顺德杏坛龙眼村李家巷12号民居、南海狮山璜溪村东华里5号民居等。

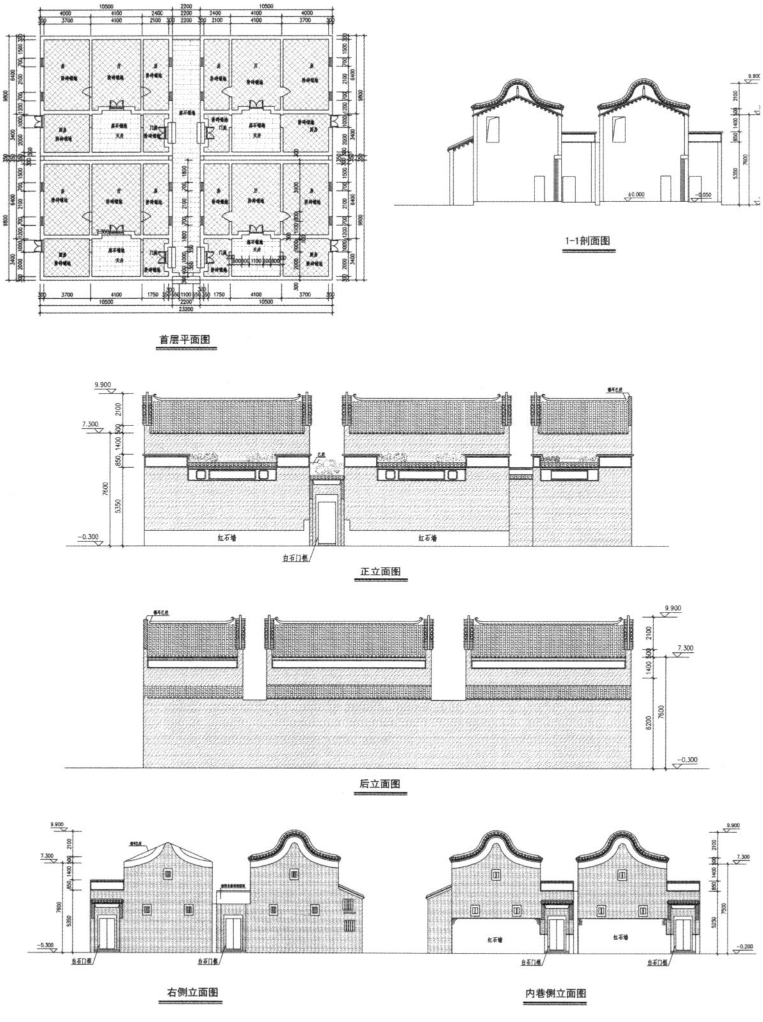

图 5－4　顺德沙滘陈泰旧居

资料来源：佛山市规划局顺德分局，佛山市城市规划勘测设计研究院．乐从镇沙滘历史文化保护与发展规划说明书、专题研究［R］．2009.

（二）明字屋

明字屋，平面双开间，像“明”字，故称明字屋，也称明次屋。由厅、房和厨房、天井组合而成，由于厨房位置不同而构成了不同的平面布局形式，一般有三种：一种是厅、房在后，厨房在前（见图5－5）；一种是厨房在后，厅、房在前（见图5－6）；再一种是厅、房在中，厨房在外或在侧边，厅厨合起来组合双开间明字屋（见图5－7）。

明字屋的平面布置是比较灵活自由的。两个开间可大小不一，进深可长可短。一般都带内天井，也有不带者，则在农村中较多见。

明字屋的优点是功能明确，平面紧凑，使用方便，各有用途。此外，通风采光好，特别是有一个良好安静的环境，缺点是不能分为两个独立开间单独使用。

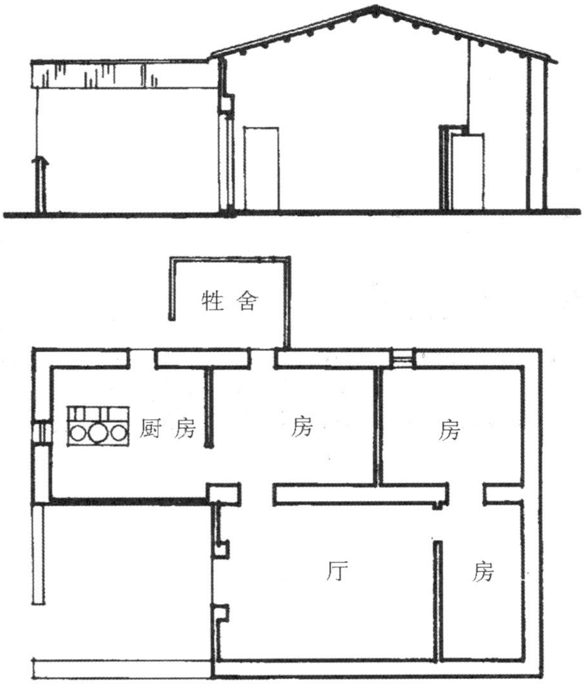

图5－5　厨房在前的明字屋

图片来源：陆元鼎．广东民居［M］．北京：中国建筑工业出版社，1986.

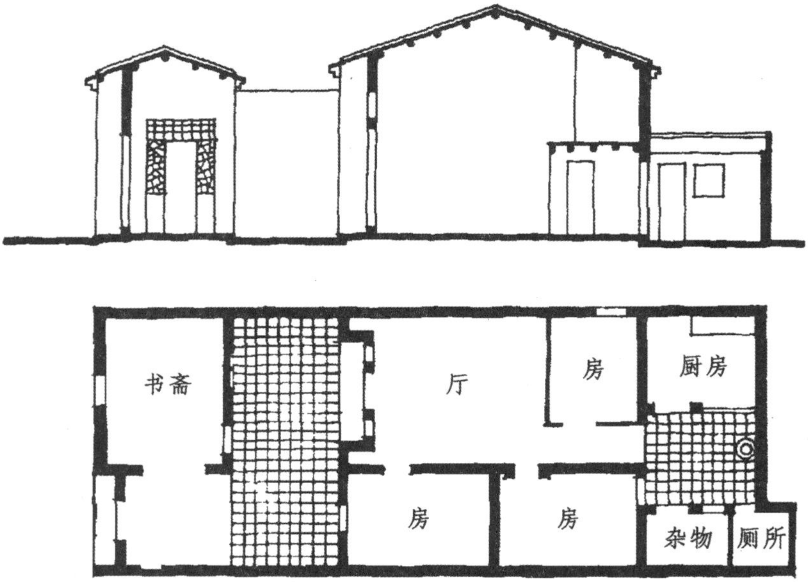

图5－6　厨房在后的明字屋

图片来源：陆元鼎．广东民居［M］．北京：中国建筑工业出版社，1986.

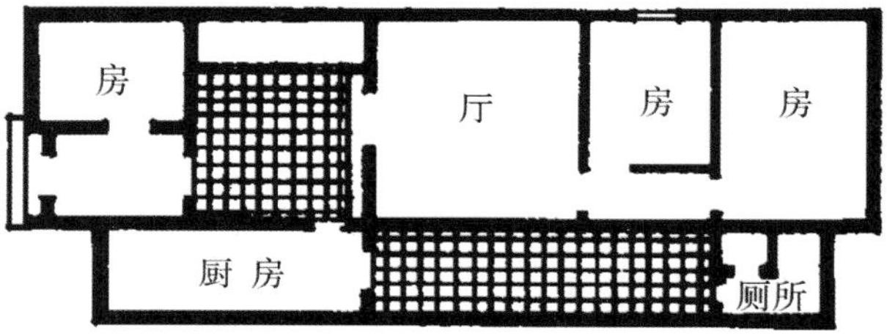

图5－7　厨房在侧的明字屋

图片来源：陆元鼎．广东民居［M］．北京：中国建筑工业出版社，1986.

（三）近代西式或中西结合民居

我们将其分为三种类型：第一种是平面按照传统的三间两廊或者明字屋的形制，而立面采用西式或中西结合样式；第二种是平面采用西式自由布局，立面采用传统建筑样式；第三种是平面和立面均采用西式或中西结合样式。

第一种的典型案例有沙滘牧伯里9巷21号民居（见图5－8）。该民居占地面积74平方米，建筑面积156.04平方米。平面为三间两廊形制，采用钢筋混凝土屋顶。大厅中央有与顶层连通的采光井。

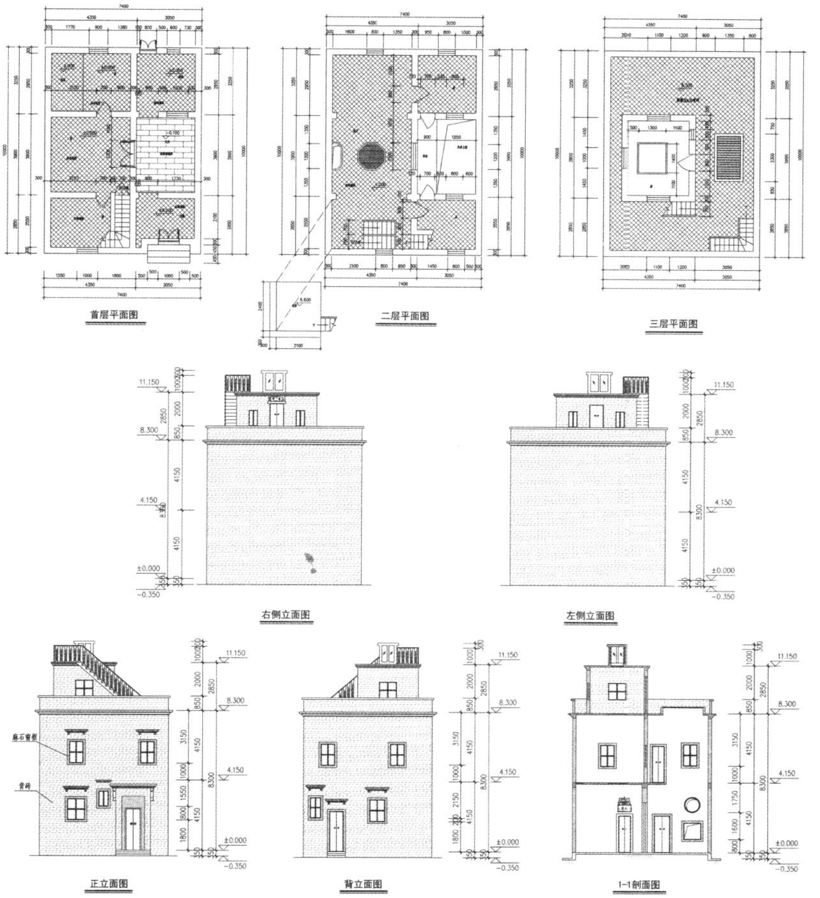

图 5－8　顺德沙滘牧伯里 9 巷 21 号民居

图片来源：佛山市规划局顺德分局，佛山市城市规划勘测设计研究院．乐从镇沙滘历史文化保护与发展规划说明书、专题研究［R］．2009.

第二种的典型案例有沙滘颍川旧址 1 巷 1 号民居（见图 5－9）。该民居占地面积 64.97 平方米，建筑面积 105 平方米，坐北向南，镬耳山墙。入口设在东立面，有瓦门檐、木雕檐板，门楣上有水墨壁画、砖雕。半封闭式天井（天井并不是真接露天，而是通过天井上设在两边和正立面的窗来采光）。

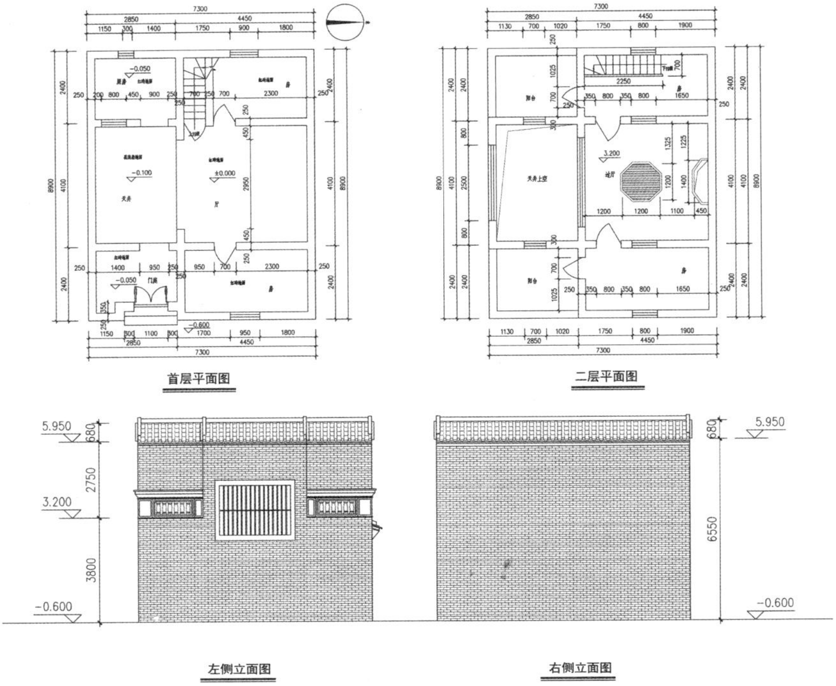

图 5 –9　顺德沙滘颖川旧址 1 巷 1 号民居

图片来源：佛山市规划局顺德分局，佛山市城市规划勘测设计研究院．乐从镇沙滘历史文化保护与发展规划说明书、专题研究［R］. 2009.

第三种的典型案例有沙滘牧伯里 3 巷 3 号民居（见图 5 – 10）。该民居占地面积 209. 49 平方米，建筑面积 344. 1 平方米。面阔三间，进深三间，后座为主体，硬山顶。正门有瓦造的门檐，且有木雕檐板。二座有半封闭式天井。前座和二座部分为钢筋混凝土屋顶。花岗石墙基，二层红砖铺地。

还有沙滘牧伯里 9 巷 6 号民居（见图 5 – 11）。该民居占地面积 118. 5 平方米，建筑面积 233. 59 平方米。面阔四间，进深两间，采用钢筋混凝土屋顶。半封闭式天井。

图 5－10　顺德沙滘牧伯里 3 巷 3 号民居

图片来源：佛山市规划局顺德分局，佛山市城市规划勘测设计研究院．乐从镇沙滘历史文化保护与发展规划说明书、专题研究［R］. 2009.

图5－11　顺德沙滘牧伯里9巷6号民居

资料来源：中共佛山市南海区委宣传部．南海名胜［M］．广州：中山大学出版社，2010.

表5－1收录了佛山历史村落中部分民居建筑。

表 5－1　佛山历史村落部分民居建筑

村名	区属	民居建筑	文保级别	详情
湾华	禅城石湾	1 南街村 4 巷 3 号民居 2 沃秀坊 5 巷 3 号民居		1 始建于明。三间两廊式布局，占地面积 121.8 平方米，入口位于东墙。西、北、南墙用蚝壳砌筑。有明末清初建筑风格。 2 局部两层，中西合璧
藜涌	禅城石湾	藜涌简地（简照南宅第）	市级	
苏村	南海丹灶	康有为故居（延香老屋）	国家级	始建于清中叶，三间两廊，镬耳山墙，面积约 81 平方米。清咸丰八年（1858 年）康有为诞生于此，并在此撰写了《大同书》（初稿）
仙岗	南海丹灶	1 石狮巷 2 低井坊、水巷坊古民居群 3 长庚里 4 圣堂大街		1 悬山顶、夯筑土墙，明清建筑。 2. 镬耳山墙，大部分是三间两廊式民居
小江	南海官窑	黄少强故居	市级	三间两廊，建筑面积约 120 平方米
烟桥	南海九江	1 南厅（尚志堂） 2 丹桂堂朝厅 3 何晃钊故居 4 兰桂坊 5 元亨利贞巷		1 十九世植三公绍珍于 1914 年所建。当时还建有高厅，甲寅大水时尚未竣工，高厅矗立三层，1942 年日军侵华时被焚夷为平地，2011 年重建。现存尚志堂，中西合璧，大门向南。这是当时烟桥村唯一门口向南的建筑物，因此得名“南厅”，窗篷西洋风格。 2 是丹桂堂附属建筑物，具清代岭南古建筑特色。层高两层，镬耳山墙。 3 共 3 座，保存较好，具有清末岭南古民居特色。房屋主人是旅古巴爱国华侨商人。

续表

村名	区属	民居建筑	文保级别	详情
				4 百福堂的附属建筑，原主人在西欧经商，清光绪二十年（1894 年）回乡兴建。取“兰桂滕芳”之意，寓意子孙显贵发达，窗篷是西洋风格，人字山墙。 5 始建于清光绪年间，是一经堂产业。“元亨利贞”出自《周易》乾卦卦辞，现在还保存亨巷、利巷两个青砖门楼。巷内古建筑设计根据《周易》精粹，共有 15 座建筑物，每座建筑均为 99 平方米
贤寮	南海里水	贤僚民居群		承流巷、由义巷、余庆巷、长乐巷等 13 条古巷道，三间两廊、镬耳山墙民居为主
璜溪	南海狮山	1 李聘臣故居 2 李紫屏故居 3 东边头 15 号民居 4 拱璧横街 1 号民居 5 小洋楼		2 三间两廊，镬耳山墙。 3 建于民国，高 3 层，规模较大，人字山墙。 4 建于民国，规模较大，由一高一低两组横排房子联排组成，人字山墙
碧云	南海西樵	碧云村 38 号民居		建于晚清至民国期间，坐南向北，三间两廊，主座两层，面阔约 10 米，进深约 8 米。人字山墙，博古脊
简村	南海西樵	陈启沅故居		
仙涌	顺德陈村	仙涌民居群		建于清
沙浦	顺德均安	罗家树故居（罗氏宅第）	市级	建于民国，西式建筑，砖混结构，占地面积 68 平方米，面阔 7.7 米，进深 12.4 米，高两层半

续表

村名	区属	民居建筑	文保级别	详情
沙滘	顺德乐从	1 南村牧伯里民居群 2 西村低地坊民居群 3 颍川旧址民居群 4 陈泰旧居	1 市级 2 市级 4 市级	1 建于清至民国，占地面积2万多平方米，17条街巷，20多户百年老屋。东西长200米，南北宽100米，砖木或砖混结构，融入不少东南亚和西式建筑风格。牧伯里14巷11号：占地面积82.34平方米，建筑面积133.84平方米。镬耳山墙。入口设在正立面右侧。牧伯里14巷2号：占地面积248.78平方米。建筑面积475.23平方米。从大门进入后分两座。左边为主体，面阔三间，进深三间，硬山顶。右侧为辅助部分，三开间，进深一间。门廊与厨房部分连通。牧伯里9巷21号：占地面积74平方米，建筑面积156.04平方米。三间两廊，大厅中央有与顶层连通的采光井。牧伯里9巷6号：占地面积118.5平方米，建筑面积233.59平方米。面阔四间，进深两间，半封闭式天井。牧伯里3巷3号：占地面积209.49平方米，建筑面积344.1平方米。面阔三间，进深三间。后座为主体，硬山顶。二座有半封闭式天井。牧伯里14巷2号宅第：占地面积248.78平方米，建筑面积475.23平方米。从大门进入后分两座。左边为主体，面阔三间，进深三间，三座进深采用同一个硬山顶。右侧为辅助部分，三开间，进深一间。门廊与厨房部分连通，辅助部分为钢筋混凝土屋顶。天井花岗石铺地。 2 建于民国。 3 近代民居群。颍川旧址1巷1号：占地面积64.97平方米，建筑面积105平方米，坐北向南。镬耳山墙。入口设在东立面。半封闭式天井。 4 南洋富商陈泰的故居。建于民国初期到中期，总体呈梳式布局。占地面积462.84平方米，建筑面积412平方米，由4个三间两廊民居单元构成，中间有一小巷连通。单体长约13米，宽约9米，占地面积约110平方米，镬耳山墙，龙船脊
腾冲	顺德乐从	刘氏宅第	市级	民国二十二年（1933年），砖混结构，占地面积185平方米，两进，面阔10米，进深17.2米
三洲	顺德伦教	千里驹故居	市级	建于民国，西式建筑，砖混结构，占地面积295平方米，面阔10.5米，进深28.2米
仙塘	顺德龙江	克勤堂古民居群	市级	克勤堂是清代仙塘村一赖姓人创立的商业品牌。晚清，克勤堂族人在仙塘广盖豪宅多间，村人亦称为“克勤堂”。克勤堂主建筑为悬山顶砖木结构，两层，四室一厅，一天井，金字阶，两廊，是典型的三间两廊布局

续表

村名	区属	民居建筑	文保级别	详情
北水	顺德杏坛	尤列故居	省级	
吉祐	顺德杏坛	麦孟华、麦仲华故居	市级	
昌教	顺德杏坛	昌教民居群	市级	
桑麻	顺德杏坛	北街古村落	市级	建于清
梅花	三水大塘	1 胡乃松祖宅 2 四巷九号民居	1 区级 2 区级	1 三间两廊，镬耳山墙。 2 三间两廊
大旗头	三水乐平	大旗头村古建筑群	省级	始建于清光绪年间，坐西向东，民居200余间，总面积1万平方米，尚书第，建威第，民居
长岐	三水芦苞	长岐古民居群		最具特色的是村内的防御系统，民居大都有一条暗道通往邻里，平时作为下水道，有砖头掩盖，若盗匪强闯入屋，村民可推开砖头穿过暗道逃至屋外或到邻居家躲避
墩衷	高明荷城	墩衷村古民居群		坐北向南，共32座古民居。三间两廊布局，面阔9.12米，进深9.66米，面积为90平方米，镬耳山墙，博古脊
扶丽	高明荷城	扶丽村古民居群		建于清，共12座古民居，面阔14.03米，进深11.41米，两层，木板楼阁
古孟	高明荷城	古孟村古民居群		建于清，坐南向北，棋盘式布局，共10座古民居，古巷道、古井、古社稷、排水石槽等齐全。三间两廊格局，人字山墙，龙船脊

续表

村名	区属	民居建筑	文保级别	详情
官当	高明荷城	官当村古民居群		建于清，共20座古民居。三间两廊格局，面阔8.62米，进深9.8米，镬耳山墙，龙船脊
河江	高明荷城	河江村陆氏古民居群		建于清，坐西向东，占地面积977.3平方米，棋盘式布局，共8座古民居，古巷道、古井、古社稷、排水石槽等齐全。三间两廊格局，面阔11.45米，进深10.67米，镬耳山墙，龙船脊
会江	高明荷城	会江村古民居群		建于清，坐东向西，共15座古民居。三间两廊格局，面阔9.7米，进深9.77米，镬耳或人字山墙，博古脊或龙船脊
江山	高明荷城	江山村何德年祖屋		建于清嘉庆年间，坐北向南，三间两廊格局，通面阔10米，通进深17.5米，人字山墙，龙船脊
榴村	高明荷城	榴村陆家古民居群		建于明末清初，坐北向南，棋盘形结构，由16个门楼和8条古巷组成，总长250米，总面宽50多米，面积约1.25万平方米。有三间两廊民居20多座，镬耳山墙或人字山墙，龙船脊
罗岸	高明荷城	罗岸村古民居群		建于清，坐东向西，后背靠山，面临水塘，共12座古民居，占地面积约1200平方米。三间两廊布局，面阔10.27米，进深10.79米，镬耳山墙，龙船脊
马宁	高明荷城	马宁村古民居群		建于清，坐西向东，共9座古民居。三间两廊格局，面阔8.96米，进深9.45米，镬耳山墙，龙船脊
墨编	高明荷城	墨编村古民居群		建于清，坐东向西，共54座古民居。三间两廊格局，面阔9.66米，进深7.52米，镬耳山墙，博古脊，排水系统完善
阮埇	高明荷城	1 阮西坊古民居群 2 阮北坊古民居群（大夫第，八大家）	1 区级 2 区级	1 建于明末清初，坐北向南，共41座古民居，总面积5000平方米。三间两廊式格局，面阔10米，进深9.7米，多为镬耳山墙、龙船脊，少数为人字山墙、平脊。 2 建于清康熙年间，为奉直大夫区士元为其8个儿子兴建的，故称“大夫第”，又称“八大家”。棋盘式布局，坐北向南，原有16座古民居，现存13座。三间两廊式格局，面阔10米，进深9.7米，镬耳山墙，龙船脊

续表

村名	区属	民居建筑	文保级别	详情
石潭	高明荷城	石潭村刘家古民居群		建于清，坐北向南，共13座古民居。三间两廊格局，面阔9.7米，进深9.72米，镬耳山墙，龙船脊
松柏	高明荷城	松柏村古民居群		建于清，坐东南向西北，三间两廊格局，面阔11.2米，进深9.82米，镬耳山墙，龙船脊
棠美	高明荷城	棠美村古民居群		建于明末清初，坐北向南，棋盘式布局，共22座古民居，分布于5条巷，每巷分别建有一门楼。三间两廊式格局，面阔10.6米，进深6.5米，龙船脊，部分民居墙基石为红砂岩
西梁	高明荷城	梁发故居	市级	建于清，部分毁于民国时期，2004年重建。坐西向东，三间两廊，通面阔8.4米，通进深8米，人字山墙，龙船脊
下宏基	高明荷城	下宏基村古民居群		建于清，坐北向南，共11座古民居。三间两廊格局，面阔11.34米，进深11.43米，镬耳山墙，龙船脊
下湾	高明荷城	下湾村古民居群		建于清，坐西北向东南，棋盘式布局，共9座古民居。三间两廊格局，面阔11.07米，进深8.84米，镬耳山墙，龙船脊
下泽	高明荷城	下泽村古民居群		建于清，坐北向南，棋盘式布局，共13座古民居，占地面积约3905平方米。三间两廊格局，面阔9.32米，进深8.9米，龙船脊
北街	高明明城	北街村古民居群		建于清，坐北向南，共4座古民居。三间两廊格局，面阔8.2米，进深9.9米，占地面积127.68平方米，镬耳或人字山墙，门堂博古脊，正屋龙船脊
步洲	高明明城	步洲村古民居群		建于清，坐北向南，共11座古民居。三间两廊格局，面阔10.95米，进深5.5米，占地面积60.2平方米，镬耳或人字山墙，博古脊

续表

村名	区属	民居建筑	文保级别	详情
苍角	高明明城	苍角村古民居群		建于清，坐东向西，共6座古民居。面阔10.48米，进深10.3米，占地面积107.94平方米，镬耳或人字山墙，龙船脊
东门	高明明城	东门村古民居群		建于清，坐北向南，共13座古民居。三间两廊格局，面阔11.4米，进深11.2米，占地面积127.68平方米，镬耳或人字山墙，博古脊
禾仓	高明明城	禾仓村古民居群		建于清，坐北向南，共6座古民居。三间两廊格局，面阔10.9米，进深8.8米，占地面积95.92平方米，人字山墙，龙船脊
横江	高明明城	横江村古民居群		建于清，坐北向南，共8座古民居。三间两廊格局，面阔9.8米，进深9.4米，占地面积92.12平方米，镬耳或人字山墙，博古脊
井山	高明明城	井山村古民居群		建于清，一部分坐北向南，另一部分坐西向东，分布纵横交错，不规则，共20座古民居。三间两廊格局，面阔10.25米，进深9.7米，镬耳山墙，龙船脊
朗第	高明明城	朗第村古民居群		建于清，坐北向南，共8座古民居。三间两廊格局，面阔10.75米，进深9.5米，占地面积102.13平方米，镬耳或人字山墙，龙船脊
龙潭	高明明城	龙潭村古民居群		建于清，坐南向北，共6座古民居。三间两廊格局，面阔10.7米，进深11.1米，占地面积118.77平方米，人字山墙，博古脊
深水	高明明城	深水村古民居群	市级	建于清光绪元年（1875年），坐西北向东南，棋盘式布局，共3排，原每排5座，共15座房屋，现仅存13座。纵向巷道宽度约2米，横向巷道宽度约3米。三间两廊格局，面阔10.4米，进深11米。人字山墙，龙船脊
潭朗	高明明城	潭朗新村古民居群		建于清，坐西北向东南，共14座古民居。三间两廊格局，面阔10.1米，进深9.7米，占地面积97.97平方米，镬耳或人字山墙，龙船脊

续表

村名	区属	民居建筑	文保级别	详情
细塘美	高明明城	细塘美村古民居群		建于清，坐北向南，棋盘式布局，共3排，每排3座，共9座古民居。三间两廊格局，面阔10.8米，进深8米，镬耳山墙，龙船脊。横巷宽1.2米，纵巷宽0.7米
鸦岗	高明明城	鸦岗村古民居群		建于清，坐西南向东北，共4座古民居。三间两廊格局，面阔10.65米，进深9.1米，镬耳山墙，博古脊，1.2米高花岗岩石墙基
圆岗	高明明城	1 圆岗罗村古民居群 2 罗志故居		1 建于清，坐北向南，共14座古民居。其中3座为三间两廊格局，面阔11米，进深9.9米；11座为竹筒屋，面阔6.45米，进深15.5米。镬耳山墙，博古脊（其中3座为人字山墙，龙船脊）。 2 通面阔11米，通进深9.3米，人字山墙，龙船脊，凹斗门
版村	高明更合	版村东头古民居群		建于清，坐北向南，棋盘式布局，共4排24座古民居。三间两廊格局，面阔8.9米，进深11.5米，占地面积127.68平方米，镬耳山墙，龙船脊
吉田	高明更合	吉田村古民居群		建于清，坐西向东，棋盘式布局，共5排20座古民居。三间两廊格局，面阔9.4米，进深10.2米，镬耳或人字山墙，龙船脊或博古脊
泽河	高明更合	泽河村古民居群		建于清，坐北向南，梳式布局，共28座古民居。三间两廊格局，面阔8.1米，进深10.6米，镬耳山墙，龙船脊

二、府第建筑

传统的府第建筑形制更接近祠堂建筑的形制，建筑群中轴对称，大门开于中轴线上，每进中间为厅堂，两边有耳房，庭园两边是厢房或廊庑。典型案例有顺德碧江村的职方第（见图 5－12）和三水大旗头村的尚书第等。

图 5－12　顺德碧江村职方第

近代部分府第建筑采用了西式的自由平面与立面形式。典型案例如沙滘牧伯里 14 巷 2 号宅第（见图 5－13）、羊额村鸣石花园（见图 5－14、图 5－15）、沙头村冰玉堂（图 5－16）等。牧伯里 14 巷 2 号宅第占地面积 248.78 平方米、建筑面积 475.23 平方米，从大门进入后分两座。左边为主体，面阔三间，进深三间，采用同一个硬山顶；右侧为辅助部分，三开间，进深一间。门廊与厨房部分连通，辅助部分为钢筋混凝土屋顶。

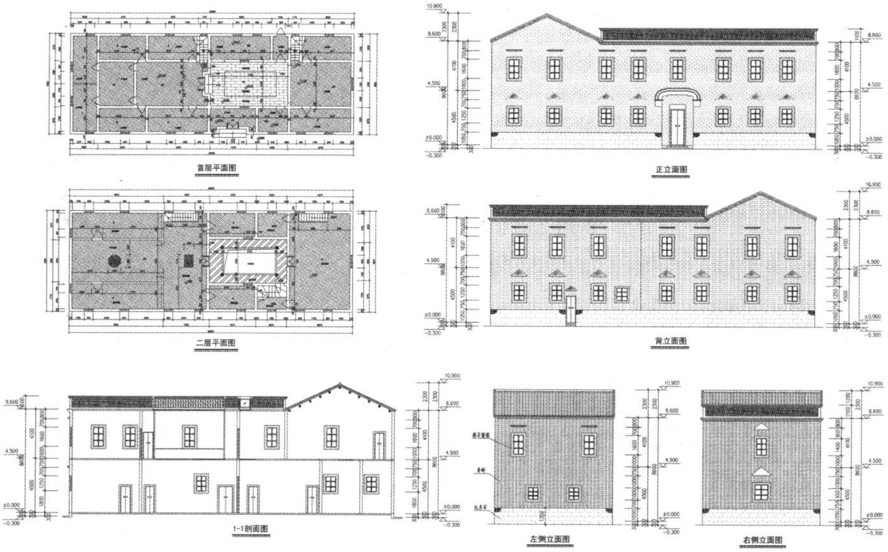

图 5－13　顺德沙滘牧伯里 14 巷 2 号宅第

图片来源：佛山市规划局顺德分局，佛山市城市规划勘测设计研究院．乐从镇沙滘历史文化保护与发展规划说明书、专题研究［R］．2009.

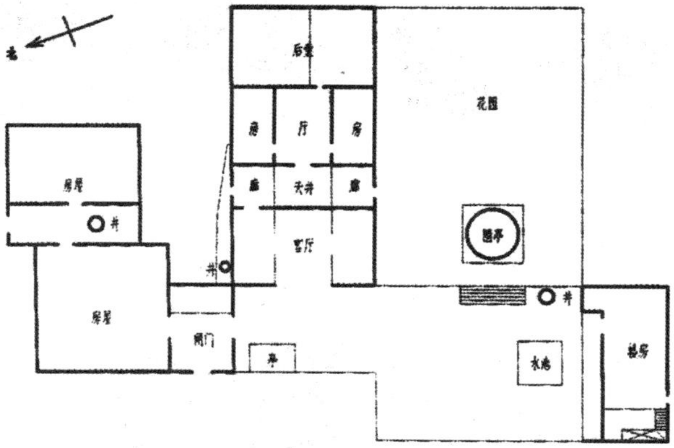

图 5－14　顺德羊额村鸣石花园平面示意图

图片来源：杨小晶．广东省岭南近现代建筑图集（顺德分册），2013.

图 5－15　顺德羊额村鸣石花园

图 5－16　顺德沙头村冰玉堂

表 5－2 对佛山历史村落的重要府第建筑进行了收录。

表5－2　佛山历史村落重要府第建筑

村名	区属	府第建筑	文保级别	详情
赤山	南海里水	将军第		将军第为第十二代后人李胜龙所建。建筑面积170平方米，人字山墙，博古脊，凹斗门
百西村头	南海西樵	太史第		
碧云	南海西樵	傅氏山庄	市级	建于民国二十一年（1932年）。澳门第二代赌王傅老榕（傅德用）的故居。占地面积为5700平方米，建筑面积为1265平方米，是由傅氏宗祠、山庄南门、敦义崇礼碉楼、傅老榕故居及数间民居组成的建筑群落，是一组既具有岭南建筑风格又具有西洋建筑风格的民国建筑群，恢宏大气，保存比较完好
碧江	顺德北滘	金楼（包括职方第、泥楼）	省级	金楼为清嘉庆至道光年间碧江职方[①]苏少澹的父亲苏丕文修建，原名赋鹤楼，为职方第的藏书楼。因屏门、门坊、檐板、厅壁、天花藻井的木质雕饰均以真金涂髹或镶贴，故称“金楼”。金楼主体三间两层，砖木结构，首层明间有屏门，二层前厅后寝，三面环廊与寝室相连，成回字形。厅为金楼主体，通饰木雕花件，潮州木雕风格。左右两廊与前廊交界处设有垂直多层的框架橱柜门洞，橱柜裙板刻清朝乾嘉时大学士刘墉[②]、湖北督粮道宋湘[③]、云南临安府太守王文

① 官名。唐宋至明清，皆于兵部设职方司，主要掌管疆域图籍。

② 刘墉（1719—1804），字崇如，号石庵，清朝政治家、书法家。乾隆十六年（1751年）中进士，历任翰林院庶吉士、太原府知府、江宁府知府、内阁学士、体仁阁大学士等职。书法造诣深厚，是清代著名的帖学大家，被世人称为“浓墨宰相”，谥号文清。

③ 宋湘（1757—1826），字焕襄，号芷湾，今广东梅州市梅县区人。清中叶著名的诗人、书法家、教育家。被称为“岭南第一才子”，《清史稿·列传》中称“粤诗惟湘为巨”。

续表

村名	区属	府第建筑	文保级别	详情
				治[1]、翰林学士张岳崧[2]的书法。 职方第三间三进，中堂前有拜亭，第三进为四层高的后楼，镬耳山墙，龙船脊。门堂凹斗门式，拜亭前为牌坊。 泥楼建于明代，占地面积118.8平方米，建筑面积168.5平方米，三间两进，后楼两层，门堂凹斗门。镬耳山墙，蚝壳墙，罗马柱
大都	顺德陈村	梁氏洋楼		建于民国，西式建筑，钢筋混凝土结构，占地面积108.5平方米，宽6.8米，深13.4米，高3层
潭洲	顺德陈村	何氏洋楼		建于民国二十四年（1935年），西式建筑，砖混结构，占地面积469平方米，主楼高3层
沙头	顺德均安	冰玉堂	省级	坐落于鹤岭山麓，故又称鹤岭静安舍。始建于清光绪八年（1882年），近年重修。由沙头旅居新加坡的自梳女集资建成，以作养老之用。近代建筑，是两层楼建筑，地下分左、中、右三座，中座供奉着自梳女们信奉的观音，左、右安放着已故的自梳女的灵位，楼上是木做的阁楼，是自梳女的睡眠之处。建筑面积约为500平方米，占地近两亩。坐北向南，通面阔23.4米，通进深52.46米，占地面积1228平方米，建筑面积426.7平方米，两进。由门厅、庭院、前堂、冰玉堂、偏间等组成。门堂为凹斗门式，面阔三间14米，进深7.3米。堂前有一小天井，两侧为廊，左侧有神龛一座。堂前门窗俱为圆拱式，南洋风格。两侧建筑则为普通民居的两层木楼，有木梯。主体建筑高两层，面阔三间13.64米，进深两进23.13米。砖木结构，硬山顶，青砖墙

① 王文治（1730—1802），字禹卿，号梦楼，江苏丹徒人。清代官吏、诗人、书法家。乾隆二十五年（1760年）进士，授编修，擢侍读，官至云南临安知府。工书法，以风韵胜。有《梦楼诗集》《快雨堂题跋》。

② 崧，同“嵩”。张岳崧（1773—1842），字子骏，又字翰山、澥山、稚雅，号觉庵、指山。今海南省定安县龙湖镇高林村人，是海南在科举时代唯一的探花，官至湖北布政使（从二品）。主持编纂《琼州府志》，擅长书画，是清代知名的书画家，与丘浚、海瑞、王佐并誉为海南四大才子，是海南读绝（丘浚）、忠绝（海瑞）、吟绝（王佐）、写绝（张岳崧）“四绝”中的“写绝”。

续表

村名	区属	府第建筑	文保级别	详情
羊额	顺德伦教	鸣石花园	市级	建于民国，西式建筑，砖木、砖混结构，占地面积500平方米
霞石	顺德伦教	华生园		建于民国二十一年（1932年），西式建筑
大旗头	三水乐平	1 尚书第 2 建威第	省级	1 郑绍忠的私人住宅，始建于清光绪年间，占地面积342平方米，建筑面积320平方米，两路两进三开间，现仅存第一进，凹斗门，中路人字山墙，左路现有镬耳。门前对联“衣冠沾雨露，甲胄冒风霜”。 2 郑绍忠的府第，始建于清光绪年间，占地面积876平方米，建筑面积724平方米，三间两进。原有花园、通德门和轿厅，现已不存

第二节　祠堂建筑

祠堂是祭祀祖宗或先贤的庙堂，同时兼做宗族成员活动的场所。旧俗中，每年的春节、冬至、朔望等时节都要在祠堂进行祭祖、烧香、敬酒、烧爆竹等仪式。人一生的重要节点都和祠堂祭祀有密切关系。每年正月，佛山历史村落里生了男丁的人家多在祠堂举行“开灯”仪式，做父亲的首先上香拜祀祖先，再向祠堂主持人上报添丁；男儿长大成人结婚上字（祠堂里的成人礼）也要拜祠堂，拜过祠堂、敬过祖先，婚姻才被族人认可；考取功名，事业有成，也需要回乡祭祀祖先和祠堂；百年后，祭祀的仪式也在祠堂进行，最后神牌也被安放于祠堂中。

佛山历史村落的宗族观念强烈，大族聚居后派生为数支，形成了树形的宗族脉络（见图 5 – 17）。大族有宗祠，每一支族又有其支祠（或书塾①、门楼），宗祠与支祠的分布同样呈现树形结构（见图 5 – 18）。宗祠是全族人共同祭祀祖宗的祠堂，支祠则是宗族下分支族所祭祀的祠堂。通常每一姓氏宗族在进村处有一个宗祠，沿村落外围有多个支祠、书塾或门楼。支族成员的民居紧跟支祠，是最为牢固的社会结构。各支系的居住组团除了受到宗祠的统领外，进一步受到了支祠的控制，支祠成为了支族居住组团的中心。宗族结构关系造成了不同层次的祠堂建筑关系。

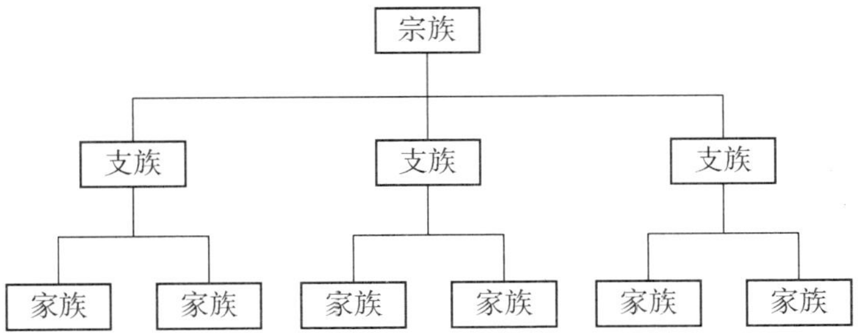

图 5 – 17　宗族结构的树形关系

① 广府常见的衍生的一种祠堂类型，冠以书塾、家塾、书舍、书室等名，形制上与祠堂相似。顺德市地方志编纂委员会．顺德县志［M］．北京：中华书局，1996．

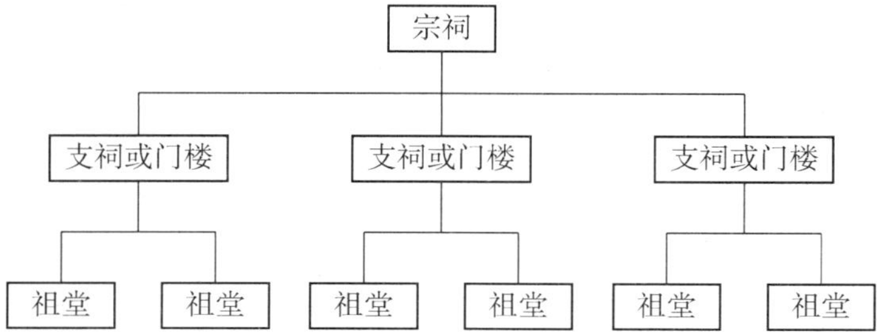

图 5－18　宗祠建筑的树形关系结构

宗祠对于村落的核心作用，不仅表现在方位上，还表现在习俗方面，凡祭祖、诉讼、红白事等族中大事均在宗祠里举行。清屈大均在《广东新语·宫语》祖祠条中说："广之世，于乡为盛。其土沃而人繁，或一乡一姓，或一乡二、三姓。自唐宋以来，蝉连而居，安其土，乐其谣俗，鲜有迁徙他邦者。其大小宗祖祢皆有祠，代为堂构，以壮丽相高。每千人之族，祠数十所。小姓单家，族人不满百者，亦有祠数所。其曰大宗祠者，始祖之庙也。庶人而有始祖之庙，追远也，收族也。追远，孝也。收族，仁也。"

村落中每个宗姓的地位是不同的，同一宗姓不同支族的地位也不相同，这特别明显地表现在各宗族、支族祠堂建筑的方位、数量和规模上。数量、规模上的悬殊和区位上的差异都显示出宗族和支族势力、财富和地位的不均衡。

佛山历史村落的祠堂，原来多建于水体前。祠堂建筑一般退后，前面做一宽阔的小广场，称阳埕。有时广场在河涌等水体的另一侧，对岸的广场通常做一照壁呼应。如顺德碧江村慕堂苏公祠，原来的牌坊就是建于河涌对岸的，当前河涌已经被填，改变了祠堂、河涌和阳埕的格局。

表 5－3 对佛山历史村落的重要祠堂建筑进行了收录。其中重要历史村落中的祠堂及市级文物保护单位以上的祠堂建筑均有收录。

表5－3　佛山历史村落重要祠堂建筑

村名	区属	祠堂建筑	文保级别	详情
石头	禅城石湾	石头霍氏家庙祠堂群（石头霍氏大宗祠、石头霍氏古祠建筑群） 1 石头霍勉斋公家庙 2 石头椿林霍公祠 3 石头霍氏家庙 4 石头霍文敏公家庙（石头书院） 5 石头荫苗纪德堂	省级	明嘉靖四年（1525年）建，清嘉庆年间和光绪七年（1881年）重修。五路并列的三间三进祠堂群落，从左至右依次为霍勉斋公家庙、椿林霍公祠、霍氏家庙、霍文敏公家庙和荫苗纪德堂，占地面积2484平方米，5条青云巷。人字山墙，博古脊。是佛山市现存规模最大、保存最完好的祠堂建筑群。 1、3 石牌坊。 4、5 砖牌坊
隆庆	禅城南庄	隆庆陈氏宗祠（聚德堂）	市级	清嘉庆二十二年（1817年）建。始祖广福，称广福公。坐北向南，三间三进，面阔13.38米，进深37.32米，面积499平方米，人字山墙，博古脊。大门匾额为陈白沙书
罗格孔家	禅城南庄	1 罗格孔家天南圣裔祠（诗礼堂） 2 罗格孔家南庄孔公祠 3 罗格孔家德祥孔公祠		1 建于雍正初年，门匾为清代进士、福建巡抚潘思榘书，“诗礼堂”匾额为清协办大学士汤金钊所书。三路三进三开间，中路镬耳山墙，博古脊。 2 建于雍正元年（1723年），三间两进，中路镬耳山墙，博古脊。 3 建于康熙元年（1662年），三间两进，人字山墙，红砂岩墙基
三华	禅城南庄	1 三华罗氏大宗祠 2 三华紫寰罗公祠	市级	1 建年代不详，清光绪十三年（1887年）重修。坐南向北，占地面积约1490平方米，原为三路四进三开间，通面阔25.8米，通进深57.9米，第四进为通面阔的三层碉楼。现仅存西路及四进后楼建筑，东路仅保留了后段厢房。水式山墙，博古脊。 2 建于清

续表

村名	区属	祠堂建筑	文保级别	详情
紫南村头	禅城南庄	1 紫南村头菊庭梁公祠 2 紫南村头南坞梁公祠 3 紫南村头汝华梁公祠 4 紫南村头南溪梁公祠 5 紫南村头南山梁公祠 6 紫南村头梁氏大宗祠 7 紫南村头邦享梁公祠 8 紫南村头筠友潘公祠		1 三间两进，镬耳山墙，博古脊。 3 三间两进，人字山墙，平脊。 5 三间两进，镬耳山墙，博古脊。 6 三间两进，镬耳山墙，博古脊
藜涌	禅城石湾	1 藜涌陈氏大宗祠 2 藜涌澄心陈公祠 3 藜涌木岑陈公祠（世显堂）	1 市级	1 建于明嘉靖年间，清重修。坐东北向西南，三路三进三开间带左右青云巷，通面阔 31.6 米，通进深 43.7 米，面积约 1380 平方米，人字山墙，博古脊。 2 明建。坐东北向西南，三路两进三开间带左右青云巷，通面阔 11.25 米，通进深 19.6 米，占地面积 220.5 米，人字山墙，博古脊。 3 清建。坐南向北，三间三进带左右青云巷，通面阔 11.3 米，通进深 17 米，占地面积 335 平方米，人字山墙，龙船脊
深村	禅城石湾	深村康宁聂公祠	市级	明建，清重修。三路三进三开间带左右青云巷，镬耳山墙，龙船脊
石梁	禅城石湾	石梁梁氏家庙	市级	明永乐年间建，嘉靖年间（约 1550 年）迁至现址，清光绪初年、2004 年修葺。坐北向南，占地面积 1300 多平方米，建筑面积 800 多平方米，三路三进三开间，左右有青云巷及两厢

续表

村名	区属	祠堂建筑	文保级别	详情
湾华	禅城石湾	1 湾华平兰陈公祠 2 湾华北溪梁公祠 3 湾华万瑜何公祠 4 湾华见泉公祠	1 市级	1 建于清宣统三年（1911 年）。坐北向南略偏西，三路两进三开间，西路厢房已毁，面积 254 平方米，人字山墙。 2 清代建筑，1995 年修缮。坐北向南，占地面积 542 平方米，金柱所挂木刻对联与祠堂落成同期，人字山墙
大江	禅城张槎	大江罗氏宗祠	市级	建于明代，清代重修。坐东南向西北，三路三进，通面阔 25. 3 米，通进深 43. 3 米，面积 1095 平方米，镬耳山墙。该祠保留部分明代建筑构件
大沙	禅城张槎	大沙杨氏大宗祠	市级	建于清康熙二十五年（1686 年）。坐西向东，面阔五开间，原为三进，现仅存头进。总面阔 31. 4 米，进深 9. 6 米，面积约 300 平方米，人字山墙，头进前广场保留大型石雕狮子一对。是禅城区现存唯一五开间规格的祠堂建筑
海口	禅城张槎	海口庞氏大宗祠	市级	建于清光绪二年（1876 年）。坐东向西，三间三进，通面阔 11. 9 米，通进深 46. 7 米，面积约 610 平方米，人字山墙
莲塘	禅城张槎	莲塘陈氏宗祠		位于莲塘村莲园北街一巷。清康熙二年（1663 年）建，嘉庆元年（1796 年）重建，光绪六年（1880 年）、民国九年（1920 年）、1996 年重修。坐东向西。内外墙楣绘人物壁画，建筑精美
朝东	禅城祖庙	朝东汪海区公祠	市级	
白沙	南海大沥	白沙杜氏大宗祠	市级	建于清乾隆十七年（1752 年），乾隆三十五年迁建他处，乾隆五十九年又迁回现址
曹边	南海大沥	曹边曹氏大宗祠（南雄祖祠）	省级	建于明中期，崇祯九年（1636 年）重建，清光绪十七年（1891 年）重修，2004 年落架大修

续表

村名	区属	祠堂建筑	文保级别	详情
大镇	南海大沥	大镇“朝议世家”邝公祠	市级	明隆庆与万历年间重建。三进五开间，悬山顶。大门外有八字翼墙，蚝壳墙，木檐柱，有柱櫍，红砂岩或咸水石柱础。柱子有侧脚与生起。门堂无塾，三楼悬山顶，两边梢间封闭做塾间
凤池	南海大沥	凤池曹氏大宗祠	市级	建于清雍正九年（1731 年），道光二十三年（1843 年）重建，1999 年重修
黄岐	南海大沥	黄岐梁氏大宗祠	市级	建于明弘治十七年（1504 年）
潡表	南海大沥	潡表李氏大宗祠	市级	建于民国
沥东	南海大沥	沥东吴氏八世祖祠	市级	清康熙六十年（1721 年）建，光绪十六年（1890 年）重建
平地	南海大沥	平地黄氏大宗祠	省级	明建，清乾隆二十年（1755 年）、嘉庆年间重修
颜边	南海大沥	颜边颜氏大宗祠	市级	建于明，清道光十三年（1833 年）重修
钟边	南海大沥	钟边钟氏大宗祠	市级	建于宋景德二年（1005 年），明成化十八年（1482 年）重修，建筑现状为清代风格，2001 年维修。占地总面积约 1156. 14 平方米，三间三进
南沙棋盘	南海丹灶	1 南沙棋盘陈氏宗祠 2 南沙棋盘保善厅（私家厅）	1 区级、广东省第三次全国文物普查“十大新发现”之一	1 清乾隆三十九年（1774 年）建，嘉庆二十二年（1817 年）维修，同治九年（1870 年）、民国期间维修扩建。坐东北向西南，三路四进三开间带左右青云巷，通面阔 29. 4 米，通进深 83 米，占地面积 2440. 2 平方米，人字山墙，博古脊。 2 清中期建，民国时期修缮，是陈氏大房保善公族聚会议事的场所。三间两进
苏村	南海丹灶	1 苏村朝柱徐公祠 2 苏村广开陈公祠 3 苏村苏氏大宗祠（武功堂） 4 苏村徐氏宗祠		1 一间两进，凹斗门，平脊。 2 三间两进，博古脊。 3 三间两进，人字山墙。 4 三间两进

续表

村名	区属	祠堂建筑	文保级别	详情
仙岗	南海丹灶	1 仙岗陈氏大宗祠 2 仙岗立之祖祠 3 仙岗俭堂大夫祠 4 仙岗文才祖祠 5 仙岗舆之祖祠 6 仙岗南英祖祠和元鼎祖祠（“孖祠堂”）		1 清嘉庆十六年（1811 年）六月重建，据记载，原来坐西向东，重建后坐北向南，同治十二年（1873 年）第一次重修，光绪三十四年（1908 年）第二次重修。三路三进，博古脊。全部金柱、檩、椽均为南洋坤典木。 2 立之祖祠与陈氏大宗祠并排，两进，雕刻精美的花岗石神台，门堂两塾。祠内保存《重修立之祖碑记》。 3 俭堂大夫祠建于清同治十三年（1874 年），到光绪二年（1876 年）落成，民国元年（1912 年）重建成现在规模。两路两进，金柱均为南洋坤典木。 5 “舆之祖”与“立之祖”是兄弟，都是“文才祖”的儿子。舆之祖祠保存石刻《义助建祠碑记》记载祠堂建于顺治十二年（1657 年），康熙二十二年（1683 年）重建，定此格局两进。 6 在西片两祠而立，“南英祖”和“元鼎祖”是父子，且两祠建筑风格和大小差不多，故称为孖祠堂
叠滘茶基	南海桂城	1 茶基何氏宗祠 2 茶基成庄何公祠 3 茶基成刚何公祠 4 茶基俊宇何公祠		1 三间两进，博古脊。 3 三间两进，人字山墙，博古脊。 4 三间两进，人字山墙，博古脊，凹斗门式门堂
江头	南海桂城	1 江头江氏宗祠 2 江头遁叟江公祠	1 市级 2 市级	1 建于清康熙五十九年（1720 年），乾隆二十九年（1764 年）重修。三间三进，面积 534 平方米。镬耳山墙，龙船脊，满洲窗，宗祠门前的一对旗杆夹，上有著名的清末翰林江孔殷太史的亲笔。 2 建于清嘉庆年间，三间两进，面积 269 平方米，镬耳山墙，龙船脊

续表

村名	区属	祠堂建筑	文保级别	详情
烟桥	南海九江	烟桥何氏大宗祠（何氏六世祖祠，惇叙堂）	市级	祀一世孝廉公、二世小涧公、六世慕庄公等先祖。清嘉庆十九年（1814年）重建，光绪十八年（1892年）重修。同治六年（1867年）顺德举人梁骝藻题额“何氏六世祖祠”，咸丰九年（1859年）顺德探花李文田题匾“惇叙堂”。何文绮撰重建碑记和祖祠大门楹联“云礽仪水部，坊表重烟桥”。三间两进，面积约400平方米，镬耳山墙，博古脊
赤山	南海里水	现存祠堂7座。 1 赤山人民会场（义慎堂） 2 赤山天复李公祠 3 赤山御夫李公祠 4 赤山南鸣李公祠 5 赤山如泉李公祠 6 赤山李氏宗祠 7 赤山南鸣李公祠		1 赤山人民会场原是一间生祠，为李氏第十五代后人李显生所建。20世纪60年代初，改建为赤山人民会场。 2 第十二代后人李胜龙为他父亲天复祖所建。 后人李曰桃之子李克修建。三间两进，建筑面积约170平方米，人字山墙，龙船脊。门前对联“溯本寻源修族谱，孝德仁礼立家规”。 4 为第八代后人李南鸣所建。建筑面积170平方米，三间两进，人字山墙，博古脊。 7 清（约1688年）时后人李曰桃建。建筑面积约130平方米，三间两进，镬耳山墙，凹斗式门堂
宏岗	南海里水	祠堂5座		
孔西	南海里水	1 孔西至圣家庙 2 孔西孔氏宗祠（至圣源流）		1 镇内最尊贵之祠。民国十五年（1926年）重建，1998年重修。坐北向南，三路三进带青云巷，方耳山墙，博古脊。家庙通面阔29.2米，建筑面积为1284.8平方米，高9米。通进深44米，中路建筑面阔3.64米，青云巷宽1.73米，衬间面阔6.05米。竖书额题“至圣家庙”，门联：“俎豆宜万世，古今为一人。”门堂一门两塾。中堂正中悬一匾“玉书堂”。 2 清代雍正四年（1726年）重修。三路两进，建筑面积约400平方米，镬耳山墙

续表

村名	区属	祠堂建筑	文保级别	详情
汤南	南海里水	汤南汤氏宗祠（铭新堂）		建年代不详，清道光二十六年（1846年）重建，1998年重修。坐东南向西北，三间两进，院落中有牌坊，通面阔11.9米，通进深26.47米，占地面积314.99平方米。门额上下款为“道光岁次丙午、孟夏吉旦重建”。庭院内有青砖砌筑三间三楼牌坊，正背面匾额分别灰塑“兴前”“裕后”
贤寮	南海里水	1 贤寮泗源郑公祠 2 贤寮达宏郑公祠 3 贤寮熙堂郑公祠	1 市级	清初建，是郑氏后代为其七世祖明诰授奉政大夫、礼部郎中、辛未科进士郑泗源而建。清光绪年间重建，1994年维修。三间三进，占地面积565.44平方米。镬耳山墙，博古脊
联星（北房、南房、上边、水部）	南海罗村	1 联星北房朱氏宗祠 2 联星南房卢氏宗祠 3 联星上边江氏宗祠（衔省堂） 4 联星水部孙氏宗祠 5 联星叶氏宗祠	3 市级，罗村街道十大古建筑之一	2 重修。 3 建于明永乐八年（1410年），清光绪三十年（1904年）重建，2001年重修。三路三进三开间带左右青云巷，水式山墙，博古脊。“光宗耀祖”木匾。 4 两个孙氏宗祠。 5 2009年重修，三间三进，镬耳山墙，博古脊
寨边	南海罗村	寨边泮阳李公祠	市级	建于明末，门堂牌坊式
璜溪	南海狮山	1 璜溪李氏大宗祠 2 璜溪德深李公祠 3 璜溪常安公祠 4 璜溪六世祖祠		1 三间三进，面阔13米，进深46米，面积619平方米，人字山墙，博古脊。 3 面积77.07平方米，一间两进，人字山墙。墙楣有“竹林七贤”壁画
华平	南海狮山	华平李氏大宗祠	市级	建于清嘉庆年间，同治年间重修
黄洞	南海狮山	黄洞黄氏宗祠（珠江纵队独立第三大队旧址）	市级	建于清末民初，1995年重修

续表

村名	区属	祠堂建筑	文保级别	详情
黎边	南海狮山	1 黎边黎西黎氏宗祠（绳绳堂） 2 黎边黎东黎氏宗祠 3 黎边黎东雪梅黎公祠 4 黎边祖盛黎公祠		1 建于清，三间三进，人字山墙，博古脊。 2 三间两进，镬耳山墙，博古脊。 3 三间两进，镬耳山墙，博古脊
联表	南海狮山	联表关氏西祠		建于清乾隆十四年（1749 年），同治二年（1863 年）重建。三间三进，面积 367. 29 平方米，龙船脊。联表灰塑已成为佛山市非物质文化遗产
七甫	南海狮山	1 七甫陈氏宗祠 2 七甫纯阳吕公祠	市级	1 明弘治十二年（1499 年）建，清乾隆五十八年（1793 年）、1995 年重修。前殿牌坊式，歇山顶。 2 建于清光绪二十九年（1903 年）
棋盘	南海狮山	棋盘陈氏宗祠		建于清顺治年间，历经嘉庆、同治重修与扩建，三间四进
石碣	南海狮山	1 石碣阙里旧家 2 石碣从孟孔公祠 3 石碣敬庄孔公祠 4 石碣圣车孔公祠 5 石碣怀庄孔公祠 6 石碣怀中孔公祠 7 石碣敬庵孔公祠 8 石碣溢一孔公祠		三间两进或三间三进。 1 开村人孔庶奎（字敬庄，孔子第五十五代传人）、孔庶璧（字怀庄，孔子第五十五代传人）之父孔思用的祠堂，是当前石碣保存最悠久、最大的祠堂。2001 年重修。面阔 12. 76 米，进深 21. 06 米，人字山墙，博古脊。 2 孔庶璧之子孔希孟（号从孟）的祠堂，面阔 13. 12 米，进深 22. 27 米，人字山墙，博古脊。 3、4 人字山墙，博古脊。 5 人字山墙，龙船脊。 6、7、8 凹斗门

续表

村名	区属	祠堂建筑	文保级别	详情
百西村头	南海西樵	1 百西村头潘氏大宗祠（世德堂） 2 百西村头祥斋祖祠 3 百西村头仲宣祖祠 4 百西村头乐庵祖祠	区级	1 建于清乾隆二十六年（1761 年），咸丰四年（1854 年）扩建东西村祠，同时加建后楼一座，3 层楼高四丈八。原祠三间两进带左右青云巷，镬耳山墙。该祠堂门前立有 12 座旗杆石，上刻有该村清朝科举考试中的 2 位进士和 10 位举人。 2 三间两进，镬耳山墙，博古脊。 3 三间两进，镬耳山墙
百西大地	南海西樵	各房族祖祠 16 余间（现仅保存 4 间） 百西大地黎氏宗祠		建于道光二十年（1840 年），三间两进
碧云	南海西樵	1 碧云傅氏宗祠 2 碧云罗氏宗祠		2 建于清，民国重修。坐南向北，三间两进，通面阔 10.8 米，占地面积 300 平方米，水式山墙，博古脊
简村	南海西樵	1 简村绮亭陈公祠 2 简村陈氏大祠堂	1 省级	1 建于清光绪十三年（1887 年）。两进，占地面积 1500 平方米，建筑面积 600 平方米。1887 年陈启沅创办机器缫丝厂致富后，为祭祀其承继祖父陈绮亭而建，1996 年重修后，改造为陈启沅纪念堂。 2 建于清，1990 年重修。坐东北向西南，占地面积 1356.06 平方米，中路三间三进（原为四进）。1990 年为修复破损的木刻楹联，一并将横匾由原来的“陈氏祠堂”改为现在的“陈氏大祠堂”。1937 年广东省立女子师范学校从广州搬到该祠堂；1953 年曾用作西樵镇粮仓；1958 年西樵中学也搬到该祠进行办学

续表

村名	区属	祠堂建筑	文保级别	详情
松塘	南海西樵	1 松塘区氏宗祠（保滋堂） 2 松塘仲房六世祖祠（济美堂） 3 松塘世大夫家庙 4 松塘见五大夫祠 5 松塘塘西六世祖祠 6 松塘东山祖祠 7 松塘季房宗祠 8 松塘樵侣祖祠	1 市级	1 奉祀始祖世来公及后列祖。建于明万历三十九年（1611 年），见五祖与南岳、念谷和岭南诸公甫议修建。清道光十三年（1833 年）因水灾倾圮重修，宣统二年（1910 年）重修。祠内“保滋堂”匾乃大司徒赵世卿书，门匾为翰林区大原题。人字山墙，博古脊。 2 奉祀仲房六世祖进长公及后列祖。建于清初，嘉庆年间重修，道光二十五年（1845 年）继将祠后余地增建后楼。坐东北向西南，占地面积 281. 84 平方米。人字山墙，博古脊。 3 奉祀孟房六世祖子杰公及后列祖。十世祖区邦翰、儿区次颜、孙区庆云爷孙三代皆为奉政大夫，且庆云身系皇姻，故称世大夫家庙。清中叶建，1987 年维修。坐东北向西南，镬耳山墙，博古脊。 4 建于清光绪七年（1881 年），2005 年维修。坐东北向西南，占地面积 45. 35 平方米。 5 建于清光绪二十一年（1895 年），是继原有的季房宗祠之后添建，形制、规模完胜前者，1988 年重修。两进三开间，占地面积 247. 45 平万米。 6 奉祀仲房八世祖东山公及后列祖。建于清，1987 年维修。坐东北向西南，面积约 180. 6 平方米，镬耳山墙，博古脊。祠堂前面的功名石记述了区谓良、区堪森的科举功名
碧江	顺德北滘	现有祠堂 30 多座 1 碧江尊明苏公祠（五间祠） 2 碧江慕堂苏公祠 3 碧江村心祠堂群	1 省级 3 省级	1 为碧江苏式祭祀十三祖苏复常的尊德堂。明嘉靖年间建。原为三进五开间，现仅余两进。门堂面阔 31. 9 米，进深 6. 2 米。前堂面阔 32. 5 米，进深 13. 56 米。 2 清光绪二十四年（1898 年），佛山地区现存两座有一字形砖照壁的祠堂之一，且其照壁最为精美。祠坐西向东，三间三进，通进深 39. 6 米，通面阔 12. 4 米，占地面积 491 平方米，镬耳山墙，博古脊。照壁长 26. 5 米，深 11. 7 米，一字三楼三段式，是砖雕名匠南海梁氏兄弟的代表作。 3 含峭岩苏公祠、黄家祠、源庵苏公祠、楚珍苏公祠等 15 座祠堂。峭岩苏公祠清早期建，2005 年修复，坐西向东，面积 464. 78 平方米，龙舟脊，中堂有生起；黄家祠清中期重修，三间三进，镬耳山墙，门堂凹斗门式；源庵苏公祠清中期建，2004 年重修，坐西向东，三间两进，通面阔 11 米，通进深 18. 35 米，面积 201. 85 平方米，镬耳山墙，博古脊，门堂凹斗门式；楚珍苏公祠明后期建，清中期重修。

续表

村名	区属	祠堂建筑	文保级别	详情
		4 碧江泰兴大街祠堂群 5 碧江澄碧苏公祠 6 碧江从兰苏公祠 7 碧江逸云苏公祠 8 碧江何求苏公祠 9 碧江奇峰苏公祠 10 碧江峭岩苏公祠（绳武堂） 11 碧江黄家祠 12 碧江源庵苏公祠 13 碧江楚珍苏公祠	4 省级	4 含澄碧苏公祠、从兰苏公祠、逸云苏公祠、何求苏公祠等 5 座祠堂。 5 明建，清重修。坐西向东，三间三进，通面阔 12.75 米，通进深 37.14 米，面积 473.53 平方米，建筑面积 317.1 平方米，镬耳山墙，博古脊。 6 清中期建。三间三进，通面阔 11.4 米，通进深 34.3 米，占地面积 381.1 平方米，建筑面积 185.6 平方米，后堂已不存，镬耳山墙，博古脊。 7 清中后期建。三间两进，通面阔 10.88 米，通进深 16.8 米，镬耳山墙，博古脊，门堂凹斗门式，红砂岩祭坛。 8 明建，清重修。面积 386.28 平方米，三间两进带左右青云巷，人字山墙，龙船脊，院落有牌坊。 9 建于清光绪十二年（1886 年）。坐东北向西南，占地面积 372 平方米，三路三进三开间，庭院中有牌坊。通面阔 16.4 米，中路面阔 10.8 米，通进深 28 米，镬耳山墙，龙船脊，门堂凹斗门式，中庭有面阔三间的砖牌坊。 10 建于清中期（1736—1850）。三间三进，通面阔 11.4 米，通进深 34.3 米，面积 381.1 平方米。门堂无塾，后堂已不存。中堂金柱有木质花瓶状鼓座，有木柱。 11 建于清中后期（1736—1911）。三间两进，通面阔 10.88 米，通进深 16.8 米，镬耳山墙，灰塑博古脊。门堂凹斗门式。后堂仅设两根金柱，瓜柱抬梁式梁架，次间有檐墙。厅内红石祭坛。 12 建于明，清重修。面积 386.28 平方米，三间两进带左右青云巷，人字山墙，龙船脊，院落有牌坊。 13 建于清光绪十二年（1886 年）。坐东北向西南，占地面积 372 平方米，三间两进带左右偏间，庭院中有牌坊。通面阔 16.4 米，中路面阔 10.8 米，通进深 28 米。硬山顶，龙船脊，镬耳山墙，青砖墙，花岗岩石脚。门堂凹斗门式，进深十二架，中庭有面阔三间的砖牌坊

续表

村名	区属	祠堂建筑	文保级别	详情
桃村	顺德北滘	1 桃村报功祠古建筑群 2 桃村金紫名宗（光泽堂，黎氏宗祠） 3 桃村黎氏三世祠 4 桃村横岸袁氏大宗祠（袁诏谋祠，怡谋堂） 5 桃村曹氏大宗祠	1 省级 4 市级	1 明天顺四年（1460 年）建，清康熙四十三年（1704 年）、嘉庆八年（1803 年）、道光十九年（1839 年）、光绪八年（1882 年）、民国三十六年（1947 年）重修。三间三进，人字山墙，博古脊，门堂无塾，中堂、后堂均以墉承檐。后堂木梭柱。 2 建于明，清乾隆四十三年（1778 年）重修。三路三进三开间，两边带衬楼，人字山墙，龙船脊。门堂一门四塾，内檐八角形咸水石柱。 3 现存建筑为明代风格。两进，门堂一门四塾，三间三楼式屋顶。后堂山墙为蚝壳墙。 4 明末建，清乾隆四十三年（1778 年）重修。曾有衬祠，已拆除。 5 2007 年重修
庄头	顺德陈村	1 庄头潘氏世祠（明德堂） 2 庄头龚氏宗祠 3 庄头梁氏宗祠 4 庄头赵氏宗祠		1 建于明，清末修葺，2009 年重建门堂，修葺中、后堂。三间三进，镬耳山墙，龙船脊。 2 三间两进，镬耳山墙，旁有“康体”“得闲”两门楼。 3 人字山墙，凹斗门。 4 镬耳山墙
仓门	顺德均安	仓门梅庄欧阳公祠	省级	清光绪八年（1882 年）重建。坐南向北，三路两进三开间，带左右青云巷，主体建筑后带一后楼（厨房）。总面积 992 平方米，中路面阔 14.1 米，通进深 43.5 米。人字山墙，龙船脊，门堂进深三间，一门两塾，后檐带两个耳房，后堂进深三间
沙边	顺德乐从	现有祠堂 13 间： 1 沙边何氏大宗祠（厚本堂） 2 沙边斗山何公祠 3 沙边飞岳何公祠 4 沙边鸳侣何公祠	1 省级	1 建于明晚期，清康熙四十九年（1710 年）、同治二年（1863 年）、2003 年重修。占地面积 900 多平方米，三间三进，通面阔 16.2 米，通进深 50 米，第三进为后楼。门堂三间三楼牌坊式，歇山顶，中堂、后堂镬耳山墙，龙船脊，后墙蚝壳墙。 2 建于清同治十年（1871 年），2005 年维修。先祖名文闰，字景超，号斗山，是沙边厚本堂南廓祖第四房之第十四世。三路两进三开间带左右青云巷，凹斗门式门堂，人字山墙。

续表

村名	区属	祠堂建筑	文保级别	详情
		5 沙边南庄何公祠 6 沙边紫峰何公祠 7 沙边云埜何公祠 8 沙边紧樵何公祠 9 沙边练塘何公祠 10 沙边耕心何公祠 11 沙边邓氏三世祠（骏惠堂） 12 沙边兰趣何公祠 13 沙边以显何公祠	1 省级	9 建于清乾隆四十二年（1777 年），光绪三十一年（1905 年）重修。太祖名模，字克范，号练塘，是沙边厚本堂南廓祖第四房之第八世。面积约 170 平方米，三间两进，凹斗门式门堂，镬耳山墙，博古脊。 11 建年代不详，原为坐西向东，距今 150 多年前改建为坐南向北。面积约 370 平方米，三间两进，镬耳山墙，博古脊
沙滘	顺德乐从	1 沙滘陈氏大宗祠（本仁堂） 2 沙滘澜月陈公祠（锡光堂） 3 沙滘爱堂陈公祠 4 沙滘环翠陈公祠 5 沙滘毅轩陈公祠（敦厚堂） 6 沙滘西墅陈公祠 7 沙滘瑞田陈大夫家庙 8 沙滘北村澄碧陈公祠 9 沙滘北村岩贵岑公祠	1 省级	1 建于清光绪二十年（1894 年），竣工于二十六年。三路三进五开间，占地面积 4000 多平方米，主体建筑面积 3770 平方米，有衬祠，左右两边带四条青云巷，通面阔 47 米，通进深 80.2 米。硬山顶，人字山墙，中路建筑有月台，中堂高 11 米，悬挂名家陈仲明书法“本仁堂”匾额。 2 占地约 813 平方米，建筑面积 350.19 平方米。三间三进带左右青云巷，人字山墙，博古脊。 3 位于南村牧伯里，建于清。占地面积 177.76 平方米，建筑面积 177.76 平方米。三间三进，镬耳山墙，博古脊。 4 位于西村低地坊，建于清。占地面积 216.09 平方米，建筑面积 189.11 平方米，三间两进，通面阔 9.8 米，通进深 22 米，镬耳山墙，博古脊。 5 占地面积 486.71 平方米，建筑面积 430 平方米，五间三进。 6 位于颖川旧址。占地面积约 163 平方米，建筑面积 163 平方米。三间三进，镬耳山墙，左右有“颖川旧址”“颖水支源”青云巷。 7 位于西村低地坊，建于清，三间两进，通面阔 10.6 米，通进深 23.3 米，镬耳山墙，博古脊

续表

村名	区属	祠堂建筑	文保级别	详情
华西	顺德龙江	华西察院陈公祠	省级	建于清同治十一年（1872 年）。三间三进，左右带青云巷，门堂为三间三楼牌坊式，进深一间，歇山顶
逢简	顺德杏坛	现存祠堂庙宇近 20 间，主要有： 1 逢简刘氏大宗祠 2 逢简石鼓祠（存心颐庵刘公祠） 3 逢简宋参政李公祠 4 逢简和之梁公祠 5 逢简黎氏大宗祠	1 省级 2 市级 3 市级	1 明永乐十三年（1415 年）松溪公刘氏五世祖刘观成“始率族建祠”，天启元年（1621 年）兰谷公又组织族人重修祠堂，“并治门楼之”，通过增加衬祠、后楼、拜亭等建筑，扩建东西钟鼓二楼及周边楼阁，形成现在的格局。清嘉庆年间、2000 年、2002 年重修。坐东北向西南，占地面积 1900 多平方米，建筑面积 1115 平方米。三路三进五开间带左右青云巷，通面阔 31.8 米，中路面阔 19.2 米，通进深 61.2 米，东西有钟鼓楼，中路有月台。人字山墙，龙船脊，屋顶生起曲线明显。 2 建于明成化年间，重修于嘉靖年间。祀奉刘氏六世祖存心、七世祖颐庵。凹斗门式门堂，屋面有生起，人字山墙，龙船脊，门枕石上有石鼓，带歇山拜亭。传说，这对石鼓是朝廷为褒奖刘氏抗击黄萧养起义而特颁的，在顺德祠堂中少见。 3 明天启年间为纪念迁居逢简的始祖李仕修而建，清康熙二十四年（1685 年）重修。坐东南向西北，三间三进，面阔 11.57 米，进深 46.3 米，人字山墙，龙船脊。 4 建于清光绪年间，历经 30 年方建成。坐西北向东南，占地面积 857.2 平方米，三路三进三开间带左右青云巷。通面阔 23.2 米，中路面阔 12.3 米，通进深 44.2 米，人字山墙，博古脊。 5 建于明万历三十七年（1609 年），万历四十五年、清康熙四十年（1701 年）重修。三间两进，人字山墙，龙船脊，门堂无塾，八角形咸水石檐柱，覆盘柱础
右滩	顺德杏坛	1 右滩黄氏大宗祠 2 右滩景涯黄公祠	1 省级	1 建于明末，占地面积 1614 平方米，五间三进，后院有俩亭子，人字山墙，博古脊，门堂进深三间，三门两塾。 2 建于清

续表

村名	区属	祠堂建筑	文保级别	详情
广教	顺德北滘	广教杨氏大宗祠	市级	建于清雍正二年（1724 年），光绪五年（1879 年）重修
林头	顺德北滘	宗祠 7 个，主要有： 1 林头梁氏大宗祠（思远堂） 2 林头梁氏二世祖祠（光裕堂） 3 林头郑氏大祠堂（树德堂） 4 林头双溪梁公祠 5 林头秀所梁公祠 6 林头子祠堂	2 区级 3 市级	梁氏思远堂、郑氏树德堂、济美社并称三堂。 1 已被严重摧毁。 2 建于清中期。坐东北向西南，三间两进，通面阔 9，91 米，通进深 16. 6 米，牌坊式门堂，中堂、后堂人字山墙，龙船脊。 3 建于清康熙五十九年（1720 年），2004 年重修。坐西南向东北，三路三进五开间，两层高的衬祠，通面阔 22. 3 米，通进深 62. 3 米，人字山墙，龙船脊
莘村	顺德北滘	1 莘村曾氏大宗祠（含宗圣南支、大学堂、曾氏家塾） 2 莘村梁大夫祠（含东梁义学、磐石书楼） 3 莘村东涧梁公祠 4 莘村梁氏宗祠	1 市级 2 市级	1 明天启年间建，清光绪十五年（1889 年）重修。 2 建于清。 3 建于清同治三年（1864 年）。占地面积 214 平方米，三间两进，通面阔 11 米，进深 19. 5 米。 4 建于清嘉庆五年（1801 年），清宣统元年（1909 年）重建，三间三进，占地面积 382. 8 平方米。镬耳山墙，博古脊。清同治十年（1871 年）族人梁耀枢科考夺魁成状元，奉旨在祠前立桅杆夹两座，云龙角柱，栏板面雕刻有龙、凤、麟、鱼、鹤等吉祥物
大都	顺德陈村	1 大都甘氏祠堂群 2 大都岐周梁公祠		1 建于清。 2 建于民国二十六年（1937 年）。具有中西建筑风格，坐西南向东北，占地面积 487 平方米，三间三进，通面阔 12. 3 米，通进深 49. 5 米。门堂为三间五楼牌坊式，庭院有两亭。中堂、后堂均为人字山墙
石洲	顺德陈村	石洲松庄仇公祠	市级	建于清

续表

村名	区属	祠堂建筑	文保级别	详情
仙涌	顺德陈村	1 仙涌翠庵朱公祠 2 仙涌朱氏始祖祠 3 仙涌朱家大祠堂		1 建于明嘉靖三年（1524 年），天启二年（1622 年）、清咸丰年间、20 世纪 80 年代、1999 年重修。坐北向南，三间三进，总面阔 14.77 米，总进深 48.13 米，人字山墙，龙船脊。前院有四柱三间三楼式牌坊，面阔 5.89 米，进深 1.745 米，高 5.23 米。 2 建于明万历十三年（1585 年），2006 年重修。坐西南向东北，三路三进三开间带后花园，中路面阔 14 米，进深 55.8 米。人字山墙，龙船脊。门堂面阔 14.3 米，进深 7.7 米，中堂进深 10 米，后堂进深 12.7 米，门堂、中堂前原有牌坊已失。 3 建于清
鹤峰上村	顺德均安	上村李氏宗祠	市级	建于清光绪五年（1879 年），1989 年重修。清代探花李文田家族的祠堂。坐西南向东北，占地面积 437 平方米，三间两进带左右青云巷，通面阔 18.4 米，中路面阔 13.8 米，通进深 43.6 米。镬耳山墙，龙船脊，门堂汉白玉门枕石，精美罕有。祠堂“李氏宗祠”四个大字是李文田之孙李曲斋集李文田的字重新刻描而成。内存同治三年（1864 年）慈禧赐予探花李文田的“龙虎”“福寿”二横匾，题款为“同治三年十一月三十日，慈禧皇太后御笔，赐南书房翰林臣李文田”。祠堂内的两通石碑上刻着光绪帝赐李文田曾祖父母的诏书，题款时间为光绪元年正月二十日
鹤峰豸浦	顺德均安	豸浦胡公家庙（诒穀堂）	市级	清代进士胡杰、诗人胡亦常家族的祠堂。坐西南向东北，三间两进，通面阔 12.54 米，通进深 28.45 米，镬耳山墙，博古脊
南浦	顺德均安	南浦李氏家庙	市级	建于清光绪年间。坐东南向西北，占地面积 880 平方米，三路两进三开间，左右带衬祠及青云巷，中路面阔 28.1 米，通进深 31.3 米，人字山墙，博古脊

续表

村名	区属	祠堂建筑	文保级别	详情
沙头	顺德均安	1 沙头黄氏大宗祠 2 沙头渔隐黄公祠		1 建于清康熙三十年（1691 年），1891 年重建，1986 年重修，是沙头最古老的祠堂。墙壁材料是蚝壳。 2 建于清光绪十六年（1890 年）。占地面积 476 平方米，三间两进，通面阔 18.4 米，通进深 28 米
星槎	顺德均安	1 星槎何氏大宗祠 2 星槎光祖 3 星槎星光何公祠	市级	1 建于清。 2 建于清同治年间。 3 建于清光绪三十四年（1908 年），占地面积 300 平方米，三路两进，中路面阔三间 12.2 米，进深 24.6 米
大墩	顺德乐从	大墩梁氏家庙	市级	建于明崇祯年间，清光绪二十三年（1897 年）、1991 年重修。坐西南向东北，三路三进三开间，两边带衬祠与青云巷，通面阔 26 米，中路面阔 13 米，通进深 33 米，镬耳山墙，博古脊。中堂“圣谕亭”台阶置团龙石，为佛山少见
良教	顺德乐从	1 良教祠堂群（含湛波何公祠、何氏家庙、书舍、私塾） 2 良教湛波何公祠 3 良教何氏家庙 4 良教诰赠都御史祠	1 市级	1 清雍正七年（1729 年）重修。 2 明弘治八年（1495 年）建，清光绪十年（1884 年）、2003 年重修。三间三进，镬耳山墙，博古脊。门堂无塾
路州	顺德乐从	1 路州周氏大宗祠 2 路州黎氏大宗祠 3 路州韦氏大宗祠	1、2 市级	1 建于清光绪十三年（1887 年），民国八年（1919 年）、1996 年重修。 2 建于明崇祯三年（1630 年），清同治六年（1867 年）和宣统元年（1909 年）重修

续表

村名	区属	祠堂建筑	文保级别	详情
腾冲	顺德乐从	1 腾冲西斋刘公祠 2 腾冲周氏宗祠（诒燕堂） 3 腾冲接平刘公祠 4 腾冲山宗刘公祠 5 腾冲愚乐刘公祠		1 建于清光绪十一年（1885 年）。坐南向北，占地面积 661 平方米，三路两进三开间，通面阔 22. 8 米，通进深约 29 米。门堂、后堂进深三间。 2 建于清光绪十七年（1891 年）。坐西北向东南，占地面积 468 平方米，三间三进，通面阔 13. 1 米，通进深 35. 8 米。镬耳山墙，门堂进深两间，中堂“诒燕堂”、后堂进深三间。 3 建于清光绪二十年（1894 年）。坐东北向西南，占地 655 平方米，三间三进带左路衬祠与青云巷，通面阔 19 米，通进深 34. 5 米。博古脊，镬耳山墙，红砂岩墙基。门堂进深两间，后堂进深三间。 4 建于清光绪二十五年（1899 年）。坐西南向东北，占地面积 443 平方米，三路两进三开间，通面阔 21. 3 米，通进深 20. 8 米。博古脊，镬耳山墙。门堂进深两间，后堂进深三间。 5 建于民国十九年（1930 年）。坐南向北，占地面积 216 平方米，三间两进，通面阔 10. 8 米，通进深 20 米，脊损，镬耳山墙。门堂进深两间，后堂进深三间
小布	顺德乐从	1 小布何氏大宗祠 2 小布大夫祠 3 小布元夫祠 4 小布新南祠 5 小布四庵祖祠		1 建于清光绪二十一年（1895 年）。坐西北向东南，占地面积 974 平方米，五路两进，两侧各带两路衬祠，通面阔 32. 8 米，通进深 29. 7 米，正面共有五个门口。人字山墙，博古脊，两侧偏间水式山墙，方形瓦当。中路面阔三间，门堂一门两塾，进深三间，后堂进深三间。 2 建于清光绪七年（1881 年）
扶闾	顺德勒流	1 扶闾廖氏宗祠 2 扶闾陈氏宗祠	市级	1 建于清。 2 建于清光绪十一年（1885 年）。占地面积 371. 2 平方米，三间三进，通面阔 12. 7 米，通进深 29 米

续表

村名	区属	祠堂建筑	文保级别	详情
陈涌	顺德龙江	1 陈涌梅氏大宗祠 2 陈涌陈氏宗祠	市级	建于清
坦西	顺德龙江	坦西张氏九世祠	市级	建于清光绪年间
仙塘	顺德龙江	仙塘赖氏大宗祠（原为帅卿赖公祠）		仙塘历代原有宗祠22座，当前仅存帅卿赖公祠，故称赖氏大宗祠。清乾隆年间建，1996年、2010年重修。占地面积520平方米，人字山墙，博古脊
羊额	顺德伦教	羊额月池何公祠	市级	建于清
北水	顺德杏坛	北水尤氏大宗祠	市级	清雍正三年（1725年）建后座，乾隆三十年（1765年）建中座，乾隆三十四年建门堂，宣统三年（1911年）重修。三进
昌教	顺德杏坛	1 昌教黎氏家庙（忠孝堂） 2 昌教黎氏大宗祠 3 昌教林氏大宗祠（光远堂） 4 昌教奉直大夫祠	市级	1 黎兆棠辞官归家后于清同治三年（1864年）或光绪五年（1879年）所建。坐东南向西北，占地面积1155平方米，两路三进三开间，带右路建筑及右路青云巷，通面阔21.8米，中路面阔14.3米，通进深53米，有拜亭，人字山墙，博古脊。拜亭面阔6.2米，进深3.6米，重檐歇山顶。 2 建于明天启年间。“裕庆生晖”牌坊，华表。 3 建于清同治年间。坐西南向东北，占地面积1677.8平方米，三路三进三开间带左右青云巷，中路面阔13.7米，通进深48.6米，人字山墙，博古脊，中堂前有月台。 4 建于清光绪九年（1883年）。占地面积301.5平方米，三间两进，通面阔11.16米，通进深27.02米

续表

村名	区属	祠堂建筑	文保级别	详情
高赞	顺德杏坛	保存完好的祠堂有30多间，主要有： 1 高赞梁氏大宗祠 2 高赞友乔梁公祠（爱乔梁公祠） 3 高赞爱仙梁公祠 4 高赞达轩梁公祠 5 高赞玉枝梁公祠 6 高赞兰堂梁公祠 7 高赞赓翠胡公祠 8 高赞月渚胡公祠 9 高赞胡氏大宗祠	1 区级	1 建于清乾隆十三年（1748年），光绪二十三年（1897年）和1997年重修。坐西北向东南，三路三进三开间，通面阔28米，中路面阔13.6米，通进深47.8米，人字山墙，龙船脊。墙楣有“瑶池宴乐”“蓬莱仙境”等多幅壁画（光绪戊戌仲夏，陈瑶石画）。 2 建于清咸丰三年（1853年）。坐东南向西北，三间三进，占地面积430平方米，通面阔12.3米，通进深35米。人字山墙，龙船脊，红砂岩墙基。 3 建于清光绪四年（1878年）。占地面积189.1平方米，三间两进，通面阔9.9米，通进深19.1米。 4 建于民国十八年（1929年）。占地面积204平方米，三间两进，通面阔10.1米，通进深20.2米。 5 建于清光绪年间，近年重修。三间两进，镬耳山墙，博古脊，凹斗门式门堂。 6 建于清嘉庆年间，近期重修。三间两进，镬耳山墙。 7 三间两进，镬耳山墙，龙船脊。 8 三间两进，人字山墙，龙船脊，凹斗门式门堂。 9 清乾隆年间建，占地500平方米，三间三进，人字山墙，龙船脊
古朗	顺德杏坛	1 古朗漱南伍公祠 2 古朗梁氏宗祠	市级	1 建于明。 2 建于明
光华	顺德杏坛	光华梁氏大宗祠		建于清

续表

村名	区属	祠堂建筑	文保级别	详情
龙潭	顺德杏坛	1 龙潭南隐梁公祠 2 龙潭青岑梁公祠 3 龙潭廖氏祖庙 4 龙潭睦斋陈公祠 5 龙潭刘氏大宗祠（垂裕堂）		3 坐东向西，三路三进三开间带左右青云巷，通面阔 27.8 米，中路面阔 15.6 米，镬耳山墙，博古脊。 5 供奉刘氏始祖保宣太公、李氏太婆和四世祖排位。建于民国十三年（1924 年），2004 年重修。坐东向西，三间三进，通面阔 24 米，通进深 65 米，镬耳山墙，博古脊。门匾为李翰芬书。中堂两对联“堂构重新鸟革翚飞光祖德，仪型依旧左昭右穆序彝伦”“创业本维艰奠厥攸居里号贵华绵葛藟，孝思原不匮祭其如在堂开保裕绍箕裘”
龙眼	顺德勒流	历代建有祠堂几十座，其中吕氏宗祠 10 多座，梁氏宗祠 28 座，还有周、杨、麦、李、陆、余等姓氏宗祠多座，主要有： 1 龙眼梁氏大宗祠（思远堂） 2 龙眼吕氏大宗祠（伦序堂） 3 龙眼东溪吕公祠 4 龙眼梁氏家庙		1 三间两进，人字山墙，龙船脊。 2 三间两进，镬耳山墙，博古脊。 3 面阔三间，仅存一进，凹斗门式门堂，镬耳山墙。 4 五门朝北，三进，前庭有牌坊，供有北王七十二贤之梁鳣牌位
马东	顺德杏坛	1 马东冯氏六世祖祠 2 马东何氏家庙 3 马东陈氏大宗祠	1 市级	1 清道光九年（1829 年）建，光绪八年（1882 年）重修。 3 建于明末清初

续表

村名	区属	祠堂建筑	文保级别	详情
麦村	顺德杏坛	1 麦南秘书家庙 2 麦村西渚苏式大祠堂 3 麦中孝竹祠 4 麦南达泉麦公祠 5 麦南甘雨麦公祠 6 麦中碧梧麦公祠 7 麦中东洲麦公祠 8 麦中了梧麦公祠 9 麦北渭川麦公祠 10 麦北意泉麦公祠 11 麦北资政大夫家祠 12 麦北南田麦公祠 13 麦北北山麦公祠	1 区级	1 建于清乾隆十四年（1749 年），光绪二十五年（1899 年）重修。三路两进三开间带左右青云巷，人字山墙，博古脊。“秘阁流芳”木匾。 2 三间两进，人字山墙，博古脊。 3 建年代不详，1996 年重修。三间两进，人字山墙，博古脊
上地	顺德杏坛	上地松涧何公祠		明弘治十五年（1502 年）建，清嘉庆二十年（1815 年）、光绪二十二年（1896 年）重修。三间三进，镬耳山墙，龙船脊
西北西岸	顺德杏坛	1 西岸前所何公祠 2 西岸古谦何公祠 3 西岸鹤侣何公祠 4 西岸眷湖何公祠		1 三间三进，人字山墙，博古脊。 2 三路两进三开间，人字山墙，龙船脊。 3 三间两进，镬耳山墙，龙船脊

续表

村名	区属	祠堂建筑	文保级别	详情
西登（原属马宁，现分为马宁和西登）	顺德杏坛	1 西登何氏大宗祠 2 西登泗山何公祠 3 西登金城何公祠 4 西登秘书家庙	1 区级	1 建于明。坐东向西，通面阔 15.3 米，通进深 57.8 米，三间三进，人字山墙，龙船脊。 2 坐东南向西北，通面阔 9.65 米，通进深 19.4 米，三间两进，凹斗门式门堂，人字山墙，博古脊。 3 一间两进，凹斗门式门堂，人字山墙，博古脊。 4 源于宋朝进士祐夫何公，在翰林院任秘书之职。坐东向西，三间三进，通面阔 13.6 米，通进深 57.53 米
大旗头	三水乐平	1 大旗头振威将军家庙 2 大旗头郑氏宗祠 3 大旗头奉政大夫家庙 4 大旗头裕仁郑公祠 5 大旗头裕礼郑公祠 6 大旗头郑大夫家庙 7 大旗头惠清钟公祠	省级	建于清光绪年间。 1 三间两进，占地面积 293 平方米，建筑面积 264 平方米，镬耳山墙，博古脊。 2 建于光绪十五年（1889 年）。三间三进，占地面积 542 平方米，建筑面积 439 平方米，镬耳山墙，博古脊。 5 建于光绪十五年（1889 年）。占地面积 258 平方米，建筑面积 250 平方米，三间两进，镬耳山墙，博古脊，凹斗门式门堂
祠巷	三水白坭	祠巷陈氏大宗祠		九世孙涧云、汝矩两人于明正德六年（1511 年）出资兴建，后经 6 次修缮和扩建，清光绪二十四年（1898 年）、近年重修。坐东向西，三路四进三开间带左右青云巷，通面阔 12.8 米，通进深 73.5 米，建筑面积约 3000 平方米，镬耳山墙，博古脊
岗头	三水白坭	1 岗头梁士诒生祠（海天书屋） 2 岗头道基祖祠 3 岗头黄冈祖祠 4 岗头聚义祖祠 5 岗头南冈祖祠	1 市级	1 民国初年兴建，集园林、祠堂和书舍于一身。中路为坐东向西、三间两进的祠堂，人字山墙。祠堂两侧的北园和南园融入了西洋建筑格调，北面是园林式庭院和“海天书屋”，南面为两层的小姐阁。 2、3、4 三间两进，镬耳山墙。 5 三间两进，人字山墙

续表

村名	区属	祠堂建筑	文保级别	详情
梅花	三水大塘	梅花胡氏宗祠		两路两进三开间带右路衬祠，镬耳山墙
赤东	三水乐平	赤东邝氏大宗祠	市级	建于清光绪二十年（1894 年）。三路三进
白土（兔头、兔肚、兔脚）	三水芦苞	1 白土邓氏宗祠（佑启堂） 2 白土德清邓公祠 3 白土明礼邓公祠 4 白土兔肚南沙邓公祠（贻燕堂）		1 建于清光绪年间，三间两进。 2、3 人字山墙，博古脊。 4 两路两进三开间，镬耳山墙，博古脊
大宜岗	三水芦苞	大宜岗李氏生祠（绿堂，绿堂私塾）	市级	建于清光绪年间，三进，面积约 720 平方米
独树岗	三水芦苞	独树岗村共有 9 座蔡氏宗祠，主要有： 1 独树岗蔡氏大宗祠（勖顺堂） 2 独树岗蔡氏宗祠 3 独树岗璞轩蔡公祠 4 独树岗绍奇蔡公祠 5 独树岗巽唐蔡公祠 6 独树岗桂轩蔡公祠 7 独树岗桂轮蔡公词		1 建于清光绪四年（1878 年），三水地区四大名祠之一。抗日战争期间，祠堂曾遭受破坏，1987 年重修。1930 年建成秀清公园。祠堂坐东南向西北，三路三进三开间带左右衬祠及青云巷，建筑面积 2075 平方米，通面阔 29.59 米，中路面阔 14.37 米，通进深 42.6 米。平脊，人字山墙。祠堂雕刻出自两批不同工匠之手，一边为“西南合昌店作”，一边为“三江广昌店作”。对联“珠玑宦裔，镐洛宗潢”“独树基开七百年，望族三江源北粤”。 2 建于清乾隆九年（1744 年），同治九年（1870 年）、1991 年重修。三开间，建筑面积约 260 平方米，镬耳山墙，博古脊。 3 建于清同治九年（1870 年），1999 年重修。建筑面积 283 平方米，三开间，人字山墙，博古脊。 4 建于同治七年（1868 年），1987 年重修。建筑面积约 225 平方米，三开间，镬耳山墙，博古脊。 5 1996 年重建，建筑面积约 230 平方米，三开间，镬耳山墙，龙船脊

续表

村名	区属	祠堂建筑	文保级别	详情
长岐	三水芦苞	1 长岐卢氏大宗祠 2 长岐钟氏大宗祠 3 长岐黄氏宗祠 4 长岐何氏宗祠 5 长岐翼亭黄公祠		均为三开间格局，坐东向西。 1 建于明代，1986 年重修。三间三进，镬耳山墙。门前对联“龙驹标国史，桢干衍家声”。 2 镬耳山墙，博古脊
蒲坑	三水南山	1 蒲坑居德林公祠 2 蒲坑林氏大宗祠（双桂堂）	1 市级	1 清光绪年间建，三水六和规模最大的宗祠。坐南向北，面积约 300 多平方米，通面阔 11. 85 米，通进深 35. 28 米，三进三开间带左右青云巷，镬耳山墙，博古脊。民国二十七年（1938 年）日军入侵三水，县城沦陷，国民党县政府曾迁至居德林公祠办公。 2 三间三进，镬耳山墙，博古脊
江根	三水西南	1 江根陆氏大宗祠 2 江根初觉陆公祠 3 江根岁松陆公祠	12 区级	1 建于清。坐西向东，三路三进三开间，通面阔 24. 25 米，通进深 42. 29 米，中路面阔 13. 19 米，人字山墙，博古脊。 2 三间两进，通面阔 10. 5 米，通进深 23. 58 米，明间面阔 4. 35 米。 3 建于清。通面阔 9. 78 米，通进深 23. 65 米，明间面阔 4. 36 米，三间两进，人字山墙，平脊
塱西	三水西南	1 塱西董氏大宗祠 2 塱西古山董公祠 3 塱西起隆董公祠 4 塱西兆祥董公祠 5 塱西梅村董公祠	1 区级	1 三间三进，镬耳山墙，博古脊。 2、3、4 三间两进，凹斗门，人字山墙，博古脊。 5 三间三进，人字山墙

续表

村名	区属	祠堂建筑	文保级别	详情
青岐王家	三水西南	1 青岐王家秉琏王公祠 2 青岐王家宽祖王公祠 3 青岐王家王氏大夫祠 4 青岐王家月朴王公祠		1 毁于日本侵华战争期间，战后重建。三间两进。 2、3、4 三间两进，人字山墙，博古脊
西村	三水西南	西村陈氏大宗祠	市级	建于清光绪三十四年（1908 年）。坐西向东，三进三路三开间，中堂、后堂进深三间，有月台
高丰	三水 云东海	1 高丰永秀何公祠 2 高丰吴氏大宗祠 3 高丰子明吴公祠 4 高丰福生何公祠 5 高丰九世吴公祠		1 三间两进，人字山墙，龙船脊。 4 三间两进，凹斗门式门堂。 5 三间两进，门堂镬耳山墙，后堂人字山墙，红砂岩墙基
版村	高明更合	1 版村万福麦公祠 2 版村祥卿麦公祠 3 版村麦氏大宗祠		1 建于清光绪三年（1877 年）。 2 建于清。坐西南向东北，三间两进，通面阔 12.4 米，通进深 21 米，人字山墙，博古脊。 3 建于清。坐北向南，三间三进，左有青云巷，通面阔 13.8 米，通进深 37.1 米，镬耳山墙，平脊
吉田	高明更合	吉田茂生麦公祠		建于清。坐东向西，三间两进，通面阔 12.2 米，通进深 26.4 米，人字山墙，龙船脊

续表

村名	区属	祠堂建筑	文保级别	详情
朗锦	高明更合	朗锦祠堂群： 1 朗锦媲鲁何公祠 2 朗锦仁轩何公祠 3 朗锦西源何公祠 4 朗锦表山何公祠 5 朗锦何氏宗祠	市级	从明朝中叶至民国初年的400多年间先后建成，原有7座祠堂，现尚存5座，祠堂群占地面积2000多平方米。 1 建于明万历四十二年（1614年）。坐西向东，三间两进，左右有青云巷，通面阔19.6米，通进深21.9米，人字山墙，博古脊，屋脊为残缺陶脊。青云巷上书“眉忠”“行恕”。 2 建于清康熙六十年（1721年）。坐东向西，三间两进，通面阔11米，通进深11米，凹斗门式门堂，人字山墙，龙船脊。 3 建于清康熙四十五年（1706年）。坐东北向西南，三间两进，通面阔10.66米，通进深19.15米，人字山墙，门堂博古脊，后堂龙船脊。 4 建于清顺治三年（1646年），1999年、2001年修缮。坐西向东，三间两进，通面阔12.2米，通进深22米，人字山墙，博古脊。 5 建于明万历二十七年（1599年），位于朗锦村东边，是村里第一个祠堂。坐西向东，三间三进，占地面积600平方米
平塘	高明更合	1 平塘黄氏大宗祠 2 平塘观举黄公祠 3 平塘罗氏宗祠 4 平塘志清罗公祠	1 区级	1 建于清，2006年重修。三间两进，坐西南向东北，通面阔12.1米，通进深19.4米，人字山墙，博古脊。1926—1948年间成为益智小学校址，被誉为高明的“抗日军政大学”。 2 三间两进，镬耳山墙，龙船脊。 3 三间两进，凹斗门式门堂，人字山墙，博古脊。 4 三间两进，人字山墙，博古脊

续表

村名	区属	祠堂建筑	文保级别	详情
泽河	高明更合	1 泽河受兴曾公祠（大学堂） 2 泽河克仁曾公祠（传省堂） 3 泽河成厚曾公祠（四世祖祠） 4 泽河成坚曾公祠（贯道堂）	2 区级	1 建于清光绪二十年（1894 年）。坐西北向东南，两路三进三开间，右有青云巷，通面阔 18.3 米，通进深 30.7 米，人字山墙，博古脊。 2 建于清光绪六年（1880 年）。坐西北向东南，两路两进三开间，右有青云巷，通面阔 17.6 米，通进深 26.2 米，人字山墙，博古脊。 3 建于清末，1944 年重建。坐西北向东南，三间两进，右有青云巷，通面阔 22.9 米，通进深 16.25 米，人字山墙，龙船脊。 4 建于清宣统二年（1910 年）。坐西南向东北，三间三进，左有青云巷，通面阔 12.1 米，通进深 25.5 米，人字山墙，龙船脊。“贯道堂”意为“贯传东鲁，道接南丰”，为政法学堂校长夏同和所书
墩叓	高明荷城	墩叓黄氏大宗祠		建于清
塘肚	高明荷城	1 塘肚艺能严公祠 2 塘肚兴隆坊凤山祖祠	1 市级	1 建于明，明清多次修葺。坐北向南，两进三开间，通面阔 12.3 米，通进深 26.4 米，建筑面积约 400 平方米，人字山墙，博古脊。 2 建于清
阮埇	高明荷城	阮北坊大夫区公祠	区级	建于清，是族人奉直大夫区士元为纪念其父区文裔而兴建的。坐北向南，三路两进三开间，通面阔 12.7 米，通进深 24.5 米。水式山墙，博古脊。左有青云巷“义路”
西梁、西黎	高明荷城	1 西黎日德黎公祠 2 西梁梁氏宗祠	2 市级	1 三间两进，凹斗门式门堂，加建为两层，平屋顶。 2 建于清，中国第一位基督传教士梁发幼年读私塾的地方，梁发曾在该祠开办基督教学校，后于此撰写《劝世良言》中的“救世录撮要略解”等布道书。1982 年重修。坐东向西，三间两进带左路青云巷，通面阔 12 米，通进深 19 米。改建为两层，博古脊

续表

村名	区属	祠堂建筑	文保级别	详情
榴村陆家	高明明城	1 榴村陆氏大宗祠（亲亲堂） 2 榴村懋荣祖祠 3 榴村懋荫祖祠		1 建于明。三间两进，镬耳山墙，博古脊。 2 三间两进，人字山墙，凹斗门式门堂
豸岗	高明杨和	1 豸岗鹤山祖祠 2 豸岗一擎严公祠 3 豸岗严氏宗祠 4 豸岗白云严公祠		1 三间三进，镬耳山墙，博古脊。 2 镬耳山墙，博古脊。 3 原为三间三进，凹斗门式门堂。现仅留地基，重建一小祠堂。 4 原为三间两进，凹斗门式门堂。现基本破坏

注：各建筑形制资料及解释见周彝馨．佛山传统建筑研究［M］．广州：中山大学出版社，2015；周彝馨，吕唐军．佛山祠庙建筑［M］．北京：中国建筑工业出版社，2017；周彝馨，吕唐军．佛山传统建筑［M］．广州：广东人民出版社，2016。

一、佛山历史村落中祠堂建筑的位置

在佛山历史村落中，祠堂是村落空间秩序的绝对主导者。祠堂在村落中的位置可以归纳为村口、村落前排、村落中部三种。

村落中重要的宗祠多位于村口位置。众多村落村口入村位置会有水口，有桥梁引渡，然后会种植一棵或者数棵大榕树，作为村口的标志。在村口营建气宇轩昂的祠堂，既能对外彰显本村在历史、经济、文化上的地位，也能提升族众的归属感和认同感。位于村口的祠堂有两种形式：一种是规模最大最有地位的祠堂位于村口，多为大宗祠；一种是数个祠堂组成的祠堂群位于村口。无论是单个大祠堂还是祠堂群，目的都是增加本村村口的气势，宣示本宗族的地位。规模最大最有地位的祠堂位于村口的案例可以沙滘村（陈氏大宗祠）、百西村头村（潘氏大宗祠）为代表，数个祠堂组成的祠堂群位于村口的案例可以石头村（霍氏家庙祠堂群）为代表。

村落中的支祠一般位于村落前排，对建筑单体的朝向、大小、排列、布局最有支配地位。典型案例有禾生村（德瑜李公祠）、蒲坑村（居德林公祠）、长岐村（长岐村祠堂群）、大旗头村（大旗头祠堂群）等。

部分村落的祠堂位于村落中部，多位于临水界面。典型案例有朗锦村（朗锦祠堂群）、松塘村（松塘祠堂群）、碧江村（尊明苏公祠、村心祠堂群、慕堂苏公祠、泰兴大街祠堂群）、逢简村（逢简祠堂群）等。

但无论是哪种类型的村落，无论祠堂位于村落的哪个部分，均位于临水空间。

图 5－19　顺德沙滘村陈氏大宗祠位置图

图片来源：佛山市规划局顺德分局，佛山市城市规划勘测设计研究院．乐从镇沙滘历史文化保护与发展规划说明书、专题研究［R］．2009．

图 5－20　顺德沙滘陈氏大宗祠鸟瞰图

图片来源：佛山市规划局顺德分局，佛山市城市规划勘测设计研究院．乐从镇沙滘历史文化保护与发展规划说明书、专题研究［R］．2009.

图 5－21　顺德沙滘陈氏大宗祠

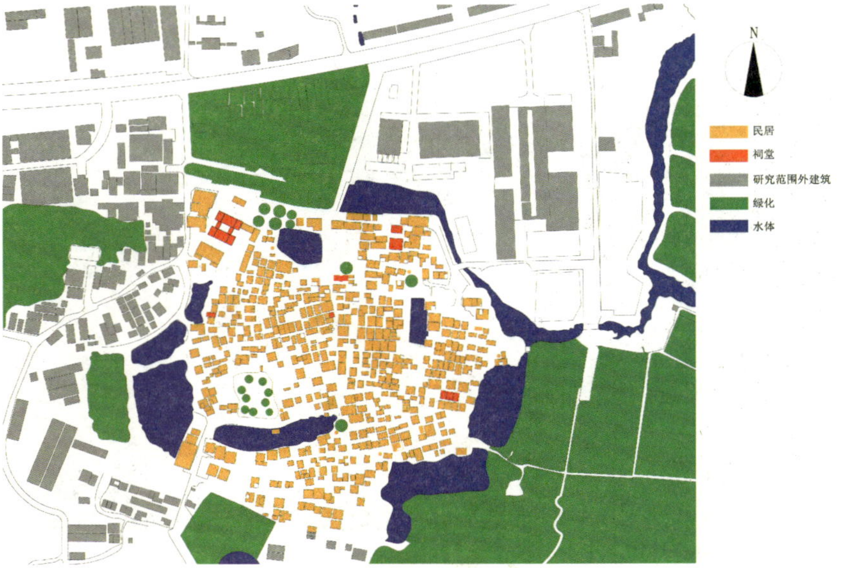

图5－22　南海百西村头村祠堂位置图

图片来源：周彝馨广府建筑推广工作室，张舒颜绘

图5－23　南海百西村头村航拍

图 5－24　高明朗锦村鸟瞰

图 5－25　高明朗锦村航拍

图 5 -26　高明朗锦村朗锦祠堂群

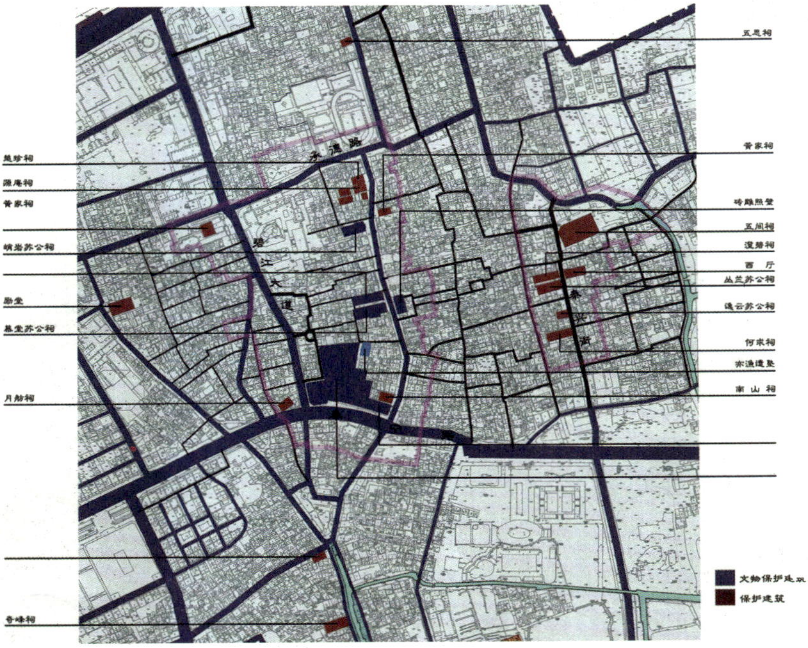

图 5 -27　顺德碧江祠堂建筑分布图

图片来源：佛山市规划局顺德分局，佛山市城市规划勘测设计研究院．北滘镇碧江村历史文化保护与发展规划说明书、专题研究［R］．2009.

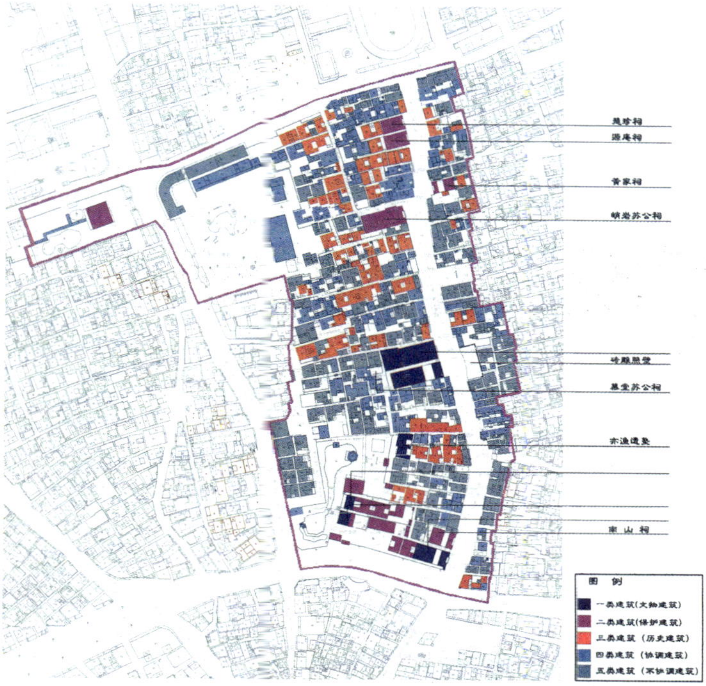

图 5－28　顺德碧江村心祠堂群总平面图

图 5－29　顺德碧江村泰兴大街祠堂群总平面图

图片来源：佛山市规划局顺德分局　佛山市城市规划勘测设计研究院．北滘镇碧江村历史文化保护与发展规划说明书、专题研究［R］．2009．

图 5 –30　碧江尊明苏公祠

图 5 –31　碧江尊明苏公祠复原图

图片来源：佛山市规划局顺德分局，佛山市城市规划勘测设计研究院．北滘镇碧江村历史文化保护与发展规划说明书、专题研究［R］. 2009.

图 5-32　逢简刘氏大宗祠

二、祠堂建筑的形制

佛山历史村落的祠堂平面布局对外封闭，对内开敞，采用严谨的中轴对称布局，以寓含珠江三角洲地区自明代以来倡导的伦理和礼制秩序，结合天井庭院和建筑，跌宕起伏，井然有序，与村落的其他建筑构成有机的整体。

祠堂的总体形制一般以路、进、间进行描述。

建筑群内单体建筑沿一条纵深轴线分布而成的建筑序列被称为一路（见参考文献[5]）。基于中轴对称的传统观念，广府建筑大多为奇数路，其中又以一路、三路为多见，极少五路；也有部分为偶数路，现存偶数路一般为两路。主路与边路之间常以青云巷连接。青云巷首进设门，门额常以“蛟腾、凤起”“入孝、出弟”等题名。三路祠堂中，两条青云巷的巷门有着不同的功能分配：族中子弟每天早上须到祠堂读书，左边的“礼门”用于进入，右边的“义路”则用于退出。巷门及其带领的青云巷被赋予了真正的“路”的意义——这是一条彰显礼仪以及秩序的路（见参考文献[34]）。

进是主体建筑与面阔方向平行的单体建筑的称谓。前、中、后三堂称作第一进、第二进、第三进。“路”是纵向的，与两侧山墙平行，而“进”是横向的，与堂正脊平行；路的多少影响祠堂通面阔的大小，进的多少则影响祠堂通进深的大小。三进建筑是广府最普遍的选择。三堂的设置，使得空间功能区分明显：门堂预示建筑的规模和等级；中堂为举行仪式和议事之所；后堂为安奉神主之所。

决定建筑的规模与形制的因素除路、进外，还有开间。一般而言，一座建筑的主体部分的各单体建筑开间数是一致的。三开间建筑很常见，是最主要的建筑形式。部分祠堂达到五开间，是等级较高的形制。

一路两进单开间是规模最小、等级最低的形制，一路两进三开间、一路三进三开间形制是广府礼制建筑中最为常见的形式。顺德区沙边何氏大宗祠即为一路三进三开间建筑的案例。三路两进三开间或三路三进三开间形制又称广三路，在清中、晚期常见于祠堂的兴建或扩建上，彰显家族的凝聚力与财力。三路之间常以青云巷相连接，也有部分三路建筑没有青云巷（见参考文献[34]）。《顺德文物》所列举的81座祠堂中，有25座为“广三路”格局，占31%；《南海文物志》所列举的21座祠堂中，有8座为“广三路”格局，占38%。一路三进五开间、三路三进三开间、三路四进三开间、三路三进五开间等是等级高、占地面积较大的大型建筑形制。

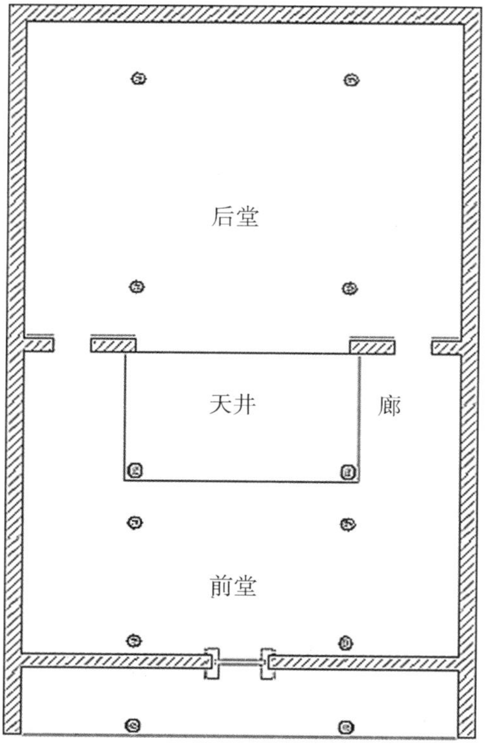

图5－33　门堂式一路两进三开间祠堂案例平面图

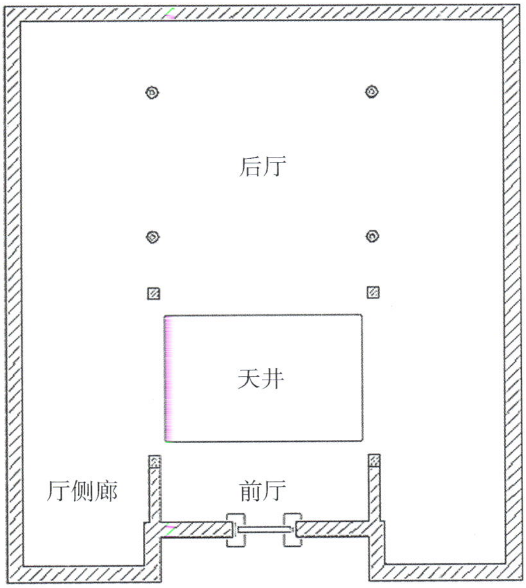

图 5－34　凹斗门式一路两进三开间祠堂案例平面图

图片来源：高明县地方志编纂委员会．高明县志［M］．广州：广东人民出版社，1995.

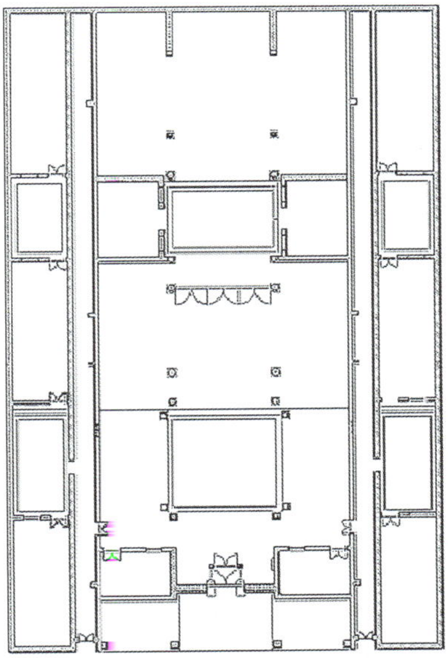

图 5－35　有青云巷的三路三进三开间建筑案例平面图

图片来源：高明县地方志编纂委员会．高明县志［M］．广州：广东人民出版社，1995.

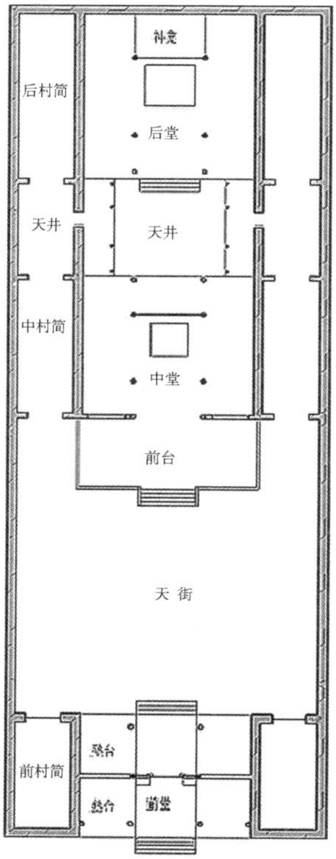

图 5－36　无青云巷的三路三进三开间建筑案例平面图

图片来源：高明县地方志编纂委员会．高明县志［M］．广州：广东人民出版社，1995.

第三节　宗教建筑

佛山历史村落中，基本上都有各式的宗教建筑，包括了佛教建筑、道教建筑、民间信仰建筑、社稷、土地、石敢当等。在佛山历史村落中，以道教建筑和民间信仰建筑数量最多，反映出本地人民庞杂的宗教信仰，是多神信仰的物质反映。

佛山历史村落中往往有多座供奉不同神祇的小庙，例如南海神庙、天后宫、北帝庙、华光庙、社稷等，寄托着村落的期冀。

表 5－4 统计了佛山历史建筑中当前尚存的重要宗教建筑，以新中国成立为界限，新中国成立后兴建的宗教建筑不纳入统计范围。

表 5－4　佛山历史村落重要宗教建筑

村名	区属	宗教建筑	文保级别	详情
下西	南海九江	慈悲宫（观音庙）	省级	始建于明。“慈悲宫”牌坊在慈悲宫院落内。牌坊四柱三间三楼式，通高 6 米，歇山顶。牌坊正面刻“善应诸方”
桃村	顺德北滘	水月宫（观音庙）	省级	清乾隆五十九年（1794 年）、咸丰二年（1852 年）、光绪二十四年（1898 年）、2006 年重修。三进，有拜亭，方耳山墙。拜亭为卷棚歇山顶
外村	顺德容桂	真武庙（大神庙）	省级	明万历九年（1581 年）重建，清康熙年间及嘉庆十九年（1814 年）重修。三间三进，占地面积约 400 平方米。前殿重檐歇山顶，心间双柱单间单楼牌坊式，八角形咸水石柱、方形红砂岩柱
罗南隆庆	禅城南庄	列圣古庙		
大富	禅城张槎	1 谭仙观（谭公庙） 2 文武庙	1 市级	1 始建于清道光二十九年（1849 年）。坐北向南，三间两进，通面阔 18.6 米，通进深 23.1 米，面积约 430 平方米。人字山墙。西墙碑刻《创建谭仙观碑记》一通、《创建谭仙观签题碑》三通。 2 建于清
青柯	禅城张槎	侯王庙		建于清
仙槎	禅城张槎	1 水月宫（观音庙） 2 财神庙	市级	建于清
张槎	禅城张槎	东岳庙	市级	始建于清，坐北向南，三路两进，通面阔 22.6 米，通进深 20.3 米，面积约 460 平方米。中路有拜亭，西路衬祠已毁，镬耳山墙。拜亭藻井保留佛山市现存唯一漆金木雕“团龙”图案装饰
苏村	南海丹灶	天后庙（娘娘庙，天后宫，妈祖庙，银塘社学）		始建于南宋绍兴元年（1131 年），是岭南天后文化发源地之一。依地势而建，三路两进三开间，歇山顶，人字山墙，博古脊。衬祠为“文武庙”和“崇祀祠”。每年正月二十九，苏村天后庙有拜斗活动

续表

村名	区属	宗教建筑	文保级别	详情
叠滘茶基	南海桂城	1 三圣宫 2 华佗古庙（先师庙）		1 奉祀观音大士、北帝真君和天后娘娘，佛道合一。坐北朝南。建筑面积约 69 平方米，一间两进，人字山墙，首进博古脊，二进平脊。内有三通碑记。 2 清乾隆年间建于茶基坊另一处，同治八年（1869 年）迁建于现址。奉祀华佗先师，单间一进，凹斗门式门堂，人字山墙，面积约 93 平方米
烟桥	南海九江	北帝庙		始建于清道光之前，庙名为“玉虚宫”。新中国成立后遭毁，20 世纪 80 年代重新在原址修建北帝庙，又称玉虚宫。村民每遇困惑都有“收北帝签”的习惯，风俗影响到很多外地人慕名而来烟桥收签拜北帝。现位于烟桥南北大道路边
河村	南海里水	主帅庙（康公庙）		清康熙五十二年（1713 年）、光绪三十一年（1905 年）重修，四进
联星北房	南海罗村	康公庙		三间两进，镬耳山墙，博古脊，歇山拜亭
黎边	南海狮山	洪圣古庙		建于明永乐年间，清重建。三间两进，人字山墙，博古脊。门前对联“丹陛传书崇圣祠，黎民戴德涣王居”，“阳光普照”木匾
联表	南海狮山	1 关帝庙 2 土地庙		
百西村头	南海西樵	1 文武庙 2 六祖古庙		1 清乾隆二十六年（1761 年）、乾隆四十五年、道光二十六年（1846 年）、同治七年（1868 年）、民国初年重修。三间两进，人字山墙，博古脊。庙内石碑 4 块。门前对联“司万古文衡光腾奎璧，禀两间正气义薄云霄”
简村	南海西樵	北帝庙	区级	南海四大古庙之一。庙一路三进，占地 200 多平方米。开村始祖简侨仁后代于南宋景炎二年（1277 年）始建，第一次重建于清康熙四十六年（1707 年），扩大为三进，改称“北帝古庙”；第二次于清道光二十六年（1846 年）拆除原来庙宇重建，改称“圣堂古庙”，三进。后又于民国十四年（1925 年）和 1985 年经历过两次重修，成今貌。著名书法家题字，众多官宦、富豪赠送名贵建材。门口的石头都是从缅甸进口的玉花岗石。因为石中含玉，一年四季都能保有油润感和光泽度。庙中供奉的北帝是由一整块沉香木雕成。墙上的水磨青砖缝隙中有薄铜片，在全省少见

续表

村名	区属	宗教建筑	文保级别	详情
松塘	南海西樵	孔圣庙		始建于宋，几经修建，清康熙三十四年（1695年）重修加供孔圣。文昌帝君、魁星和孔子先师三位一统
碧江	顺德北滘	隔涌三元宫		始建于清光绪八年（1882年）。占地面积111平方米，两进，通面阔5.5米，通进深20米
林头	顺德北滘	庙宇5个		
鹤峰豸浦	顺德均安	1 康公古庙 2 金花庙		1 始建于明万历元年（1573年），新中国成立后被拆毁，1985年重建。占地面积450.5平方米，通面阔34米，通进深16米，三路两进，凹斗门式门堂。门前对联“主豸浦一乡民资康保，奠马山千古道接文明” 庙内供奉关帝 文昌 玄坛 右边为金花庙
星槎	顺德均安	奎福寺		
大墩	顺德乐从	1 康公庙 2 天后宫 3 文武庙		
良教	顺德乐从	马滘天后庙		
平步	顺德乐从	1 文武庙 2 乡贤祠		
沙滘	顺德乐从	司马财神庙		
腾冲	顺德乐从	福善堂（关帝庙）	市级	始建于明万历年间，后堂2010年复建。坐北向南，三进五开间，通面阔15.25米，通进深29.38米。屋顶有生起，人字山墙，龙船脊。门堂一门四塾，每塾面阔各两间，塾台高约1.5米，其超常的高度为广府之最

续表

村名	区属	宗教建筑	文保级别	详情
黄连	顺德勒流	仓沮圣庙		建于清光绪元年（1875 年）。坐东南向西北，占地面积 240.5 平方米，两进，面阔三间 9.1 米，进深 17.66 米，水式山墙，博古脊，左侧有“奖善堂”
裕源	顺德勒流	华帝殿		建于清至民国。坐西南向东北，占地面积 88.7 平方米，三间两进，通面阔 10 米，通进深 8.9 米，博古脊，有拜亭
众涌	顺德勒流	天后古庙	市级	清乾隆三十四年（1769 年）、嘉庆十二年（1807 年）、道光十九年（1839 年）、咸丰十年（1861 年）、光绪二十九年（1903 年）五次重修，现仅留清光绪二十九年的建筑格式。1985 年、2000 年维修。坐东向西，三间两进带左右青云巷，有拜亭，通面阔 20 米，通进深 18 米，水式山墙，门堂与后堂正脊为花脊，后堂深两进
四基	顺德容桂	天主教堂	市级	建于民国十七年（1928 年）。西式建筑，混凝土结构，占地面积 339 平方米，玫瑰堂面阔 15 米，进深 36.9 米
逢简	顺德杏坛	觉妙净院（重建）		始建于明万历年间，原为李姓祖屋，建筑面积约 160 平方米。该院原名“胜乐庵”，到新中国成立时已经历六任住持，20 世纪 60 年代被毁坏，1986 年至 1990 年间在原地重建
高赞	顺德杏坛	观音古庙		占地面积 100 多平方米，镬耳山墙
古朗	顺德杏坛	1 南海神庙 2 康王庙		
光辉	顺德杏坛	天后宫		建于清同治十二年（1873 年）。坐西南向东北，占地面积 216.3 平方米，三间两进，通面阔 11.5 米，通进深 21.3 米，镬耳山墙，博古脊
龙潭	顺德杏坛	1 龙母庙 2 五龙庙	12 市级	1 始建于宋咸淳元年（1265 年），明嘉靖年间、清乾隆四十九年（1784 年）、道光五年（1825 年）、2001 年重修。坐北向南，三间两进，通面阔 11 米，方耳山墙。门联“正中宏化育，柔顺启文明”，吴光槐书。后堂对联“瞻亢烛之辉煌光徊准尾，仰蒸云之变化彩绚龙颜”。 2 始建于宋咸淳元年（1265 年）

续表

村名	区属	宗教建筑	文保级别	详情
龙眼	顺德杏坛	现有寺、庙、庵堂、教堂20多座，融道、佛、天主教三种宗教文化。 1 圆山寺 2 玄通寺 3 圆通古庙 4 观音庙 5 太尉庙 6 华光庙 7 相公庙 8 财神庙 9 天后庙 10 北帝庙 11 文武庙 12 玄坛庙 13 德盛庵 14 严静庵 15 天主教堂		5 全称为“汉太尉相公庙”，庙内供奉的是汉初名臣、太尉周勃。村民一般将马石洲旁的庙称为相公庙，称涌口旁的为太尉庙。按史料记载，汉高祖死后吕后专政，她娘家的人欲篡夺刘氏天下，周勃力挽狂澜，诛吕氏家族，归权于汉文帝，重兴汉室。龙眼开村之时，周勃是天下闻名的大英雄，深受时人敬仰，后人为了纪念龙眼开村及开村时代的这个大英雄，便建造了太尉庙。自古以来皇帝就被认为是龙的化身，点龙舟眼即点亮皇帝之眼，“点睛”活动现场悬挂的“恭迎圣驾”四字，是指周勃恭迎皇帝（龙舟）。每年的五月初三，外乡的龙舟陆续前往太尉庙“点睛”，后在龙眼村的内河涌巡游数遍方始离去。 14 南宋咸淳年间西丰社巷梁姓善信创建。 15 始建于光绪初年，2004年重修。有旧教堂和天王堂两座，人字山墙，坡屋顶。天主教由法国传教士传入龙眼村，曾建有两座教堂，一座为现今教堂，另一座位于石岗东北面。为现今杏坛镇唯一保存的天主教教堂
马东	顺德杏坛	1 天后宫 2 洪圣古庙		1 始建于清光绪元年（1875年）。坐西北向东南，占地面积160.6平方米，三间两进，通面阔8.8米，通进深18.1米，博古脊

续表

村名	区属	宗教建筑	文保级别	详情
麦村	顺德杏坛	1 麦中真武殿 2 麦北天后宫		1 三间两进，镬耳山墙，博古脊
西北西岸	顺德杏坛	水月宫（观音庙）		始建于清嘉庆七年（1802 年）。三间两进，前有拜亭，凹斗门式门堂
九水江	三水金本	康公庙		始建于清乾隆年间，光绪三十四年（1908 年）重修
下黄山	三水金本	1 二帝古庙 2 北帝古庙		
范湖	三水乐平	玉虚宫		清乾隆五十八年（1793 年）重修。两进，仅存前殿
大宜岗	三水芦苞	洪圣古庙	市级	建于明万历四十五年（1617 年）之前，有“据高丘面，平湖高峰环抱，从流带绕，比屋鳞次，势若星拱，天然形胜”之誉
独树岗	三水芦苞	洪圣庙（南海神庙）	市级	建于明万历四十五年（1617 年），清嘉庆五年（1800 年）、同治三年（1864 年）、2009 年重修，2009 年加建了北帝庙。坐落于村中心的小山岗上，坐东北朝西南，面对大塘。三间两进，通面阔 11.5 米，通进深 22 米。正殿正中供奉洪圣神像，庙堂左殿供奉北帝。入门右侧设宏毅公神位，以纪念其建庙之功
宝月	三水西南	南边宝月堂	市级	建于清
岗根	三水西南	昆都五显庙	市级	清道光十九年（1839 年）重建，1946 年、1994 年重修。位于昆都山脚，坐东北向西南。为我省仅存的供奉五显公的庙宇。建筑三开间，通面阔 16.95 米，通进深 9.52 米。凹斗门式门堂，前有歇山顶拜亭，博古脊。相传唐代已有烟火，宋代加封至王。大殿正中供奉五座神像，同称为五显公神。两旁有文殊菩萨和送子观音，中间有四座神像：千里眼、顺风耳、巨灵神、元坤判官。拜亭对联“座镇榜山帝泽长流海国，门迎横岭神恩永荫昆都”；门堂对联“明两作离火原号圣，德威惟畏炀亦称和”“面肆水之长源恩波浩瀚，蟠昆山之高岸德耀昭光”

续表

村名	区属	宗教建筑	文保级别	详情
高丰	三水西南	北帝庙	区级	清光绪十年（1884 年）修建。三间三进，后座残破。人字山墙，龙船脊。正中设有三尊佛像，上挂“佛光普照”木匾
鲁村	三水西南	北帝庙		清嘉庆十九年（1814 年）重修。两进，通面阔 10.5 米
青岐王家	三水西南	天后宫		祭祀妈祖
墩衷	高明荷城	村祖庙		清初始建，乾隆二十八年（1763 年）、五十二年重修。坐西向东，两进，通面阔 5.29 米，通进深 12.91 米
大布	高明杨和	洪圣宫		清咸同年间始建。坐东北向西南，一间两进，通面阔 6.2 米，通进深 15.4 米，人字山墙，龙船脊
豸岗	高明杨和	文武帝庙		

一、佛山历史村落中宗教建筑与信仰体系的特点

佛山历史村落有完整的宗教建筑体系，体现出特有的信仰体系特点。

（一）数教并存

佛山历史村落中常具有多个教派的宗教建筑，它们互相包容、和平共处，甚至有西方传来的宗教教派。村民们都加以崇拜，或是有不同所求则拜祭不同的神祇。

例如顺德杏坛的龙眼村，就是数教并存的，村里现有寺、庙、庵堂、教堂20多座，如：圆山寺、玄通寺、圆通古庙、观音庙、德盛庵、严静庵等佛教建筑，华光庙、财神庙、天后庙、北帝庙、玄坛庙等道教建筑，太尉庙、相公庙等民间信仰建筑，还有一天主教堂。可谓四教并存（佛教、道教、儒教、天主教），中西文化兼容。天主教堂始建于光绪初年，有旧教堂和天王堂两座；严静庵是南宋咸淳年间西丰社巷梁姓善信所创建，现依然香火鼎盛。

（二）以道教信仰为主，佛教信仰、儒教信仰为辅

在佛山历史村落形形色色的信仰体系中，又以道教信仰最丰富、数量最多、地位最重要。这与道教在岭南地区的地位有关。

佛山历史村落中建筑单体数量最多的道教建筑群包括天后宫、北帝庙、南海神庙、三元[①]宫等，例如禅城仙槎天后宫、南海烟桥北帝庙、南海简村北帝古庙、顺德外村真武庙、顺德马东天后宫（见图5－37）、顺德大墩天后宫、顺德众涌天后古庙（见图5－38）、顺德古朗南海神庙、顺德碧江隔涌三元宫、三水范湖玉虚[②]宫、三水鲁村北帝庙、三水高丰北帝庙、三水下黄山北帝古庙等。

佛教建筑相对较少，如禅城仙槎水月宫（观音庙）、南海下西村慈悲宫（观音庙）、南海百西六祖古庙、顺德桃村水月宫（观音庙）、顺德星槎奎福寺等。居民信奉观音菩萨可送子、保平安，观音崇拜非常盛行。

儒教建筑如禅城大富文武庙[③]、南海百西文武古庙、顺德黄连仓沮[④]圣庙、顺德平步文武庙、顺德大墩文武庙等。

---

① 道教以天、地、水为三元。

② 道教称玉帝所居之处。

③ 文武庙，是祭祀孔子和关羽以及办官学的地方。

④ 我国古代传说的文字创始人仓颉、沮涌。

图 5 –37　顺德马东天后宫

（三）遗留母系氏族信仰特点

由道教建筑体系可见，有众多的以女性神祇为崇拜对象的宗教建筑，包括天后宫（天后庙）、龙母庙、金花庙等，例如禅城仙槎天后宫、顺德马东天后宫、顺德大墩天后宫、顺德龙潭龙母庙等。

部分研究认为，佛山地区原为壮族人居住的地区，壮族人残存了母系体制的风气，因此女性的地位高。表现在宗教信仰体系中，女性神祇无论从地位到数量，都可以和男性神祇分庭抗礼。

例如顺德勒流众涌天后古庙（天后宫），始建于宋代。县志载：“宋博士卢爱澜①建。卢仕莆田，祷于神而得子，遂迎像归其乡，建庙祀之。”据清光绪二十九年（1903 年）《重修众涌乡天后碑记》载，明以前重修年代已不可考，清以来在乾隆三十四年（1769 年）、嘉庆十二年（1807 年）、道光十九年（1839 年）、咸丰十年（1861 年）、光绪二十九年等年间，先后五次重修，现宋、元间建筑风格已无存，仅留清光绪年间的建筑格式。1985 年、2000 年维修。该庙是顺德清代庙宇的重要代表作，现为市级文物保护单位。庙坐东南向西北，占地面积 51.7 平方米，三间两进，通面阔 10.2 米，通进深 26.6 米。殿堂原有石湾文如壁陶塑，已毁。两殿间有拜亭一座，四柱庑殿顶。庙内现存有泼墨《云龙》壁画一幅，为晚清间作品，气势壮观。前檐柱为一对大型石雕盘龙柱，龙口内含珠可转动，体态生动，工艺精细，刻有“西江永昌隆造”字样。我省这类盘龙石柱保存至今的已极其稀有了。

① 卢爱澜曾为宋代博士，出任福建莆田知县。

图 5－38　顺德众涌天后古庙

（四）庞杂的民间信仰体系

岭南人有壮族人遗留的信仰体系，崇拜鬼神，对自然神尤其崇拜，因此具有庞杂的民间信仰体系。部分重要的民间信仰及其建筑统计如下：

财神信仰：禅城仙槎财神庙、顺德沙滘司马财神庙。

关帝信仰：顺德腾冲福善堂（关帝庙）、南海联表关帝庙。

洪圣①信仰：三水独树岗洪圣古庙、高明大布洪圣宫、南海黎边洪圣古庙（见图 5－39）。

图 5－39　南海黎边洪圣古庙

① 洪圣是汉族民间信奉的海神，据称本名洪熙，是唐代官员，倡读天文地理，立气象台以观天候，后因辛劳早逝，皇帝追封他为广利洪圣大王。相传洪圣死后英灵不灭，屡次拯救居民于灾难。后朝中士人纷纷建庙奉祀为南海神，以表彰他的功德。

华光①、五显②信仰：顺德裕源华帝殿、三水岗根昆都五显庙。

康公信仰：南海河村主帅庙（康公庙）、顺德大墩康公庙、三水九水江康公庙。

侯王③信仰：禅城青柯侯王庙。

其他信仰：禅城张槎东岳庙、禅城大富谭仙观等。

例如三水金本昆都五显庙，位于风景秀丽的三江汇合处昆都山脚。始建年代不详，重建于道光十九年（1839 年），民国三十七年（1948 年）、1994 年重修。坐东北向西南，三间一进，前有拜亭，通面阔 16. 95 米，通进深 9. 52 米。庙前花岗石台阶由江边砌筑到庙门前，气势雄伟壮观。拜亭歇山顶，拜亭面阔 3. 74 米，进深 4. 43 米。

图 5－40　三水昆都五显庙

二、宗教建筑的形制

宗教建筑的形制与祠堂建筑同源同构，同样采用广府地区的祠庙建筑形制，以路、进、开间来定义建筑的规格。具体的建筑构件、装饰等则因

---

① 亦称“华光大帝”“华光大王”“灵官马元帅”“三眼灵光”“三眼灵耀”“花酒马灵官”“马天君”等。中国神话传说中的火神。民间普遍信仰的神明。旧时搭棚业、陶瓷业、武师业从业者所崇拜的行业神祇。

② 五显大帝又称五圣大帝、五通大帝、华光菩萨等，是广东，福建等地重要的汉族民间信仰之一。传说玉皇大帝封其为“玉封佑中上善王显头官大帝”，并永镇中界，从此万民景仰，求男生男，求女得女，经商者外出获利，读书者金榜题名，农耕者五谷丰登，有求必应。

③ 侯王即杨侯，汉族民间信仰之一。根据南宋史实考究，查证“侯王”名“杨亮节”，是南宋的国舅，亦是忠臣，生前封“侯”，死后封“王”，所以叫“侯王”。

宗教不同而有所区别。

图5-41　真武庙

例如顺德容桂外村的真武庙，俗称大神庙，位于容桂街道外村二街，背倚狮山。始建年代不详，据现存文献记录，明正德年间塌毁，万历九年（1581年）重建，清康熙年间、嘉庆十九年（1814年）、1989年、2014年重修。现为省级文物保护单位。庙三间三进，占地面积约400平方米。庙前原有棂星门①一座（现已毁）。前殿进深三间，歇山顶。心间开敞，次间外加檐墙，为三段式照壁形制，次间两边再连接八字照壁，照壁前有一对石象。心间为双柱单间单楼牌坊式，歇山顶。后院院中有一水池，池上有狭窄的独石拱桥，接连中殿与后殿，呈半月形，俗称“灯芯桥”，又呼“誓愿桥”或“公正桥”。

三、社稷、土地、石敢当

在村落中供奉了大量的社稷与土地神。社，即“后土”，是掌管大地山川万物之美和阴阳生育的社神（见参考文献[47]），或称“五土之神”。“社”字乃以“示”字为偏旁，表示先人精灵之所寄，祖先灵魂之所依托，所以要立一石头或植某种树木来表示地抵之所在。社神的出现，乃与氏族家长制时期的祖神崇拜有着某种内在的联系（见参考文献[48]）。稷为“五谷之神”，社稷合起来为远古人们对自然的崇拜与敬畏，并将此神秘力

① 即孔庙大门。古代传说棂星为天上文星，以此名门，有人才辈出之意。原为木构建筑，后为石构建筑，门上有龙头阀阅十二，门中有大型朱栏六扇，大石柱四，下有石鼓夹抱，上饰穿云板，顶端雕有四大天王像。门前立金声玉振坊，左右两侧各有下马牌。

量与祖先崇拜结合起来。由此可见，村人祭“社稷”，其起源是与祭祀先人同而合之的。如顺德古朗村有永丰社（见图 5－42）等。很多村落不同方位都设有社稷，据对村民的访谈，每个族群都有各自的社稷供奉。

土地公崇拜，起源于古代的中溜①崇拜，以崇德报功。相传“土地公”管理朝天宫大小事务。因为“土地公”非正神、主神，而是土地神，所以一般奉祀在主神龛下的凹洞或桌下，也有为其立庙崇拜的，如南海联表村的土地神庙。

石敢当为民间的一种厌胜禁邪物。以石碑、石块或小石人、石狗等立于桥道要冲、建筑宅院外墙正对街衢巷口之处，可镇鬼禳灾。石敢当，或谓为古时勇士，生平逢凶化吉，御侮防危。《急就篇》卷一“石敢当”言所当无敌。佛山历史村落中到处可见石敢当，多位于建筑面对道路的墙基或门边，表现出先人们对村落空间的重视和思考。

图 5－42　顺德古朗永丰社

第四节　其他建筑遗产

佛山历史村落中除了民居、祠堂建筑、宗教建筑等，还遗留有很多其他类型的建筑遗产，如教育建筑、防御建筑、交通建筑、纪念建筑等。

---

①　古代五祀所祭对象之一，即后土之神。

一、教育建筑

几乎每个佛山历史村落都有教育建筑，包括书院、社学、书社、书塾、乡塾、私塾、家塾、书舍、书斋、书楼、义学、学校、文塔等。名称不同，功能是一致的，都是为地方或者族人提供教育的场所，还包括祭祀、表彰和宣扬儒学的场所——文庙和文塔，表达了佛山历史村落中重视读书与功名的价值观。佛山历史村落中非常重视“承前”和“启后”的教育，如果说祠堂是为了“承前”，那么书塾就是为了“启后”了。

图5－43　三水蒲坑西园林公书室

图5－44　南海黎边秋津学堂

清乾隆时期，朝廷对南方宗族势力的膨胀有所顾忌，认为“合族祠易于缔结地缘关系，发展为民间组织，朝廷例当有禁”（见参考文献[43]），于是限制宗祠建筑的建设。为了应对法律，许多宗族就将祠堂改名为书塾、书舍，其形制实质与一般祠堂无异。

表5-5统计了村落中部分重要的教育建筑。

个别佛山历史村落当前遗留了大量的教育建筑，充分表现了当年崇文重教的文化风气，例如汤南、松塘、独村岗等村落。

二、防御建筑

佛山历史村落中的防御建筑包括更楼、炮楼、碉楼、门楼等。

更楼、炮楼、碉楼一般为村落中最高的建筑，有瞭望的功能，同时炮楼、碉楼等均留有枪洞，固若金汤，可用于与敌人对抗。一般每村都有一座炮楼。

门楼是控制入村大门和巷道的启闭，控制人员出入的。有的门楼布置在村前入口处，也有做成牌坊式的，有的则布置于里巷入口处。

表5-6统计了村落中部分重要的防御建筑。

图5-45 南海璜溪门楼

表 5－5　佛山历史村落重要教育建筑

村名	区属	教育建筑	文保级别	详情
隆庆	禅城南庄	隆庆书院		隆庆村清代有洲隐书舍和静远家塾，现已不存。2007 年建隆庆书院，面积近 300 平方米。镬耳山墙，博古脊
罗格孔家	禅城南庄	文昌阁（文塔）		当代重建。首层入口门额“组绶圭璋”为清两广总督林则徐题，其他楼层还有状元汪鸣相、榜眼许乃普、探花罗文俊、翰林孔继勋等的题字。7 层，高 36.88 米
紫南村头	禅城南庄	五隐书院		建于清同治年间，452 平方米
弼唐	禅城张槎	永新社学	市级	始建于明正德十六年（1521 年），清代重修，原为祠庙，翌年广东提学副使魏校推行“毁淫祠，建社学”时改为社学。坐西向东，三间两进，通面阔 11.8 米，通进深 15.4 米，面积 182.7 平方米，人字山墙。门堂石额“永新社学”落款“里人吴荣光书，光绪庚寅重建刻石”。天井北廊墙有《陪祀与祭条例义捐银记》《重建永新社学碑》碑记两通
仙槎	禅城张槎	仙槎书院古建筑群	市级	由水月宫、仙槎书院、财神庙三组建筑组成，均为清代建筑，坐北向南，镬耳山墙。该古建筑群为佛、儒、道三教并存
南沙棋盘	南海丹灶	厚德厅		清中期建，曾为村中学堂。三间两进，通面阔 7.5 米，通进深 12 米，占地面积约为 80 平方米，凹斗门
苏村	南海丹灶	1 银塘社学（天后庙，娘娘庙，天后宫，妈祖庙） 2 纬乡家塾		1 始建于南宋绍兴元年（1131 年），三路两进三开间，人字山墙，博古脊。村祠为“文武庙”和“崇祀祠”。 2 三间两进，凹斗门，平脊
大富	禅城张槎	文武庙		
沥东	南海大沥	泰岭书舍		

续表

村名	区属	教育建筑	文保级别	详情
茶基	南海桂城	庐江家塾		一开间，凹斗门，人字山墙
铁滘	南海九江	魁星塔	市级	
汤南	南海里水	1 大有书塾 2 信祥家塾 3 梦鳌书舍 4 万平书舍 5 显裔书舍 6 师五家塾 7 大韶书舍 8 大成书舍 9 乐堂书舍		
璜溪	南海狮山	1 华峰书舍 2 秉裕书室		2 清光绪二十七年（1901 年）孟春建，通面阔 9.05 米，通进深 14.35 米，面积 90.68 米，三间两进，博古脊
黎边	南海狮山	秋津学堂		1933 年由黎晏卿、孙中山先生原配卢慕贞夫人等众多当时国民政府政要集资修建。入口拱券门廊，风格呈中西结合形式
百西村头	南海西樵	1 器斋祖家塾 2 经学祖家塾 3 百西文武古庙		1 三间两廊，镬耳山墙。 2 约建于清同治年间。经学公为潘世德堂长房第十九传孙，约生于 1810 年。三间两廊，人字山墙，保留经学公的两篇书法，篆刻于阁楼木栏上
百西大地	南海西樵	学堂 1 间		

续表

村名	区属	教育建筑	文保级别	详情
松塘	南海西樵	1 培元书舍 2 汇川家塾 3 明德社学 4 养正家塾 5 松圃家塾 6 彝圃家塾		1 由村中巨富区猷建于清，坐西北向东南，三间两进，占地面积 246. 5 平方米。 2 建于清光绪三年（1877 年），取海纳百川之意。为里人区伯栩家族原居地。坐东北向西南，面积 62. 37 平方米。门匾由广东大埔人吴日升题书
碧江	顺德北滘	亦渔遗塾		建于晚清，北面为三间两廊，南面为明字屋大厅，相通而成连体建筑，壁画多为桃村人关梦颜所绘。天井院墙对联“风声人竹有琴意，月影写梅无墨痕”
莘村	顺德北滘	1 曾氏大宗祠（含曾氏家塾） 2 梁大夫祠（含东梁义学、磐石书楼）	1 市级 2 市级	1 始建于明天启年间，清光绪十五年（1889 年）重修。 2 建于清
仙涌	顺德陈村	紫阳学校旧址	市级	建于民国三十七年（1948 年）
沙头	顺德均安	博斋书室		
良教	顺德乐从	祠堂群（含书舍、私塾）	市级	清雍正七年（1729 年）重修
路州	顺德乐从	体仁书舍		始建于清宣统二年（1910 年）。占地面积 85. 6 平方米，三间两进，通面阔 8 米，通进深 10. 7 米
沙滘	顺德乐从	1 兰卿家塾 2 祺祥书社 3 恕献家塾		1 始建于民国五年（1916 年）。占地面积约 167. 8 平方米，建筑面积 230. 72 平方米，三间两进。 2 始建于民国，位于沙滘北村峡水。占地面积 39. 39 平方米，建筑面积 39. 39 平方米。三间一进带左右青云巷。人字山墙，凹斗门。 3 民国十四年（1925 年）周满记建，位于沙滘北村峡水。两进，凹斗门，人字山墙，博古脊

续表

村名	区属	教育建筑	文保级别	详情
黄连	顺德勒流	仓沮圣庙		
平步	顺德乐从	平步文武庙		
大墩	顺德乐从	大墩文武庙		
集北	顺德龙江	龙江文塔（七层塔）	市级	始建于清乾隆二十九年（1764 年），道光二十四年（1844 年）修复
马冈	顺德容桂	冯日新家塾		始建于民国十一年（1922 年）。占地面积 73.5 平方米，单间两进，通面阔 5 米，通进深 14.7 米
昌教	顺德杏坛	1 昌教乡塾 2“奎璧联辉”文阁	市级	1 始建于清同光年间。占地面积 339 平方米，通面阔 13.6 米，通进深 24.95 米。“昌明世运，教化乡闾 对联。 2 始建于清乾隆二十一年（1755 年），嘉庆二十四年（1819 年）重修。六角形塔，二层，高 13 米，内宽 3.8 米
逢简	顺德杏坛	雍和书院		始建于民国十一年（1922 年），李氏族人所有，位于逢简村高翔坊。通面阔 9 米，通进深两进 21.6 米
龙潭	顺德杏坛	清藜书舍		坐北向南，三间两进，通面阔 6 米，通进深 10 米，人字山墙，博古脊
马齐	顺德杏坛	昆山书塾		始建于清光绪十七年（1891 年）。占地面积 145.7 平方米，三间两进，通面阔 9.1 米，通进深 16 米
麦村	顺德杏坛	1 麦南永思家塾 2 麦中四吾家塾		
西北西岸	顺德杏坛	西岸乡塾		
中灶	三水白坭	介如书舍		始建于清光绪二十三年（1897 年）
梅花	三水大塘	梅花村书舍		三间两廊式
大旗头	三水乐平	文塔	省级	始建于清光绪年间，塔高 3 层，为六角楼阁式砖塔。自下而上分别供奉土地公、文昌帝、魁星君

续表

村名	区属	教育建筑	文保级别	详情
独树岗	三水芦苞	1 挺初书舍 2 同彬书舍 3 伯英书舍 4 瑞廷书舍 5 本濂书舍 6 本弘书舍 7 沂书舍 8 定一书舍 9 遇时书舍 10 弁祖书舍 11 光伍书舍 12 文洲书舍 13 笔山书舍 14 文赞书舍 15 毓山书舍 16 江塘书舍		
长岐	三水芦苞	1 丽泉书社 2 以锴家塾 3 朝生书舍 4 耀唐书舍		1 三间两廊式。庭园照壁对联“一品关花穿甲第，半钩新月上丁签”。 3 三间两进，人字山墙，凹斗门。 4 一间一进，凹斗门。庭园照壁对联“一池翰墨留清韵，满座图书发古香”
蒲坑	三水南山	西园林公书室		三间两进，凹斗门

续表

村名	区属	教育建筑	文保级别	详情
高丰	三水西南	1 以廉公书舍 2 子其公书舍		
塱西	三水西南	隐圆家塾		三间两进，凹斗门，人字山墙，博古脊
吉田	高明更合	竹兰家塾		始建于清乾隆二十五年（1760 年），20 世纪 90 年代初重修。坐西向东，三间两进，通面阔 10. 1 米，通进深 17. 78 米，人字山墙，博古脊
冼村	高明荷城	伯璋书室		
鸦岗	高明明城	隆斋书楼		
豸岗	高明杨和	谊轩书舍		

表5-6　佛山历史村落重要防御建筑

村名	区属	防御建筑	文保级别	详情
石梁	禅城石湾	镇北门		始建于清末民初，红砂岩，高两层约7.5米
汤南	南海里水	炮楼		红砂岩材质，两层，每层留有长方形抢洞
璜溪	南海狮山	炮楼	区级	民国二十二年（1933年）在旧炮楼的原址上重建，面积24.98平方米，楼高5层。门楼上刻有“民国二十二年广州梁造记建筑”
碧云	南海西樵	1 傅氏山庄南门 2 敦义崇礼碉楼 3 豫章首第门楼		3 建于民国十二年（1923年），为入村主要通道。坐南向北，高5米，面阔3.5米，进深3米。博古脊，凹斗门，门洞偏向东侧
鹤峰豸浦	顺德均安	“豸浦乡”门楼		
葛岸	顺德乐从	教德更楼	市级	建于民国十四年（1925年）至民国十五年。砖石结构，占地面积97.96平方米，东望楼面阔3.9米，进深3.9米；南望楼面阔3.6米，进深3.6米；西望楼面阔4.2米，进深4.1米；北望楼面阔3.9米，进深4.6米
路州	顺德乐从	大彭古道更楼		建于民国十七年（1928年）。砖石结构，占地面积20平方米，面阔4.2米，进深4.9米，高两层加一个天台
沙边	顺德乐从	炮楼		红砂岩砌造，高4层
上华	顺德乐从	会星门炮楼		建于民国
新隆	顺德乐从	永利石炮楼		建于民国二十八年（1939年）
龙潭	顺德杏坛	青田炮楼		建于民国
麦村	顺德杏坛	1 麦北镇西炮楼 2 麦南青云炮楼		建于民国

续表

村名	区属	防御建筑	文保级别	详情
南朗	顺德杏坛	更楼		建于民国十六年（1927年）
上地	顺德杏坛	炮楼		建于民国
雁园	顺德杏坛	“颍川通津”门楼		建于民国二十一年（1932年）
水井	高明更合	德胜楼		建于明万历五年（1577年）。坐南向北，三层，面阔3.6米，进深4.6米，高7.5米
塘角	高明更合	文选楼	市级	始建于清宣统三年（1911年），1986年重修。坐北向南，面阔8米，进深4米，建筑面积400平方米，是一幢砖木结构的两层木板楼房，下层花岗石砌筑，上层青砖砌筑，中间隔层为木板。镬耳山墙，博古脊
泽河	高明更合	1 益金门 2 迎金门 3 启明楼 4 万卷楼		4 始建于清乾隆五十九年（1794年），是泽河标志性建筑之一，为泽河四世祖成坚公传至十四世祖耀先公与子孙共建，以激励后辈“读万卷书”。碉楼高两层，开有枪眼，镬耳山墙
古孟	高明荷城	炮楼		始建于民国三十年（1941年）。坐东北向西南，三层，楼高14米，面阔7.48米，进深9.64米，建筑面积约80平方米，青砖砌筑
深水	高明明城	门楼		双龙船脊：一为龙舟镇门，保五谷丰登、风调雨顺；二为龙舟镇宅，保家人安康、一帆风顺
坐阁	高明杨和	碉楼		建于清末民初。坐南向北，灰沙墙，长6.2米，宽5.6米，高10米，共三层
丽堂	高明杨和	碉楼		建于民国初期。坐南向北，两层砖木结构，灰沙墙，长3.9米，宽3.7米，高7.5米，占地面积14.43平方米

三、交通建筑

佛山历史村落中的交通建筑包括道路、桥梁、埠头等。

佛山历史村落中的道路可以分为两级，呈树形，街为干，里、坊等巷道为枝。商业性及交通性的街道宽约3米，属于公共性的交通空间，通常在祠堂等公共性建筑与街道交会、转折处扩大节点，形成小广场。干道多与水体平行。坊、里等巷道一般与主干道垂直，如两头通达的巷道宽度约2米，属于半私密空间，如一头封闭的巷道宽约0.8—2米，属于私密的交往空间。街有闸，巷有门，坊还有社稷之神。巷门是族群的标志，门楼名称常为名人所题（见参考文献[3]）。

图5－46　顺德逢简金鳌桥1

由于佛山地区水道纵横，河网密集，因此村落中的桥梁、埠头众多。以前几乎每村均有桥梁。桥梁的材质有木、竹、红砂岩、花岗岩等。木桥至今仍遗留下来的有南海九江的烟桥村和南海里水的汤南村等；红砂岩桥梁有顺德杏坛逢简村的明远桥、金鳌桥（见图5－46、图5－47）等。桥梁的形制方面，主要有两种：拱桥和平桥。拱桥是以拱作为桥身主要承重结构的桥梁，可用抗拉力强度较差，但抗压强度良好的砖、石材料建造。[①] 平桥是以平板桥面支撑在桥墩上的桥，有单跨的，有多跨的，视水面的宽

① 北京市文物研究所．中国古代建筑辞典［M］．北京：中国出版社，1992.

窄而定；其形象呈水平的延长，比较接近水面，显示一种亲切的尺度感。桥面一般不设栏杆或仅设低矮的简单栏杆，桥墩为料石砌筑。①

图5－47 顺德逢简金鳌桥2

埠头是江河、池塘边用石块等砌成供人洗涤或泊船的地方，一般由整块花岗岩石叠砌而成。埠头分为族人公用的埠头和私家使用的埠头。有的埠头还特意砌石加以说明，如顺德桑麻总社村的一个埠头有一条长条石上刻有“黎恒传祖水埠”，顺德逢简村宋参政李公祠前的水埠砌石上刻“李德昌堂水埠”。这些埠头每天都有人烧香拜祭，节庆日期香火更旺。（见参考文献[3]）

表5－7统计了佛山历史村落中部分重要的交通建筑。

① 李德华，朱自煊．中国土木建筑百科辞典．城市规划与风景园林［M］．北京：中国建筑工业出版社，2005．

表 5 - 7　佛山历史村落重要交通建筑

村名	区属	交通建筑	文保级别	详情
罗南隆庆	禅城南庄	隆庆古官道（大石路）	市级	始建于明末清初，由村口通过大基庆源窦再到涌口，现存252米，花岗岩大石板铺设，是历史上人们进出本村必经之路。被称为当地的“丝绸之路”。宽1.6—1.8米，最窄处约1米。石条宽0.35—0.39米
河东	南海大沥	三眼桥	市级	建于明
禾仰	南海桂城	三山三眼桥	市级	建于明
翘南	南海九江	探花桥	市级	建于明
上东	南海九江	三元桥	市级	建于清
烟桥	南海九江	1 烟桥 2 烟桥正道及门楼		1 原名“燕桥”，最初用竹架制成。1831—1835年间，乡人如骧公倡改建为木桥，1908年乡人锡恩公与族侄毓桢公重建。该桥用坚厚木板12块砌成，木制桥面由3条长木板组成，宽约0.4米，长25米。中间的木板是一块柚木。当水位升高时，柚木可以抽起来让船通过。百多年来成为烟桥八景之一。1995年木桥被改建为钢筋水泥结构。2013年，村民又拆掉水泥桥，重建古木桥，回复“烟桥”当年旧貌。 2 在烟桥村东西轴线上，是村中贯通南北大道的主干道，南边通向西樵，是当年对外交通与经贸的要道，由爱国华侨牧野公兴建。正道东面入口是“烟桥正道”门楼，门楼宽约3.5米，深约3米，高约4米。门楣上壁画据传为何丹山之作，墙上还留有“甲寅水灾”印记。“一入烟桥，必行正道”
洲村	南海里水	大石桥	市级	建于清
大榄	南海狮山	福星桥	市级	建于清
碧江	顺德北滘	德云桥	市级	建于清
林头	顺德北滘	古桥7座		
路州	顺德乐从	大彭古道		
沙边	顺德乐从	1 腾龙桥 2 起凤桥		1 花岗石、红砂岩材料。 2 原桥已拆毁，现存桥梁为当代重建

续表

村名	区属	交通建筑	文保级别	详情
黄连	顺德勒流	广孝桥	市级	建于明
西华	顺德勒流	见龙桥	市级	建于清
世埠	顺德龙江	贞女桥	省级	建成于宋嘉定八年（1215 年），贞女吴妙静捐建。明代湛若水所撰墓志载：“贞女吴妙静，宋高宗朝助教吴南金遗女。南金无后，女许嫁新会李氏子。及婚，所许子由陆来，渡龙江溺死。女誓不再适，以嫁资为石桥，五眼，石长二丈二尺，建于李溺死处，故后亦称老女桥。自宋宁宗嘉定四年至八年建成。”《龙江乡志》载：“桥长十一丈，阔一丈，桥石每块长二丈二尺，方二尺。贞女之先祖，原福建人，桥石皆来自福建。”现该桥仅有一孔，青灰色大石 4 条，每长 7.9 米、宽 0.63 米、厚 0.55 米。现仅存桥石四块，桥头“贞女遗芳”牌坊一座
大洲	顺德伦教	御波桥	市级	建于清
里村	顺德容桂	洛阳桥	市级	建于北宋
逢简	顺德杏坛	1 明远桥（下桥） 2 金鳌桥（玉蝀[1]桥） 3 巨济桥	1 省级 2 市级 3 市级	1 始建于宋，为李仕修主建，经历重修，现存为明代风格。是顺德现存文献记录中最早的三孔石拱桥，也是顺德现存最长的一座石拱桥。横跨明远涌，南北走向，桥拱为纵联砌置法，红砂岩材料，全长 25.1 米，顶宽 4.6 米、高 4.5 米。桥栏石板刻有各种花纹图案，两旁望柱各 12 条，柱头雕石狮 1 只。桥面两边斜坡不砌石级，方便马车畅通无阻。 2 始建于清康熙三十六年（1697 年），由太子老师刘云汉所建，民国十年（1921 年）重修，是一座以红砂岩构筑的单孔拱桥。桥长 14 米、宽 3.05 米，孔跨 6.9 米。桥面用红砂岩砌成，有桥栏，望柱顶状如“官帽”。桥横栏一边刻有阳文“金鳌”，另外一边刻有阳文“玉蝀”，并阴刻“民国十年辛酉冬修”。据传说，清康熙进士刘云汉为太子老师，康熙帝为表彰其功劳，授意“尔亦可返乡建一桥”，故取禁宫内御花园水池中的“金鳌玉蝀”以名。而此桥，亦刘云汉仿京城皇室花园的“金鳌玉蝀”桥建造的。

① 蝀，即“虹”。玉蝀就是用玉石砌成的彩虹。

续表

村名	区属	交通建筑	文保级别	详情
				3 建于宋宝庆年间，传说为宋李仕修修建的五桥之一，历代均有重修，民国十八年（1929 年）最后一次重建。现已看不到任何宋、元、明三朝的痕迹。该桥为梁式三孔石拱桥，花岗岩石构筑，南北走向。全长 23.6 米，顶宽 4.5 米、高 4.1 米，桥拱为纵联砌置法，桥两边各有 12 级石阶，桥栏两边各有望柱 14 条，柱顶各有石狮子 1 只，28 个石狮代表二十八星宿。柱身石栏华板刻花纹图案装饰
高赞	顺德杏坛	古埠头		建于清光绪年间
龙潭	顺德杏坛	爱日桥	市级	建于明
龙眼	顺德杏坛	1 龙眼古桥 2 石狮埠头		1 首架竹木为桥，至宋砌石墩铺木板而过。明景泰三年（1452 年）顺德建县，古桥之路成为县道。明弘治中兴，古桥修为现貌。现碑石已遗失，仅存碑座。古桥社位于古桥西岸桥头，始建于明景泰年间，不设项盖。清光绪七年（1881 年）在社拜台红砂岩石雕前一尺余立一花岗岩长方体碑石，阴刻，碑首“古桥社”，碑文“光绪七年岁次辛巳仲秋吉旦沐恩信神梁蕴玉堂敬送”。光绪甲午孟夏重修，顶盖盖瓦，碑石移至桥阶旁竖立桥边。龙眼八景之一“古桥秋月”。 2 建于元末明初，距今已有 600 年。两头红石狮子几百年来守护埠头，名闻远近，而近年在埠头内还发现一块刻有“吕家水埠”字样的石头
上地	顺德杏坛	跃龙桥	市级	建于清
独树岗	三水芦苞	白鸽桥		建于清同治元年（1862 年），建筑风格秉承了先祖蔡忠惠兴建的福建泉州洛阳平板桥之古风

四、纪念建筑

佛山历史村落中的纪念建筑包括牌坊、墓葬、碑刻等。村落中多种纪念建筑保存良好，甚至墓葬也可以和民居和平共处，体现了佛山人慎终追远的人文性格。

图5-48　顺德林头冯氏贞节牌坊

图5-49　南海下西良二千石牌坊

图 5 －50　顺德古朗百岁坊

图 5 －51　三水岗头梁士诒墓石牌坊

表 5 －8 统计了佛山历史村落中部分重要的纪念建筑。

表 5－8 佛山历史村落重要纪念建筑

村名	区属	纪念建筑	文保级别	详情
藜涌	禅城石湾	绿瓦亭	市级	始建于民国九年（1920 年），三开间混凝土结构牌坊，西式风格，左右两旁有茶亭
石头	禅城石湾	忠烈墓		位于石头霍氏家庙祠堂群后山岗上，是纪念石头霍氏九世祖霍子衡“一门九忠烈”而建
大镇	南海大沥	邝氏始祖墓	市级	建于宋
泌涌后海	南海大沥	邹特夫墓	市级	建于清
颜峰	南海大沥	叶正简墓	市级	建于南宋
孔边	南海丹灶	1 方道隆墓 2 方献夫墓	1 市级 2 市级	1 建于元。 2 建于明
苏坑	南海丹灶	贞烈牌坊	市级	建于明
仙岗	南海丹灶	百岁坊		由清光绪帝赐给仙岗村人陈广文。这位被人们称为“百岁公”的陈广文，出生于嘉庆十年（1805 年），后到广州经商致富。光绪二十四年（1898 年），光绪帝从地方官员的奏折中得知陈广文满 100 岁，甚觉稀奇，下圣旨诰封其为奉政大夫广文侯选州同，并奖赐白银、房产，以及一座御笔书写的“百年人瑞”牌坊
林岳	南海桂城	娥媚坑竹西岗汉墓群	市级	建于汉代，1982 年砖厂取土时发现，分布于林岳砖厂西侧娥媚坑、竹西岗一带。出土随葬品主要有铜境、陶器、明器等
叠南江头	南海桂城	“江头毓秀”牌坊		
南约	南海九江	李卓峰墓	市级	
水南	南海九江	冯氏家族墓	市级	建于宋
石头	禅城石湾	忠烈墓		位于石头霍氏家庙祠堂群后山岗上是纪念石头霍氏九世祖霍子衡“一门九忠烈”而建
下西	南海九江	1 良二千石牌坊 2 朱子襄墓	1 省级 2 市级	1 明万历二十六年（1598 年）始建，清乾隆四十三年（1778 年）重修。面积 37 平方米。 2 建于清

续表

村名	区属	纪念建筑	文保级别	详情
烟桥	南海九江	旌表节孝牌坊	市级	位于烟桥新庄贞巷旁边，旨建于道光年间。以花岗岩构筑，右间刻有“百世”，左间刻有“流芳”，中间为“旌表节孝”，竖刻“道光元年（1821 年）六月为处士何蕴斯之妻节妇何程氏建”。四柱三间冲天式，高 5.42 米
麻奢	南海里水	陈宁墓	市级	建于北宋。麻奢村得名与南海历史人物陈宁相关
芦塘	南海罗村	骆秉章墓	市级	建于清
寨边	南海罗村	伦文叙墓	市级	
西桥	南海沙头	“文明”牌坊		原为水南书院（已毁）的附属建筑。花岗石构筑，三间四柱，通高 5.5 米，中间两柱稍高，主间额上刻“文明”，背面刻“观象通朝”
豸厦	南海狮山	叶正简夫人墓	市级	建于宋
百西村头	南海西樵	潘公墓道		
寺边	南海西樵	九龙岩摩崖石刻	市级	建于明
云路	南海西樵	1 李子长墓 2 李孔修墓	1 市级	1 明。 2 李孔修，字子长，自号抱真子，顺德人，侨居广州。尤善画猫，毛骨如生，鼠见惊走。其山水翎毛亦精绝。年九十卒。尚书霍韬葬之西樵山下云路村，题墓碑曰：“明抱真先生李子长之墓。”西樵山祭社，以孔修配。清光绪《广州府志》卷一二一有传
林头	顺德北滘	冯氏贞节牌坊	省级	建于清康熙三十七年（1698 年）。该牌坊是顺德牌坊制作最为精细的一座。牌坊坐西向东，占地面积 41 平方米，为四柱三间三楼式牌坊，咸水石构筑。面阔 8.34 米，进深 2.4 米，高 6.5 米，歇山顶。明楼中悬“圣旨”牌匾，坊额正背面阳刻“贞节”楷书，并署有“顺德县知县何玉度”字样
赤花	顺德陈村	中山纪念亭		建于民国二十年（1931 年）

续表

村名	区属	纪念建筑	文保级别	详情
鹤峰豸浦	顺德均安	“晋惠亭”现存三件历史文物： 1 敕书碑 2“鹤峰书院”石刻 3“艾步匾”		1“敕书碑”是艾步村人胡杰祖父、祖母的墓志铭，是乾隆皇帝御赐敕书。胡杰是清乾隆元年（1736年）进士、翰林院庶吉士，其祖父、祖母的茔墓当地人称之为“敕书碑”。此碑保留完好，不缺一字。 2 鹤峰书院建于清道光年间，培育出众多名人学士，抗日战争时被毁，仅存石匾一块，字体遒劲，是由冯达昌于道光壬寅秋撰写。鹤峰书院当时由清代均安镇十三个乡之文人雅士、俊彦乡贤筹款建造，专供文人集会。 3“艾步匾”石匾立于清嘉庆十五年（1810年），“艾步”是豸浦村旧名，后为纪念乾隆年间举人胡亦常（号豸浦），将艾步改名为豸浦
大罗	顺德乐从	冼光墓	市级	建于明
小布	顺德乐从	1“奕世科第”牌坊 2“累朝恩宠”牌坊		1 明嘉靖十五年（1536年）。 2 建于明
扶闾	顺德勒流	近光阁（迎光阁）		建于清
黄连	顺德勒流	傅氏墓碑	市级	建于明
沙富	顺德勒流	连氏始祖古墓群	市级	建于清，位于连氏大山
世埠	顺德龙江	“贞女遗芳”牌坊		建于明嘉靖二十八年（1549）
四基	顺德容桂	“贞烈可嘉”牌坊		建于清道光十七年（1837年）
幸福	顺德容桂	长桥下街碑亭		建于民国三十六年（1947年）
古朗	顺德杏坛	1 百岁坊 2 节孝坊	市级	1 始建于清乾隆十七年（1752年）。向南偏西20度，四柱三间三楼式庑殿顶石牌坊，红砂岩构筑。高约4.25米，心间门宽1.43米，次间门宽0.78米。横梁和柱为花岗岩，柱根前后均有抱鼓石，左面已缺一。 2 始建于清嘉庆三年（1798年）。向东偏南20度，四柱三间三楼式，庑殿顶，高4.25米，底基宽5米，牌坊宽3.3米。柱根有抱鼓石，现存4块

续表

村名	区属	纪念建筑	文保级别	详情
上地	顺德杏坛	升平人瑞牌坊	市级	始建于清同治六年（1867 年）。坐西北向东南，四柱三间两层冲天式，花岗石建筑。高 5.35 米，面阔 4.5 米，前后柱根有 8 块抱鼓石夹护
岗头	三水白坭	梁士诒墓、石牌坊	省级	始建于民国二十二年（1933 年）。梁士诒于 1933 年去世，终年 65 岁。同年 6 月由亲属、朋友扶柩回籍，葬于三水白坭岗头村象沙洲，占地方圆九亩，又称“九亩墩”。该墓地地理位置优越，坐东南朝西北，面向宽阔的西江，古树参天。现墓群由主墓、牌坊、碑亭、石狮一对及后增三个梁氏家族成员坟墓组成。九亩墩内四个墓地，正面是梁士诒墓地，其余三个分别是梁士诒父亲梁知鉴、梁士诒弟弟梁士于和梁士欣墓地。梁士诒墓为圆土坟结构，坟前有墓碑、石拜桌、墓道、石牌坊，占地面约 6000 平方米。墓群建于小山丘之上，周围植被茂盛。正门建有牌坊一座，气势雄伟，正门牌匾是大书法家叶恭绰题写的“梁氏佳城”，背面有北洋军阀段祺瑞题写的“将相联辉”。正门两侧有西洋石狮子一对。墓地右边建有纪念石亭一座，内设梁士诒神道碑，碑文为叶恭绰撰书，详细记载了梁士诒生平事迹
龙池	三水白坭	梁鹤鸣墓	市级	建于明
梅花	三水大塘	凤鳌胡公墓		乾隆四十年（1775 年）重修
芹坑	三水金本	何维柏墓	市级	建于明，罗盘岗西北坡
大旗头	三水乐平	郑绍忠墓	市级	建于清，老虎岗
谭基	三水芦苞	“百龄双瑞”牌坊		建于清光绪初年面阔一间，花岗石砌筑
平塘	高明更合	黄仕聪纪念碑		
海口	高明荷城	海口塔	市级	建于民国
阮埇	高明荷城	宋刺史墓园		为纪念阮埇始祖而筑，2001 年重修

五、其他类型建筑遗产

佛山历史村落中还有很多其他类型的建筑遗产，包括水利建筑、泉井、窑址、商业建筑、休闲建筑等，类型多样，表现出村落生活的多样性。

表5－9统计了佛山历史村落中部分其他类型建筑重要遗产。

图5－52　高明豸岗中心会堂

图5－53　三水独树岗秀清公园

表 5－9　佛山历史村落其他类型建筑重要遗产

村名	区属	其他类型建筑遗产	文保级别	详情
紫南村头	佛山南庄	古井		共 3 口
藜涌	禅城石湾	状元井	市级	传为南汉已使用的古井。井口呈圆形，直径 0.53 米，花岗岩石井圈，井壁下部方形，故名“方井”。井壁以青砖砌筑，井底有石，耸起如鳌头，因此又称“鳌头井”。南汉状元简文会、明代状元伦文叙先后居于此地，当地流传“一井两状元”盛事，并将此井称为“状元井”
南沙棋盘	南海丹灶	古井		1 口
苏坑	南海丹灶	阴鹭井	市级	建于明
仙岗	南海丹灶	蟹泉		俗称“流水井”，是仙岗八景仅存一景的“蟹泉不息”。因葛洪在此取水炼丹而闻名。原是一对，在两眼蟹泉中间有一社稷，长 7 米，宽 7 米。有一个在 20 世纪六七十年代扩建村道时被埋。井周围面积约为 20 平方米，井口半径为 0.45 米，水深 0.65 米，水从井框边小孔流出，水量大，水质清冽甘甜
汤南	南海里水	1 信祥花厅 2 鬼楼庄		2 中西合璧风格
百西村头	南海西樵	古井 5 个。 1 上岗井 2 古河堤		
百西大地	南海西樵	古井 8 个		
碧云	南海西樵	1 虎口泉 2 无叶井		2 巧妙的设计令井内无落叶
吉水	南海西樵	吉水窦	市级	建于清
西滘	顺德北滘	丝偈		

续表

村名	区属	其他类型建筑遗产	文保级别	详情
旧寨	顺德人良	周鉴井	市级	建于明
沙头	顺德大良	顺德糖厂早期建筑	国家级	建于民国二十四年（1935 年）
良村	顺德乐从	七乡蟠龙水闸	省级	位于良村涌口南，建于清道光二十八年（1848 年），由长条花岗岩石构筑而成，闸正面有石刻“七乡蟠龙闸”五字。南北向横跨河道，跨度长 40 米，闸面宽 4.5 米，距离水面 9 米，东西向三闸孔结构，主孔阔 7 米，左右两孔 4 米，用厚的东京木作闸门。闸门用厚铁片嵌边，手动开关闸门。闸面靠岸两侧铺砌长条石，中间用长条木板作桥面
沙边	顺德乐从	玉带围		围高约 7 米，围外为顺德水道
沙滘	顺德乐从	小堤围		
水藤	顺德乐从	马姓回苏井		建于元
沙富	顺德龙江	漱玉泉		建于明
北水	顺德杏坛	北水水闸	市级	建于清
龙潭	顺德杏坛	1 龙潭水闸 2 合兴当铺 3 宝兴当铺	市级	建于清
马齐	顺德杏坛	丝楼		始建于民国，砖石结构，占地面积 270.3 平方米，宽 9.6 米，深 7.2 米，高约 7 米
西登（原属马宁，现分为马宁和西登）	顺德杏坛	古井		3 口

续表

村名	区属	其他类型建筑遗产	文保级别	详情
岗头	三水白坭	1 思德亭 2 岗头人民会堂		1 始建于民国初期，砖石结构，四角攒尖顶。 2 坐东北向西南，建筑平面为长方形，前部两层小楼，后部一层礼堂，正面三开间，苏联建筑风格
赤岗	三水范湖	慈荫亭		建于民国，混凝土结构
独树岗	三水芦苞	1 当铺（乌哥楼） 2 趁墟亭 3 秀清公园		3 始建于民国时期，中西风格融合
朗锦	高明更合	古井		共 4 口，其中，3 口为清代所挖，仅有 1 口仍在使用
平塘	高明更合	礼堂		
榴村陆家	高明荷城	进士井		陆家人才辈出，明清两代取得较大功名的有 30 多人，考取进士的有 6 位，因此该井叫“进士井”
圆岗	高明杨和	公社饭堂		始建于民国时期，苏式建筑，拱券式大门
豸岗	高明杨和	1 罗塘陂 2 中心会堂	1 区级	1 距离村落东南方约 7 公里，为皇帝准奏修建的水利工程，有“小都江堰”之称

第五节 基塘

佛山历史村落中除了遗留众多硬质的物质文化遗产，也遗留了众多软质的物质文化遗产，例如河道、基塘、农田、古树名木等人工或自然资源。

基塘是指水网地区特有的种植业同池塘养鱼相结合的一种生产方法。基塘包括桑基鱼塘、蔗基鱼塘和果基鱼塘，是植桑养蚕或种植甘蔗、种植水果同池塘养鱼相结合的一种农业经营方式。把不宜种植农作物的低洼地挖成池塘，用以养鱼；将挖出来的泥土在塘边堆成旱地，用以栽种桑树，发展养蚕或者种植甘蔗水果。

桑基鱼塘是珠三角地区为充分利用土地而创造的一种高效人工生态系统。将地势低洼、水涝严重、生产条件差的土地深挖为塘，将泥土覆于四周成基，在塘基附近种植桑树，以桑叶养蚕，以蚕沙、蚕蛹等做鱼饲料和肥料，以塘泥做桑树肥料，相互利用，相互促进，达到鱼蚕兼收的效果。是在长期生产实践中创造的一种良好生产方式，可以充分提高土地生产力，在获取经济效益的同时营造了理想的生态环境。桑基鱼塘的发展，既促进了种桑、养蚕及养鱼事业的发展，又带动了缫丝等加工工业的前进，逐渐发展成一种完整的、科学化的人工生态系统。

图 5－54 顺德逢简基塘

据史料记载，珠三角早在汉代已有种桑、饲蚕、丝织的活动。公元7世纪初，各地商人和外国人都相继来广州贸易，贩运绢丝。当时珠三角已是“田稻再熟、桑蚕五收”之地。12世纪初，北宋徽宗年间，在南海和顺德两县相邻的西江沿岸，修筑了著名的“桑园围”，说明当时南海、顺德一带已是重要种桑养蚕地区了。明永乐四年（1406年），顺德的龙江、龙山两地已出现土丝买卖市场，蚕丝生产已成为商品。

珠江三角洲池塘最早记载在公元9世纪的唐代，已有养殖鲩鱼的历史。西江下游沿岸有鱼苗出产，这为发展塘鱼的重要条件。明代初期，鳙、鲢、鲩、鲮已成为池塘养鱼的普遍鱼种。池塘养鱼地区亦已逐渐扩大，在三角洲已逐渐发展为以南海九江和顺德陈村为中心的基塘养鱼生产地带。明代初年，朱元璋在全国各地推广桑、麻、枣、棉的种植，广东各府州县纷纷响应，地方开始大面积种植经济作物。甘蔗的种植，推动了榨糖业；蚕桑的发展，推动了丝织业；席草的种植，推动了编织业……（见参考文献[33]）本地区出现了弃稻谷生产而种果、养鱼、植桑的风气。稻田转化为果基鱼塘、桑基鱼塘等，走上了农业生产商品化的道理。

嘉靖元年（1522年）明朝封闭了福建泉州和浙江宁波两港，广州成为生丝对外贸易重要港口，各地生丝经由广州输出。1553年葡萄牙侵借澳门，外国商船陆续进入，从而澳门又成为对外贸易的转运港口，促使广东生丝对外更加畅销。生丝畅销，促进了蚕桑业的迅速发展。南海县的九江，顺德县的龙山、龙江，蚕桑业急剧兴旺起来。出现塘基种桑的地方很多，著名的桑园围就在这一带。这一带农民经过长期种桑养蚕的经验，发现养蚕的蚕沙（蚕粪）可以养鱼，逐渐了解蚕沙是塘鱼很好的饲料。当时因所需生丝多，种桑养蚕亦多，蚕沙量日多，塘鱼的饲料也多，于是大量发展养蚕的同时，淡水鱼业也大量发展起来了。农民逐渐明确桑多、蚕多、蚕沙多，塘鱼也多。由此桑基鱼塘这种特殊生产方式经过长期生产实践，逐渐形成，并很快传到三角洲各地。

乾隆二十四年（1759年），清朝闭关锁国，封闭了福建漳州、浙江定海、江苏云台山等对外贸易港口，广州又成为全国生丝唯一的对外输出港口，外国商人都集中到广州来购买生丝和丝织品。粤丝对外销路日广，需要的生丝及丝织品大量增加，从而促进了蚕桑业的发展，也促进了三角洲各地桑基鱼塘的发展，并促进了水乡其他行业和对外贸易的发展，推动了水乡的埠头、墟市、河运等发展，形成了繁华的水乡村镇。很快在三角洲西北部的南海县九江乡和顺德县的龙山乡、龙江乡，构成一个广阔的桑基鱼塘区域。其中以南海县九江为中心，各地纷纷“弃田筑塘、废稻树桑”，掀起了三角洲桑基鱼塘发展的第一次高潮。至清道光年间，南海九江已是

“境内有桑塘，无稻田”的情景了。桑基鱼塘的扩展使珠江三角洲成为蚕丝和丝织业的生产中心，成为我国三大生丝产区之一。

鸦片战争以后，缫丝新式技术逐渐输入。清同治五年（1866 年）南海陈启沅引进国外缫丝新技术，在南海简村建立三角洲第一个现代缫丝厂。不久，顺德缫丝业逐渐取代了南海县而居三角洲首位。新式缫丝工业的迅速发展，推动了蚕桑业的发展，再次掀起“弃田筑塘、废稻树桑”之风，桑基鱼塘面积再次扩大，形成了三角洲桑基鱼塘发展的第二次高潮。

桑基鱼塘自 17 世纪明末清初兴起，到 20 世纪初，一直在发展。特别是在第一次世界大战后，由于欧洲各国忙于战后恢复工作，我国生丝在国际市场获得畅销，促使本地蚕桑业的畸形发展，三角洲到处是桑基鱼塘，桑基鱼塘面积估计约有 120 万亩，达到历史最高水平。这是三角洲桑基鱼塘发展的第三个高潮。

1929 年世界资本主义国家发生经济危机，工商业凋零，市场停滞，丝织品销路锐减，生丝价格狂跌，外销量不断下降。1938 年生丝外销量仅及 1922 年的五分之一。桑基鱼塘面积大大缩小，逐渐被蔗基鱼塘代替。新中国成立之初，桑基鱼塘仍占一定地位，自市场经济兴起，桑基鱼塘面积逐渐缩小。1995 年以后，珠三角桑基鱼塘已基本消失，部分向三角洲外围地区发展，部分改果基、花基、蔗基、鱼塘。

顺德杏坛、南海九江等地的历史村落，旧时是基塘成片的，现今遗留已不多，加上很多基塘已失去生态循环的生产方法，当代真正的基塘已越来越少，亟待保护。

第六节　植被与古树名木

千百年来，佛山历史村落遍植树木，树木与人类村落共同生长、共同繁荣。佛山历史村落的植被覆盖量较大，松杉河道景观、“风水林”和古榕树等遍布各地。

佛山地区河网众多，河道两岸种植水松、水杉。水松是半常绿植物，水杉是落叶乔木，一般可高达 20 到 30 米，不但有美化、遮荫等作用，还具有固堤、护岸、防风等功能。

“风水林”是在村旁普遍分布的一种特殊的林种，是生态公益林，属热带季雨林型的常绿季雨林。它不仅具有调节气候、防风、涵养水源、保持水土、保护和美化环境的作用，同时对物种资源、生物多样性保护，对认识本区域的自然环境也有重要作用。佛山地区的丘陵台地区，人口密集，由于长期人类经济活动的干扰，原生森林植被几乎已不复存在，仅在局部地段（村边、庙宇等）受人为保护而残存有片段，不少地段因森林植被破坏、植被覆盖稀疏，造成不同程度的水土流失、土壤退化、水源枯竭、生态环境恶化。一个地区的自然环境相当于一个自然生态系统，其中绿色植物，尤其是森林，是生态系统的主要生产者，是能量交换、物质循环的枢纽，对于取得自然生态平衡、保护环境起着核心作用。“风水林”对一个村庄或一个地区的生态环境的改善存在深远的影响，对整体的环境整治和建设起着启迪的作用。另外，“村边林”因保存有较长的历史，林相较完整，是生物资源种质保存库。

图 5－55　南海烟桥国事榕

佛山历史村落都有一棵或数棵古榕树，立于村口、村中祠堂前的阳埕或水体周边的阳埕，成为村落的公共空间和标志性景观。榕树界定了村民聚会休闲的公共空间，在榕荫的庇护下，即使酷暑也不影响村民们的活动，小孩们还可攀爬榕树，趣味盎然，人与古榕形成了深厚的感情纽带。村落中还保留着众多的古树名木，很多古树名木有几百年的历史。古树名木是村落历史的见证，也是村落与自然和谐共处的最好佐证。

表 5－10 列出了佛山历史村落的重要古树名木。

表 5－10　佛山历史村落重要古树名木

村名	区属	古树名木	详情
隆庆	禅城南庄	百年大树	
紫南村头	禅城南庄	古榕树	位于村前，3 棵均逾百年
南沙棋盘	南海丹灶	古树	共 5 棵
叠滘茶基	南海桂城	古榕树	位于三圣宫门前，一列 3 株
烟桥	南海九江	1 国事榕：榕怀国事，一树成林 2 大树包塔	1 此榕树是在重修六世祖祠时，村人种的 10 棵中的一棵，这一棵种在池塘边，就是“一树成林”景点中的母树，已有一百多年历史。每当有国家大事发生，村民都把榕树的分枝或气根引种到地上，让其再育出一棵新树。如今，榕树已由 1 棵发展成 9 棵。 2 “一树成林”旁边的“南厅”，原为烟桥书院原址，书院旁边建焚字塔①一个。焚字塔旁边的榕树长得枝繁叶茂，村民顺势引了一个枝丫到旁边的焚字塔顶，结果形成了大树包塔的独特奇观
赤山	南海里水	古树	村前、村后各有一棵，百年以上
汤南	南海里水	1 卧龙古榕 2 百年古龙眼树 3 木棉树	1 卧龙古榕树龄 200 多年，树干弯曲苍劲，树冠占据好几百平方，枝繁叶茂。 2 百年古龙眼树，虽然树干内已腐朽，但它的生命力特强，仍长出多层的新皮将朽木包裹着，且枝叶茂盛，每年还长出味道极佳的果实，故村民们对它特别加以保护，成为村中一景。 3 高大木棉树，树龄 100 多年
璜溪	南海狮山	古树	共 7 棵
简村	南海西樵	1 百年榕树 2 桑树 3 木棉	1 据史料记载，这棵树在 400 多年前移植而来。村中类似的古树约有五六株，分布零散，多为榕树，也有桑树、木棉等

① 焚字塔是用于烧毁写有文字的纸张的地方，是古人“敬惜字纸”理念的体现之一。

续表

村名	区属	古树名木	详情
百西村头	南海西樵	古树	潘氏大宗祠往村口方向5棵，潘公墓道上8棵，共13棵
碧云	南海西樵	龙眼树	位于无叶井附近，树龄近百年
沙边	顺德乐从	细叶榕	400年历史，位于腾龙桥边
逢简	顺德杏坛	逢简御赐金桂	清同治年间，逢简人李昌明中举人，任海阳县教谕。他为官30年，想告老还乡便上京述职。刚好有台湾贡品金桂树进京，为纪念他出色的工作，光绪帝赏赐了一棵金桂树给他。李昌明告老还乡后，把金桂树带回了逢简，种在天井，并当了李族的乡长。日军侵华时期，李家家道中落，金桂辗转被卖，如今长在寻常人家门口
沙滘	顺德乐从	古树名木70余棵 大榕树	沙滘村有古树名木70余棵，树种以榕树为主。其中树冠最大的是与陈氏大宗祠隔河相望的大榕树，树冠直径达20多米，树龄在百年上下，枝繁叶茂
岗头	三水白坭	1 龙眼 2 黄皮 3 荔枝	均在梁士诒生祠北园内
梅花	三水大塘	1 榕树 2 小叶榕	1 位于村落北端入口，树干粗壮，5人才能合抱。 2 位于村落南端入口，3棵树龄均160年
独树岗	三水芦苞	1 古榕树 2 古树	1 位于洪圣庙前广场两侧。 2 位于村内塘边
长岐	三水芦苞	大叶榕和小叶榕	位于卢氏大宗祠北端，经过多年的生长，两树融为一体，树上长出的叶子一边大一边小
榴村	高明荷城	1 百年古松树 2 百年橄榄树 3 沉香树 4 古榕树	榴村原始生态林资源丰富，飞鹅山上有大量的百年古松树、百年橄榄树以及珍贵的沉香树等，村前村后都有几百年树龄的古榕树。 4 位于阮北坊大夫区公祠门前阳埕南侧，树龄600多年，直径约3米，高15米，覆盖面积约400平方米。阮埇八景之一的“东社榕荫”就是指此树

以顺德沙滘村为例，沙滘村有古树名木70余棵，树种以榕树为主。图5－56为沙滘村古树名木分布示意图。

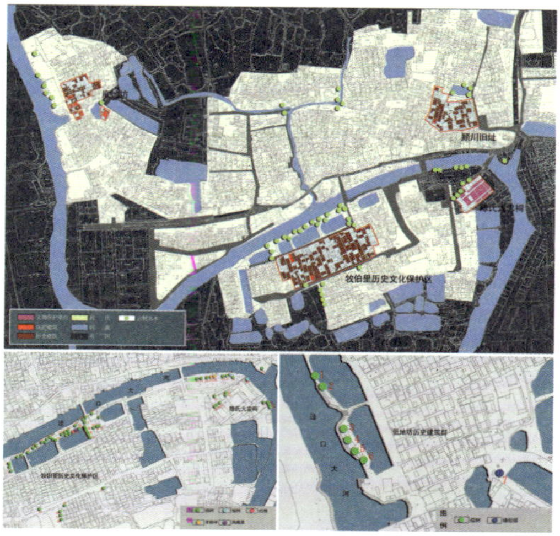

图5－56　顺德沙滘古树名木分布示意图

图片来源：佛山市规划局顺德分局，佛山市城市规划勘测设计研究院．乐从镇沙滘历史文化保护与发展规划说明书、专题研究［R］．2009.

第七节　其他物质文化遗产

除了最大量的建筑遗产和基塘、植被外，佛山历史村落中还留存有大量的其他物质文化遗产，例如遗址、村谱、族谱、古道等反映村落历史的物质文化遗产。

图5－57　南海宏岗清代石碑

表5－11列出了佛山历史村落其他重要物质文化遗产。

表 5 - 11　佛山历史村落其他重要物质文化遗产

村名	区属	其他物质文化遗产	文保级别	详情
古椰	高明荷城	古椰遗址	国家级	新石器时代晚期，大约距今5000—4000年之间的史前人类的生产、生活遗存。堪称“广东的河姆渡”。发掘面积为1000平方米。岗顶区发现柱洞、灰坑等遗迹单位89个。缓坡区文化堆积已被大量的近现代墓葬破坏殆尽。坡脚区堆积最厚的分8层，发现了一处早期的活动面和一处唐代的路面。水田区文化堆积分7层，第1层为现代表土层，第2层为唐代文化层，第3层为早商时期文化层。出土的文物方面主要有五种，包括砍砸器、刮削器、石斧、石锛、石凿和砺石等在内的石器；一些属于陶器的夹砂粗陶片（印纹多为叶脉纹）；还有猪脊骨、鳖壳等动物遗骨；黑土层中发现的全世界贝丘中独一无二的保存完整的木器；而更重要的是出土了40多粒稻谷，属新石器时代晚期遗物
邓群岗	禅城南庄	邓群岗遗址	市级	邓群岗遗址为新石器时代的贝丘遗址，占地面积约2万平方米，主要遗物有灰红陶片、蚬壳、石锛、石片等，石器质地与西樵山遗址出土的相同。是佛山保存较好的贝丘遗址之一
河宕	禅城石湾	河宕遗址	省级	新石器时代晚期至青铜时代早期，包含三个时代的文化遗存：上层耕土层有唐宋至近代遗物和墓葬；中层黑褐色土层有新石器时代晚期红烧土硬面遗迹、遗物和墓葬51座；下层贝壳层夹杂着灰黑土，含新石器时代晚期的密集洞穴遗迹。遗址内涵丰实，发掘出土的墓葬和人骨，以及几何印纹陶器刻画符号、刻画花纹的陶纺轮和骨器象牙器，反映出新石器时代晚期的社会经济生活形态，在珠江三角洲地区乃至环珠江口区具有典型的代表性。 土墩型新石器时代晚期遗址，距今约4000年，遗址面积1万平方米。遗迹有红烧土硬面、灶坑、灰坑、柱子洞、墓葬等，清理墓葬77座。石器有锛、斧、镞、凿、矛、砺石及石环、石环芯等600多件。出土陶器有釜、罐、壶、豆、盘、盂、纺轮，可复原陶器近20件。纹样以几何印纹陶为多，其中以曲折纹为主，其他有方格纹、叶脉纹、云雷纹、S形纹、凸点或凸格纹，已出现云雷与曲折或方格组合纹样，陶器上还见一批刻画符号。还有骨器、牙器、蚌器、蚝器等

续表

村名	区属	其他物质文化遗产	文保级别	详情
江涠	禅城石湾	澜石汉墓群遗址	市级	1961 年至 1962 年首次发掘了 9 座墓，为东汉后期墓。1972 年至 1979 年间经 5 次挖掘，清理出从战国晚期至东汉墓 100 多座。其中东汉初土坑墓 2 座、木椁墓 2 座、东汉砖室墓 26 座。出土随葬品以陶器为主，铜器有镜、剑、五铢钱等，饰物有玛瑙、琉璃等，另有铁器及漆器的残迹。其结构和随葬器物的品类、造型等均与广州地区汉墓相似。出土陶水田模型、人物、动物俑、青铜器、珠饰等
大富	禅城张槎	王借岗古火山遗址		岗高约 60 米。由火山喷发的玄武岩构成，距今约 5200 万年，对于研究珠江三角洲的地质构造、形成历史和古地理环境变迁都具有重要的科学价值
罗格孔家	佛山南庄	孔氏岳雪楼藏书		广东近代最著名的藏书楼之一，与伍崇曜“粤雅堂”、潘仕成“海山仙馆”、康有为“万木草堂”合称“广东四大藏书家”
良登村	南海丹灶	通心岗遗址	市级	新石器时代遗址。已采集到燧石石核、石锛、石斧、陶纺轮，陶片纹饰多为方格纹、曲折纹、叶脉纹、绳纹等，陶质为红陶、灰陶、夹砂黑陶
仙岗	南海丹灶	丹钵		长 90 厘米，宽 80 厘米，高 40 厘米，为红褐砂岩构成。中有一个 50 厘米 ×50 厘米 ×18 厘米的孔，传说当年葛洪在丹灶珍丰炼丹时所用，后来葛洪成了仙，丹灶分得一个“灶”，仙岗分得这只“钵”。此钵原先供在葛仙祠内
下东	南海九江	破排角遗址	市级	
逢冲	南海里水	文头岭窑址	市级	唐宋时期一处大型生产陶瓷基地
宏岗	南海里水	清代石碑一对		文流朝黼①座，紫殿耸岗陵
石碣	南海狮山	古海岸线遗址		6000 多年历史，属河宕文化时期

① 音 fǔ，古代礼服上绣的半黑半白的花纹。

续表

村名	区属	其他物质文化遗产	文保级别	详情
百西村头	南海西樵	1 铁屎墩冶炼遗址 2 六祖岗 3 佛塘 4 佛塘圣泉	市级	1 清代建
百西西岸	南海西樵	鱿鱼岗遗址	省级	面积约 1.4 万平方米，时间在石峡文化晚期至夏商之际。遗址发掘发现了柱洞、灰坑及房屋倒塌遗迹，发现房址 4 处、灰坑 12 个，出土原始墓葬 36 座。房址上发现 10 个柱洞，柱洞口径均在 20 厘米以上，深度为 10—30 厘米，房址上又压着一层倒塌的木骨泥墙堆积。出土陶器有夹砂陶、泥质陶的釜、罐、豆、盆等及陶纺轮。陶片纹饰丰富，有曲折纹、云雷纹、席纹、篮纹、绳纹等，石器有双肩石斧、石锛、三棱石镞、石环等，骨器有骨镞、骨针等，还有水陆两栖动物遗骨
沙滘	顺德乐从	“永禁规条”石碑		禁止在牧伯里所有住屋厅所开设烟馆、赌馆，禁止把房屋押给典当行或卖给外姓人，禁止扩建房屋等。至今，牧伯里仍是当初兴建时的规模，里面住的仍多是陈姓人；部分人在海外定居后，房子仍不卖，只是租给人
龙眼	顺德勒流	贝丘遗址		
逢简	顺德杏坛	“章义流芳”石匾		黄萧养起义时，举兵洗劫逢简。逢简刘氏五世祖刘观成率族人组成民兵，保护村居宗族，但最终村落失守。朝廷为褒奖刘氏抗击黄萧养起义特颁“章义流芳”石匾
莘村	三水白坭	把门岗贝丘遗址	市级	新石器晚期
银洲	三水白坭	银洲贝丘遗址	省级	岗高约 12 米，面积约 1.5 万平方米，年代为新石器时代晚期后段至青铜时代早期。遗址面积 2.5 万平方米。墓葬 78 座，灰坑 90 个，房址 5 座。房址四周有基槽，底部排列密集的柱洞。文化内涵分三期。第一期陶器有釜、罐、豆、鼎，纹饰有细斜条纹、条纹、粗线叶脉纹。鼎类仅个别出现。30 号墓有一件木质饰物。第二期陶器有釜、豆、圜底罐、圈足罐、器座、纺轮等，纹饰以曲折纹为主，其他有云雷纹、叶脉纹、复线长方格纹等十多种。石器有锛、凿、镞、砺石等。第三期陶器新出现凹底罐、广肩罐、细把豆、盘、大口高领尊、有流器等，纹饰有叶脉纹、复线长方格纹、双线方格纹、方格纹、双线方格凸点纹等。石器种类与第二期相同

续表

村名	区属	其他物质文化遗产	文保级别	详情
独树岗	三水芦苞	蔡氏族谱		独树岗于明朝永乐年间，已编有一套《蔡氏族谱》。后人曾多次重修族谱，影响最大的有两次。一是明隆庆三年（1569 年），蔡立教授重修独树岗蔡氏族谱，并著有《蔡氏族见》，又附有《祭法论》《宗子论》《家庙论》《坟墓论》等四篇，成族氏文化之精髓。二是 1996 年，独树岗成立“蔡氏族谱编辑委员会”，于 2000 年完成了《独树岗蔡氏族谱》的重修
长岐	三水芦苞	三水温泉		我国目前发现的第三个氡温泉
奇石	三水小塘	奇石窑址		面临北江水道，遗址范围较广，分布在奇石村南的虎石山、大庙岗、桂林园、石头庙、新丰顶、高岗山及村北的王借岗、尚家岗、崩头岗、旁岗和岗园山一片。长达 4 公里，属唐代馒头窑，被压叠在宋代龙窑之下，在开挖环山沟时，多次发现 7 至 8 米深的陶瓷残片堆积，宝头岗、桃园岗、肖家岗窑址堆积层较厚，遍布陶瓷残片和窑砖，足见该遗址曾是古代大规模的陶瓷生产基地，出土遗物有施釉不到底的平底碗，碟、罐、坛等器物残片，宋窑瓷器的器形较多，装饰有印花、刻花、彩绘三种，并发现有少量变釉瓷器，有些罐肩有“政和二年”“政和三年”“政和六年”“嘉祐□□”等北宋年号

第六章

佛山历史村落非物质文化遗产

佛山历史村落的魅力在于，除了非常具体的物质文化遗产，还有更多浸淫、融合在社会、文化领域的非物质文化遗产。

非物质文化遗产指被人类社会各群体、团体，有时为个人所视为其文化遗产的各种实践、表演、表现形式、知识体系和技能及其有关的工具、实物、工艺品和文化场所。简称“非遗”。①

非物质文化遗产范围广阔，包括了历史传说、名人、社会形态、文化形态、艺术、手工业、风俗、美食等，不可尽数，每个村落有自己的特色非物质文化遗产。我们在此仅将多数佛山历史村落共有的非物质文化遗产类型进行统计归类，以求窥见佛山地区宏大的文化、社会背景。

第一节　开村传说

历史传说是各类非物质文化遗产中最为鲜活的内容，能带给人无限的想象与追溯，能使一个无名小村流芳千古。

历史和传说是有分别的。历史是客观世界的发展过程，追求真实性和客观性，我们的历史村落里有大量可以从史籍追溯的其人其事；传说则是古代民间的一种口头叙事文学，与神话有天然联系②，我们的历史村落中，也有大量流传于坊间的，无法追溯其真伪的传说故事。

佛山历史村落的开村历史传说多彩纷呈，显示出一方水土一方人的渊源和特点。众多村落的开村历史传说，隐藏着其地理环境、历史背景、民族渊源等多个方面的信息，有重要的研究意义。在研究开村历史传说的过程中，地名学的研究方法有重要意义。佛山众多历史村落的地名起源与变迁，正显示出其历史渊源及演变（见附录）。

第二节　民间传说

佛山历史村落里还有各种传说传奇，关于地名的、关于树木的、关于信仰的，精彩纷呈，见表6－1。

---

① 方世勇，刘海润．现代汉语新词语词典［M］．上海：上海辞书出版社．2009.

② 史仲文，胡晓林，冯大彪，孟繁义，庞毅等．中华文化精粹分类辞典．文化精萃分类［M］．北京：中国国际广播出版社，1998.

表6－1　佛山历史村落部分民间传说

村名	区属	民间传说	备注
紫南村头	禅城 南庄	1 东山岗 2 澳边凼[①]	1 传闻澳边村有个山岗，石岗顶上有个神仙脚印，是这个神仙从罗浮山到西樵山时，路经此地而印上的。 2 传说澳边村北面，很早以前有间书塾，一天突然下沉地底而无踪影，后来此地变成一个深潭，足有百亩之阔、15米深，后来填了不少，现在只剩下约48亩，人称“澳边凼”
仙岗	南海丹灶	1 葛洪传说 2 蟹眼泉	1 南海区非物质文化遗产。 2 传说仙岗的两个流水井是一对蟹眼，水流不息，是风水宝地。明朝仙岗村附近乡一个财雄势大的家族想在此设墓地，仙岗陈姓无法与之抗衡，又不甘心，后师爷用计，连夜在此建社稷。按当时“民为贵，社稷次之，君为轻”的说法，连皇帝都不够社稷大，何况地方权贵？于是就有了这么一座社稷流传下来
百西村头	南海西樵	1 六祖岗（佛塘岗） 2 六祖古庙 3 佛塘圣泉	当年六祖在广州法性寺（即今光孝寺）修行，下山云游说法，途经西推山西麓的百西鱿鱼岗一带，时值居民普遍染上了疥癞之症，痛苦难忍，六祖把患者带到风溪（今村头村）西面山岗下一汪泉水前，焚香念经，亲自用清澈的泉水为患者冲洗患部，并传授治病之法，患者顽疾顿消。为了纪念六祖的大恩大德，善信在泉水边修建了一座“六祖古庙”，人们也开始信奉佛教。民国时期六祖古庙仍香火鼎盛，慕名取水者络绎不绝。六祖古庙所在的山岗被称为“六祖岗”，原来的泉眼也围成一个大水塘，称为“佛塘”，也曾有村民把六祖岗称为“佛塘岗”。百西村头村六祖古庙和佛塘圣泉，成为六祖惠能大师弘法济世的珍贵遗迹
简村	南海西樵	简村北帝庙传说	据说清康熙年间，村中陈氏子孙梦中见到北帝点明要在此坐镇护民，请陈氏将自己先祖的墓穴迁移到西樵山一处名穴安葬。因此，这间约200多平方米，采用三进轴线布局并设有庙前广场的“北帝古庙”诞生了

① 凼，音dàng，塘，水坑。

续表

村名	区属	民间传说	备注
松塘	南海西樵	1 拗春天 2 慧眼神灵	1 区氏十一世祖次颜，任广西养利州（今广西大新县属）知州期满，走水路回乡。途中遇上山贼，次颜为官清廉，他和家眷行李中都没有值钱之物，贼首折服，临别赠与他四根大木头。次颜返回家乡后，以四根木头作栋，建成了大夫家塾。这四根大木头竟然是稀世奇材，秋冬天气干燥，木头却油润光亮，春天阴雨潮湿，木头又干爽异常。村中无人知晓木头的名字，因此取名为“拗春天”。 2 松塘村中华宁坊的门楼内有一座神龛，供奉着一尊土地公，至今每日早晚香火不断。神龛门内有帘幕垂挂，坊民每逢上香之时，须拢开幕帐，才能奉拜，而此中的情由，坊间是这样流传的：从前坊中有一妇人，斋食神心，每天早晚必虔诚礼拜。某天夜里，妇人忽然得土地公托梦，恳求她为其龛门挂一张帐帘，这皆因村中有一名孩童经常在神龛处玩耍、戏弄神像、泼污神脸；因为这名孩童他日将是天子门生，国之栋梁，土地公也只能毕恭毕敬，下跪垂首，苦不堪言。次日，妇人来到门楼礼拜，果真见到土地公灰炭满面，胡须脱落，面目全非。妇人立即燃点香烛，唱歉声声，并向左右邻居讲述了梦。街坊们忆起日前确有一群孩童在门楼嬉戏，为首的还爬上供案，取食果品、涂污神像、拨撩胡须。为此，坊中群众不敢怠慢，立刻为土地神龛设帐，并各自归家管教小孩。十年之后，昔日嬉戏的孩童之中，果真有区谔良一人考取进士，入选翰林，应验了当年土地公的托梦，乡人急忙修整神龛，翻新神像，早晚上香火，以供奉土地神灵
逢简	顺德杏坛	掘尾龙拜山	掘尾龙原是一条大蛇，被逢简一书生收救，两人成为好朋友。后来，大蛇因为惊吓了书生的母亲而被其弄断尾巴。书生因病死去之后，大蛇前往拜祭之时化身为巨龙。之后每年的清明，掘尾龙都会前往拜祭书生，而此时必然会浓云密布、狂风暴雨。掘尾龙其实是龙卷风现象
龙眼	顺德杏坛	黄萧养横江二龙山祭旗誓师	黄萧养少年时代，道士萧大悟收他为徒，习医学武，改名“萧养”。年轻时，行医乡间的黄萧养因打伤恶霸而入狱，后天下大赦，他远赴沿每地区贩卖私盐，不久官府缉获行商，黄萧养死罪入狱。明正统十三年（1448 年），黄萧养与难友越狱，夺取武器，攻打广州东城门，后在海上与官军鏖战，大胜。初战告捷的义军信心陡增，正统十四年，义军在龙眼村二龙山祭旗誓师，黄萧养自号“天威将军”。攻占大良、广州后，黄萧养自命“顺民天王”，建都大良，此时，其军队已逾十万。但此后战事胶着，钦差大臣杨信民率兵抵达广州劝降，黄军人心涣散，黄萧养亦有意归顺。可惜，杨信民暴毙，招安无续。朝廷又派重兵清剿，黄萧养丧命，义军到明成化三年（1467 年）最终瓦解

第三节　历史名人

佛山历史村落的名人历史传说众多，是一道亮丽的风景线。由于篇幅所限，在众多的名人中，我们只选取了部分在民间影响较大、有较多传说故事的名人，见表6－2。

由于佛山历史村落重科举教育和求取功名，因此科举官宦名人的历史传说故事数量最多，也是村落最引以为傲的资本。

表6－2　佛山历史村落重要历史名人

村名	区属	名人	功名官职	事迹	相关文化遗产
隔巷	禅城南庄	罗登贤		罗登贤（1905—1933），无产阶级革命家	
罗格孔家	禅城南庄	明清两代从一品至九品的官员70多人，将军3人。 1孔颖达 2孔继勋 3孔广燮 4孔昭度	1唐元和十二年（817年）任广州刺史，派分岭南。 2清嘉庆戊寅（1818年）科中举人，道光年间，朝考入选翰林院庶吉士。 3国子监生，钦加五品衔，诰授奉政大夫。授教广东公立官话讲习所、广州商务国语官。后历广州总商会交际员，南海警察十六区区长、团保局副局长等职。 4历任广东督练公署提调等职务，民国在南京国民政府、西南军政委员会等地历任要职。曾任新兴县、阳春县等地县长。抗战胜利后，任广东省政府参议	2孔继勋（1792—1842），字开文，号炽庭。精于鉴赏书画，善书法。 3孔广燮（1877—1920），字理昌，号赞廷。一生忠耿正直不阿，办事廉明，人多敬服。 4孔昭度（1883—1953），字贞和，号公豁。考入广东武备学堂，1904年由清廷官费派送日本留学。抗战时，汪精卫请其出任中将参赞武官，拒不受	2著有《岳雪楼诗存》《馆课诗赋钞》《云泉题唱》《岳雪楼骈文集》《北游日记》等。其中《岳雪楼书画录》入编《续修四库全书》。收藏有唐吴道子《送天王图卷》、唐贞观年间《藏经·墨迹册》和张截、贯休，北宋董北苑、岳飞，南宋文徵明、元代赵孟频、倪瓒、唐寅、董其昌等著名画家作品。 3精国语，著有《官话讲义》。 4著有《雾豹寄庐诗草》《居东随笔》《滇游草》，主修《花县志》
罗南隆庆	禅城南庄	陈瑞虞	明崇祯元年（1628年）任湖南永州祈阳县正堂	辞官荣归故里，为纪念他的功绩，把“石路”称为官道	隆庆古官道
紫洞	禅城南庄	罗原觉		罗原觉（1891—1965），原名泽堂，30岁后研究佛学，改名原觉，字韬元，号道在瓦斋、菜园病叟。金石书画鉴藏家	

续表

村名	区属	名人	功名官职	事迹	相关文化遗产
南浦	禅城祖庙	吴勤		吴勤（1895—1942），原名吴勤本。抗日英烈	
山紫	禅城祖庙	吴趼人		吴趼人（1866—1910），字小允，又字茧人，后改沃尧，号我佛山人。清光绪二十三年（1897 年）主编《字林沪报》副刊《消闲报》《采风报》《奇新报》《寓言报》。写了大量的小说、寓言和杂文，成为近代“谴责小说”巨子	代表作品有《二十年目睹之怪现状》《痛史》《九命奇冤》等
栅下	禅城祖庙	李广海		李广海（1894—1972），字澄波，骨伤科圣手，在抗日战争期间任鸿胜馆理事，经常免费收治抗日游击支队的指战员	他创制的“李广海跌打酒”“李广海滋补酒”远近驰名
紫南村头	禅城南庄	1 罗列 2 陆满	1 明弘治二年（1489 年）举人，弘治三年三甲第十一名进士，初任湖北蒲圻知县，在任三年，升任监察御史，后任福建漳州知府，升任福建参政。 2 民国六年（1917 年）任大元帅府军事委员会委员，后任国民革命军第五军十六师一团团长、陆军少将。抗战时期任第三战区兵站副监，民国二十八年任广东游击区第一纵队司令，民国三十四年任军事委员会广州军事特派员公署少将高级参议，次年任广东省参议会议员。中华人民共和国成立后，任广东省政协委员、省文史委员	1 罗列字天爵，紫南尚塘人。详慎律令，规划地方规约，并开办惠民药局，县人多受惠。 2 陆满（1888—1963），又名陆高满，紫南村人。清宣统三年（1911 年）组织民军光复南番顺地区。创设“两广广义堂”，为主席，参加讨袁战役	2 两广广义堂

续表

村名	区属	名人	功名官职	事迹	相关文化遗产
弼唐	佛山石湾	庞嵩	明嘉靖间官应天府治中	庞嵩（1512—1589），字振卿	著有《图书解》
藜涌	禅城石湾	1 简文会 2 伦文叙 3 简照南 4 简玉阶 5 周启刚 6 伦以训 7 伦以谅 8 伦以诜	1 五代十国南汉乾亨四年（920年）状元，累官至尚书右丞。 2 明弘治十二年（1499 年）会试第一，殿试状元，后授翰林院修撰。 5 国民党元老。 6 明正德十二年（1517 年）舒芬榜进士第二人，授翰林院编修。嘉靖四年（1525 年），为翰林修撰。曾两任会试同考官，官至南京国子监祭酒。 7 明正德十一年（1516 年）举乡试解元，正德十五年登进士第，选翰林庶吉士。浙江道御史，吏部文选司主事。 8 明正德十四年（1519 年）举人，嘉靖十七年（1538 年）进士。授礼部仪制司主事、南京兵部武选司郎中	1 简文会（907—958），南汉乾和年间，刘晟帝暴戾而残酷。简文会疏谏，触怒皇帝，被贬谪为祯州刺史。终死于祯州任上。以清廉务实著称，善诗作，名噪一时。 2 伦文叙（1467—1513），字伯畴，号迂冈。 3 简照南（1870—1923），名耀登，字肇章，号照南。近代著名实业家。1905 年返港与兄弟简玉阶及越南华侨曾星湖等创设广东南洋兄弟烟草公司。 4 简玉阶（1875—1957）任南洋兄弟烟草公司副司理，1923 年接任公司总经理。 5 周启刚（1887—1978）。 6 伦以训（1497—1540），字彦式，别号白山，伦文叙子 7 伦以谅，字彦周，伦文叙长子，天性孝友。 8 伦以诜（1504—1583），号穗石，伦文叙第三子。曾到西据山从湛甘泉游，宗陈白沙主静之学。赋诗一韵百余首，宏博不凡	1 状元井（简状元井）。 6 著有文集四十八卷、诗集三十二卷

续表

村名	区属	名人	功名官职	事迹	相关文化遗产
石肯	禅城 石湾	梁储	明成化十四年（1478 年）进士，选庶吉士。由翰林编修累官至特进光禄大夫、左柱国、少师兼太子太师、吏部尚书、华盖殿大学士，赠太师，入参机务，一度出任台阁首辅	梁储（1451—1527），字叔厚，号厚斋，别号郁洲居士，石肯村巷口坊人。为官正派，敢于直谏。谥“文康”，御赐葬祭	
石梁	禅城 石湾	1 梁勋 2 梁元捷 3 梁有耀 4 梁建宗 5 梁金韬 6 梁鸣皋 7 梁鸣治	1 13 岁入泮庠，27 岁中举，南宋绍兴十五年（1145 年）进士，光禄大夫。 2 12 岁入泮庠，清康熙三十五年（1696 年）丙子科举人、五十三年进士。吏部金封清吏司郎中，钦差大臣山西典试正主考。 5 清同治六年（1867 年）丁卯科举人。 6 清光绪二十九年（1903 年）癸卯广东乡试举人。 7 清光绪二十九年癸卯广东乡试举人，光绪三十三年，参加北京补开的恩科会试，以三甲中段排名的成绩考取“进士”，随后以抽签的方法并报光绪皇帝批准，分派到刚建立不久的陆军部，任正六品文职主事，朝廷御赐“龙头牌”荣归祭祖。梁鸣治在民国北京政府机构中继续工作，职位与原“主事”（办事员）相当	1 梁勋（1115—1209），号平原，原籍山东东平，石梁村太祖。 2 梁元捷（1648—1726），字帝翼，别字奏三，号石庵。梁勋第十六代孙。 3 梁有耀（1904—1986），生于上海。国家第一机械工业部高级工程师，主持研制出国内第一台可配式手扶拖拉机。 4 梁建宗（1937—2006），出生于上海，原子能反应堆高级工程师。参加我国第一艘攻击型核潜艇的研制工作。 5 梁金韬对石湾陶器成型、陶釉施彩、炉窑煅烧及当地的风土人情等多有研究，《南海县志》（清宣统版）有列传。 6、7 梁鸣皋（1868—?），名慎修；梁鸣治（1879—1943），名洛修，别字相树。两兄弟因光绪二十九年同中举人，广佛一带有“兄弟同科”之佳话	2 康熙御赐“三晋循良”牌匾。清同治年间，新科状元梁耀枢回顺德祭祖，奉命前往石梁拜谒康熙御匾和梁元捷。 5《爱古堂文集》五卷、《北征日记》一卷、《梁氏家言》三卷、《梁氏清芬集》一卷、《诗集》十四卷。 7 梁氏家庙前庭悬挂的“钦点签分陆军部主事”金字牌匾

续表

村名	区属	名人	功名官职	事迹	相关文化遗产
石头	禅城 石湾	1 霍韬 2 霍与瑕	1 明正德九年（1514 年）会试第一，廷试二甲第一名。兵部职方司主事，詹事府少詹事兼翰林院侍讲学士，礼部侍郎，吏部左、右侍郎，礼部尚书兼翰林院学士。历官 20 年，位居上卿。 2 明嘉靖三十八年（1559 年）中进士。慈溪县知县，鄞县知县，官至兵部职方司员外郎、广西佥事	1 霍韬（1487—1540 ），字渭先，号兀崖，更名渭崖。 2 霍韬子	
湾华	禅城 石湾	何淡如	清同治元年（1862 年）举人	何淡如（1820—1898），原名何又雄，字淡如。曾设馆于广州西关开筵讲课，以书文名于时，赋性诙谐，才思敏捷，风趣幽默，其作品（谐诗、谐联、妙批等）稚俗共赏，工妙之处，令人捧腹，流传民间逾百年。他善用广州话写谐对（或称怪联），数量甚多，故有“怪联圣手”“广东方言联语三祖”等美誉，是广东家喻户晓的人物	
莲塘	禅城 张槎	1 陈桐林 2 陈励君 3 陈如岳 4 陈屏贤 5 陈景舒	1 官至浙江省桐乡县知县、广西省玉林直隶州知州。 2 官至广西省平南知县。 3 清同治十二年（1873 年）应癸酉科乡试，中式第四十一名举人，光绪九年（1883 年）癸未科会试，赐进士出身，朝考钦点翰林院庶吉士，授翰林院编修，国史馆协修官	1 陈桐林（1485—1567），名贯，字本一，号桐林，莲塘陈族第八传孙。 2 陈励君（1624—1696），名廷相，字勛式，莲塘陈族第十二传孙。任内劝耕励农，尽忠职守，辛劳过度，逝于任中。 3 陈如岳（1843—1914），名金衡，字俊华，号镇南，是莲塘陈族第十九传孙。陈太吉酒庄开张 13 年后，孙子陈如岳出生。陈如岳成名后，借助“名人效应”，又使酒庄的业务得以进一步扩展。 4 陈屏贤，1830 年开创石湾陈太吉酒庄。陈屏贤是陈如岳的祖父	2 莲塘勷君陈公祠。 3、4 石湾陈太吉酒庄

续表

村名	区属	名人	功名官职	事迹	相关文化遗产
下塱	禅城张槎	1 江孔殷 2 江畹徵 3 江誉镠	1 1904 年甲辰科（中国历史上最后一届科举考试）二甲第二十七名进士，入翰林院，授职庶吉士（粤人谓点翰林者“太史”），曾奉旨出使日、朝，后任职天津海关道，一说任江苏候补道。累任广东候补水师提督，清末民初广东政坛举足轻重之实力派人物	1 江孔殷（1864—1951），字韶选，又字少泉，小字江霞，号百二兰斋主人，世称霞公、江太史，谑称江虾，有“江百万”之称。少年入万木草堂，师从康有为，1895 年参与公车上书。以文才称，与刘学询、蔡乃煌、钟荣光并称清末广东文坛“四大金刚”。在粤任职期间，曾私放洪门李福林往南洋入同盟会，并促成革命党人汪精卫、陈景华获赦。1911 年，“三二九”广州起义失败，江孔殷力担风险，协助潘达微把七十二烈士葬在黄花岗，后孙中山、宋庆龄曾专门登门拜谢。辛亥革命事起后，力促广东和平独立，后世有“改写广东近代史”之评价。辛亥革命后淡出广东政坛，日军侵华期间，广州沦陷后，江移居香港，拒绝回粤出任伪广东维持会长。擅书法，以行书见长。 2 江孔殷女，擅长花卉，得宋人法。江孔殷曾延请广东国画研究会画家李凤公至其家授画，其时冼玉清亦在其家掌书记。冼氏与畹徵同为凤公入室弟子。1928 国画研究会 181 名会员之一。 3 江誉镠（1908—1984），江孔殷子，别名江枫，又名江誉球，粤剧编曲名家，即南海十三郎。一说“南海十三郎”原为江畹徵笔名，后为其弟所用	江孔殷著有《兰斋诗词存》，以美食著称，有“太史蛇羹”等名馔传世

续表

村名	区属	名人	功名官职	事迹	相关文化遗产
大镇	南海 大沥	1 邝露 2 邝贺龄	1 明诸生。永历时，以荐入翰林	1 邝露（1604—1650），本名瑞露，字湛若。清兵攻陷广州，抱所爱古琴投水自尽。邝露性格狂傲，负才不羁，善鼓琴，精书法，且工诗。屈大均、朱彝尊、王士禛、汪琬等都对他十分推重，王士禛认为他是开广东诗派先路的诗人。 2 邝贺龄（1912—2004），享受国务院特殊津贴的医学专家。论述丰硕，在内科诊断学上的学术成果对当代医学影响深远	
荔庄	南海 大沥	吴满（蛇王满）		吴满（1857—1950），又名玉堂。1885 年在广州创办“蛇王满”。专门收购蛇类供应药厂，或自制蛇胆类中成药，后又增加蛇肴经营。新中国成立后，众多蛇餐馆歇业，唯独“蛇王满”（后改成“蛇餐馆”）经营至今	蛇王满
白水塘	南海 大塘	潘受之		潘受之（1873—1962），字元康。17 岁赴新加坡，随父学医。以医术精湛、医德高尚，对贫苦者赠医赠药，在星洲享受盛誉	
仙岗	南海 丹灶	1 陈仙洲 2 葛洪 3“百岁公”陈广文		1 生于 1881 年，17 岁随叔父到汉口学做生意，25 岁转入叔父所在商行船头部做练习生，35 岁提升总买办，任职 40 余年。1926 年吴佩孚在湖北汀泗桥与北洋军阀交战前夕，邀他出任高参，他断然拒绝。1938 年日伪邀他效力，他断然拒绝。为了支持抗日他将其在武汉保华街的金石墨缘堂的古玩字画拍卖（据说有岳飞的“还我山河”真迹），购买飞机保卫武汉。他还积极投身教育事业，在武汉、广州及家乡仙岗等地捐资办学校	陈仙洲故居

续表

村名	区属	名人	功名官职	事迹	相关文化遗产
沙滘	南海 丹灶	何维柏	明嘉靖十四年（1535 年）进士，选庶吉士，授御史。历任大理寺少卿、都察院左副都御史、南京礼部尚书等职。嘉靖二十三年任福建巡抚	何维柏（1510—1587），字乔仲，号古林	
苏村	南海 丹灶	1 康有为 2 康同璧	1 进士，授工部主事，总理衙门章京，戊戌变法的领导人	1 康有为（1858—1927），原名祖诒，字广厦，号长素，又号明夷、更甡、西樵山人、游存叟、天游化人，人称南海先生。晚清重要的政治家、思想家、教育家，资产阶级改良主义的代表人物。 2 康同璧（1886—1969），字文佩，号华鬘。康有为的女儿。戊戌变法失败后曾代表父亲赴欧美演讲。作为中国最早的女权领袖之一，她是中国第一个官派出席世界妇女大会的妇女代表	
西联 八甲	南海 丹灶	徐柳仙		徐柳仙（1917—1985），原名徐振坤，粤曲女演员，享誉曲坛五十多年。她的唱腔独树一帜，称为“仙腔”或“柳仙腔”。与小明星、张月儿、张惠芳合称歌坛四大平喉。抗战胜利后，定居香港。晚年曾组一庐音乐研究社	《再折长庭柳》《一曲难忘》《梦觉红楼》
小江	南海 官窑	黄少强		黄少强（1901—1942），原名宜仕，字少强，号止庐。画家，从刘博文学西洋画，曾任广州市立美专国画系主任	

续表

村名	区属	名人	功名官职	事迹	相关文化遗产
游鱼	南海官窑	陈典周	1951年任佛山市医药联合会筹备委员及中药进修委员会委员，后被选为佛山市卫生工作者协会第一届执行员。先后担任佛山市人大代表，佛山市政协第二、三、四、五届政协委员，民革佛山市委会第五届和第六届顾问。1958年和1978年，先后被广东省委、广东省革命委员会授予“广东省名老中医”称号	陈典周（1899—1986），又名瑞昭，字典周，号清华，佛山著名的中医。民国十年（1921年）被选为南海中医公会常务理事。抗战胜利后，被选为中医公会理事长。民国三十六年，与名医吴满福、李广海、黄伟堂、吴采南等人合组“灵兰医学研究社”，任董事。1949年，被选为南海国医支馆馆长	《苏州医报》特约撰稿人。民国二十六年《秦氏同门录》发表陈典周医案三十多篇。另著《补中益气汤治疗滑脱症》《陈典周老中医医案选》
叠滘	南海桂城	1 庞尚鹏 2 陈自强 3 杨桦	1 明嘉靖三十二年（1553年）进士。历任乐平知县、监察御史、督畿辅学政、大理右寺丞、左佥都御史。 3 曾任广州市文工团副团长，华南歌舞团、广州乐团、广东歌舞剧院、珠影乐团指挥；中国音乐家协会广东分会第二、三届副主席	1 庞尚鹏（1524—1581），字少南。 2 陈自强（1900—1991），循道医院（佛山市第一人民医院前身）妇产科专家。 3 杨桦（1921—1999），原广州市文工团副团长，中国音乐家协会会员。参加抗日歌咏和戏剧活动，担任艺宣队指挥。在中央乐团交响乐队和中央广播乐团交响乐队担任客席指挥。曾任华南歌舞团、广州乐团、广东歌舞剧院、珠影乐团指挥，中国音乐家协会广东分会第二、三届副主席	3 主要作品有交响诗《向秀丽》、管弦乐组曲《南海之滨》、小提琴与管弦乐《凯旋》等极富民族音调的音乐作品。还改编了《赛龙夺锦》《旱天雷》《水仙花》《娱乐升平》等多首广东音乐作品
大文教	南海和顺	姚大宁	清嘉庆武状元	姚大宁（1772—?），字允盛	

续表

村名	区属	名人	功名官职	事迹	相关文化遗产
泌涌	南海 黄岐	邹伯奇	同治间任《广东图说》绘图	邹伯奇（1819—1869），科学家。字特夫，又字一鹗。通晓天文、地理、化学、数学、物理、仪器制造等。对几何光学尤有研究，是我国第一架太阳系表演仪的制造者、第一个把哥白尼学说应用于实践的人、第一位热心修志的科学家	著有《格术补》，修有志书《南海县志》《南海县图志说》《历代地图》《皇清地理图》
河清	南海 九江	1 陈体全 2 潘玉书 3 何竹林		1 陈体全(1685—1749)，陈李济创始人之一。 2 潘玉书（1889—1936），清末民初广东石湾著名陶塑家。幼从黄炳学艺，后曾往法国，研究法国雕塑艺术。 3 何竹林（1882—1972），字炳桑，世代业医，祖辈精于伤科。光绪三十年（1904 年）在西关文兴大街挂牌行医。获赠“破腹穿肠能活命”的牌匾，有粤海跌打王、西关华佗之称。曾为广州起义领导人苏兆征、陈郁，以及工农赤卫队伤员治病	
烟桥	南海 九江	1 何文绮 2 何翀	1 清嘉庆二十五年（1820 年）进士，授兵部主事、员外郎。因修筑桑园围出力，加员外郎衔	1 何文绮（1779—1855），号朴园，九江烟桥人。道光十四年（1834 年）受聘主讲粤秀书院。 2 何翀（1809—1884），字丹山，号烟桥老人，又号七十二峰山人。拜以美人画著称广州画师苏美人为师。曾在广州河南开设“竹清石寿之斋”画室。曾在西樵山中设“碧云画楼”摹景写生，开岭南画人点染南国风光之先河	著有《课余汇钞》《四书讲义》《周易从善录补注》《惇叙堂家训》和评辑《粤秀书院课艺》

续表

村名	区属	名人	功名官职	事迹	相关文化遗产
太平	南海九江	朱次琦	清道光二十七年（1847 年）进士。咸丰二年（1852 年）任山西襄陵知县	朱次琦（1807—1882），清末学者、教育家。字子襄，号稚圭。讲学于九江礼山草堂，学者称九江先生，从学者颇多，康有为、简朝亮皆其门生。擅长书法	
草场（原白塔）	南海里水	梁乃津		梁乃津（1915—1998），从事医教研工作 50 余年，在国内较早提倡中西医结合，擅长用中医药治疗内、妇、儿科疾病，在治疗脾胃疾病方面有独特经验和卓著疗效。主编《广东医学旬刊》《新中医》等医刊	负责编写广东中医药专科学校和广州中医学院教材《内经讲义》等，著作有《伤寒论概要》等 3 部
赤山	南海里水	1 李胜龙 2 李鸿安 3 上海妹	1 嘉庆年间第 53 名进士，任广州名威将军	2 粤剧名家，艺名半日安。被马师曾收为义徒。1936 年转入薛觉先组织的觉先声剧。抗战爆发后，与吕玉郎、上海妹组成三王班剧团，回肇庆、桂林等地演出。抗战胜利后，返香港高升戏院定期演出。擅演丑生，与廖侠怀、李海泉、叶弗弱并称粤剧四大名丑生。 3 李鸿安妻子，粤剧名伶，一级正花旦	
宏岗	南海里水	1 李言兴 2 张振德	1 清翰林 2 清广西巡抚营统带		
里水	南海里水	何晓生		何晓生（1883—1971），字锡周，创制“湛江蛇药”	湛江蛇药

续表

村名	区属	名人	功名官职	事迹	相关文化遗产
麻奢	南海里水	陈宁	曾先后在南汉、北宋为官，官至签都御史、朝议大夫等，今南国桃园一带山岗地为当年宋朝赐给他的食邑	麻奢村得名与陈宁相关，陈宁号“麻奢”，自英洲迁居到里水麻奢村，为麻奢村开村始祖。陈宁为后人不忘祖籍，特用自己的号“麻奢”为村名	陈宁墓（佛山市文物保护单位）
汤南	南海里水	1 汤恩礼 2 汤举公 3 汤康显 4 汤文萼 5 汤秉均	1 明时官将仕郎。 2 正仪大夫。 3 大理寺正卿。 4 明弘治戊午（1498 年）科举人。 5 清时拔贡		
罗南	南海罗村	1 杨晋初 2 杨耐梅		1 杨晋初（约 1878—1941），继承父业，在广州市濠畔街开设了广和源皮行，又在香港开设广发源皮行，在上海、天津、汉口、烟台、福州等地设分行。他的皮业占领了半个中国市场。后来又在菲律宾、新加坡、吉隆坡、缅甸、西贡等地开设了广发隆、广发荣等商号。 2 杨耐梅（1904—1960），原名杨丽珠。中国最早一批女明星“四大金刚”之一，一生极富传奇色彩	

续表

村名	区属	名人	功名官职	事迹	相关文化遗产
平北 西河	南海 平洲	1 林世荣 2 林超群		1 林世荣（1861—1942），从吴全美、黄飞鸿学拳。相传曾综合洪家拳和佛家拳而创“虎鹤双形拳”。清末在广州比武，居当地武林之首。 2 林超群（1906—1955），原名林元挺，粤剧花旦	1 虎鹤双形拳
三山	南海 平洲	邵汉生		邵汉生（1900—1994），有省港一代拳师之称。随霍元甲之子霍东阁习拳，成为技通南北的拳师。集制片、剧务、演员于一身。邵汉生也是广育小学、奕贤中学创办人之一，并在其中任教	与关德兴合作摄制黄飞鸿系列影片70多部，其中有30多部由邵汉生担任主要角色。邵汉生创立的罗汉操，传到新加坡，被视为国操
璜溪	南海 狮山	1 李聘臣 2 李兆和 3 李纯斋 4 李紫屏	1 清末民初广州市财政厅厅长、广东省财政厅厅长。 2 民国时期抗日名将薛岳副官	1 李聘臣，字玉坚。其父村中人称富初公。幼年家境贫寒，后经营粮米生意（沙基米机），热心公益事业，任广州爱育善堂主任。受时任广州市长李福林（绰号李灯筒）赏识步入仕途。两广总督张之洞曾亲笔为其题匾“文礼全经”。 2 李兆和，又称绍和。从小痛恨日寇，爱国之心昭然。后为日寇追捕，逃至芦苞，得李紫屏介绍觐见薛岳	

续表

村名	区属	名人	功名官职	事迹	相关文化遗产
黎边	南海狮山	1 黎廷桂 2 黎湛枝 3 黎照寰	1 清廷驻小吕宋（即今菲律宾）领事，后又受命为两广总督顾问、陆军少将。 2 清光绪二十九年（1903 年）进士二甲第一名，宣统帝师。 3 民国时期全国工商银行行长和上海交通大学校长	3 被上海人尊称为“黎南海”	
百西村头	南海西樵	清时共出 10 位举人、2 位进士。 1 潘进 2 潘以翎 3 潘斯湖 4 潘誉徽 5 潘斯濂 6 潘伯镛	1 清嘉庆年间资政大夫。 2、3、4 清代举人。 5 清道光年间进士。 6 清末进士	1 清嘉庆年间开拓番禺万项沙，争取桑园围岁修款。 2、3、4 为桑园围排涝减灾，为乡民安居乐业做出重大贡献。 5 为国家的教育事业辛勤拼耘，受到皇帝的嘉奖。 6 留学法国多年，回国后成为一位直言敢书的爱国作家，对民国初年革命青年的思想产生了影响	桑园围
百西大地	南海西樵	1 黎晋莘 2 黎星桥 3 黎晋贤 4 黎承鎏	1、2、3 效力于北洋水师 4 举人		

续表

村名	区属	名人	功名官职	事迹	相关文化遗产
碧云	南海西樵	傅老榕		澳门第二代赌王	傅氏山庄
崇北	南海西樵	何梦瑶	清雍正八年（1730 年）进士，历任义宁、阳朔、岑溪、思恩等县县令	何梦瑶（1693—1764），字报之，号西池，文人兼医家。学识渊博，对天文、音乐、数学、医学、艺术等均有研究。平生富于著述，以诗知名。后因官不得志，辞官行医	撰有著名医书《医碥》
崇南沙涌	南海西樵	罗元恺		罗元恺（1914—1995），字世弘，中医学家。临床擅长内、儿科，尤精妇科。勤于著述，在国内外享有较高的声誉	
大坑	南海西樵	邓芬		邓芬（1894—1964），字诵先，号昙殊，别署从心先生、二不局士、泳人。师从董一夔、张泽农。除善画花卉外，还擅人物，有“邓芬三笔雀”之称。张大千曾称其为现代岭南唯一国画家，叶观一所撰后画中九友歌，将其与齐白石、溥心畬、黄宾虹、夏敬观、吴湖帆、冯超然、余越园、张大千同列。他还能在一个榄核上刻上二百汉字，并善刻竹，是广东近代多才多艺的大家。书法则学李北海	

续表

村名	区属	名人	功名官职	事迹	相关文化遗产
大同绿涌	南海西樵	戴鸿慈	清末出国考察五大臣之一，中国近代史上第一位司法部长。光绪二年（1876 年）进士，历咸丰、同治、光绪、宣统四朝，官刑部侍郎、户部侍郎、刑部尚书、军机大臣，是清朝 200 余年广东省籍官阶最高的官员	戴鸿慈（1853—1910），字光孺，号少怀，晚号毅庵	
简村	南海西樵	1 陈启沅 2 陈锦涛 3 冼玉清 4 冼秉熹 5 陈锦元 6 冼秉熹 7 廖侠怀	2 末代“状元”。历任清政府、民国政府高官要职。一生攻读无数学府，学位极多。 3 新中国成立后，被选为中国人民政治协商会议广东省委员会常务委员，后被委任为广东省文史馆副馆长	1 陈启沅（1834—1903），名如琅，字芷馨，号启沅，又号息心老人、息心居士。中国近代民族工业先行者。清咸丰四年（1854 年），远涉越南营丝绸庄，成为巨富。同治十一年（1872 年）回国，翌年创办了我国第一家民族资本经营的机器缫丝厂——继昌隆缫丝厂，是中国第一位采用机器深缫丝法，使中国缫丝业从手工作坊走向企业规模化管理、机械化生产、系统化经营的人，掀起了纺织业的第一轮工业革命，振兴了缫丝业，使广东的厂丝成为全省出口价值最大的商品，同时也带动了我国种桑养蚕业的迅猛发展。 2 陈锦涛（1871—1939），字澜生，先后在剑桥、牛津深造。清光绪二十七年（1901 年）在耶鲁大学获数学经济学第一名博士学位。回国后驻清廷诏试得进士第一名，参加“法政科”考试，詹天佑曾为考官之一。这次考试是中国封建科举考试与近代考试制度之间的一种带有鲜明过渡色彩的考试，第一次考教学题。因此，陈锦涛称得上是中国旧科举制度的末代“状元”，也可说是中国新考试制度下诞生的第一位状元	1 简村绮亭陈公祠（陈启沅兄弟三人为纪念其养父绮亭公的生祠）、西樵山白云洞云泉仙馆（陈启沅倡修）、陈氏故居、继昌隆缫丝厂。陈启沅博学多才，著有《理气溯源》7 卷、《蚕桑谱》《周易理数会通》8 卷、《陈启沅算学》13 卷等书。 2 陈锦涛祖屋

续表

村名	区属	名人	功名官职	事迹	相关文化遗产
				3 冼玉清（1985—1965），女，别署琅玕馆主，生于澳门。中学在陈子褒办的“灌根学塾”学习，立志委身教育，终生不嫁。后取得岭南大学中文系文学士学位和教育专科毕业证书，是广东第一个女教师，教中学男生，开广州的先河。著名音乐家冼星海就是她的学生，留学法国亦曾得到她的资助。民国十三年（1924 年），冼玉清留校任教国文。被誉为“广东才女”。毕生在诗词创作、金石文献、民族宗教、戏剧史诸多方面都有卓著贡献，被人们称为诗人、学者、文献专家“三位一体”的名教授。 7 廖侠怀（1903—1952），工丑生，因在《毒玫瑰》中扮演病院院长而声名大噪。用鼻音行腔使调，尤以唱“中板”“木鱼”等曲调最为出色，人称“廖腔”	2 著有《均富》等书。 7 代表剧目有《花王之花》《火烧阿房宫》等
禄舟	南海西樵	1 黄飞鸿 2 黄君璧	1 刘永福黑旗军拳术教官和军医官，当过广东民团总教练。 2 1929 年任广州市立美术专科学校教务主任，1937 年后历任国立中央大学艺术系教授等。1949 年迁居台湾，任台湾师范大学艺术系教授、主任	1 黄飞鸿（1856—1925），武术家。原名黄锡祥，字达云。擅长虎鹤双形拳、工字伏虎拳、铁线拳、飞铊、五郎八卦棍以及飞铊采高青、狮子吐球等狮艺，著名弟子有林世荣、梁宽人。 2 黄君璧（1898—1991），本名韫之、元瑄，号君翁、米寿老人，著名国画艺术家、教育家。父仰荀，家藏甚富。从画家李文显，并与粤东藏家交往。致力于山水画，尤以画云水瀑布为长。传统功底深厚，经历了现代中国画的继承、演变、革新的过程	2 出版著作《黄君璧画集》《黄君璧书画集》等

续表

村名	区属	名人	功名官职	事迹	相关文化遗产
南沙	南海西樵	1 任剑辉 2 何启		1 原名任丽初（1912—1989），又名任婉仪，粤剧名伶。 2 何启（1856—1914），字迪之，号沃生，近代改良主义者。早年留学英国十余年，入英国籍。清光绪八年（1882 年）回香港定居，以律师为业，并开办雅丽氏医院，附设西医书院	2 光绪十三年至十六年与胡礼垣先后发表《曾论书后》《新政论议》《新政始基》《新政安行》《新政变通》《劝学篇书后》等
松塘	南海西樵	明清以来共出进士 5 人（其中翰林 4 人）、进士行伍出身而晋身府台者 1 人、考中举人及获颁优贡者近 20 人。 1 区玉麟 2 区谔良 3 区大典 4 区大原 5 区湛森 6 区维瀚 7 区梦觉 8 区邦翰 9 区次颜 10 区庆云	1、2、3、4 钦点翰林，其中区谔良为清同治十年（1871 年）进士。 5 清光绪三年（1877 年）进士，内阁中书，文三品衔。 6 由行伍递升知府，武三品衔。 7 广东省政协主席，第一、三届全国人大代表，中共第八届候补中央委员，中共十二大上被选为中央顾问委员会委员。 8、9 奉政大夫。 10 明万历三十四年（1606 年）丙午科第四名经元，官至云南顺宁府同知，历署五府二州七厅，诰授奉政大夫	7 区梦觉（1906—1992），女，又名区润燕，化名周爱霞、苏云。近现代女革命家。 10 区庆云，十一世祖区次颜之长子，字子卿，号庆云，别号月溪山农。与皇族有姻亲，成为郡马爷	4 题书区氏宗祠匾额 10 世大夫家庙

续表

村名	区属	名人	功名官职	事迹	相关文化遗产
东秀	南海盐步	冯乃超		冯乃超（1901—1983），革命活动家、教育家，中国现代诗人、作家、文艺评论家和翻译家，翻译作品常用笔名冯子韬。生于日本横滨，是日本著名侨领，横滨兴中会主干冯镜如、冯紫珊的后裔	
横江	南海盐步	黄咏雩	1928年任广州米糠发行同业公会主席，1929年任广州总商会委员	黄咏雩（1902—1975），字肇沂，号芋园。毕生从事诗词创作，收藏过大量文物。修辑出版古籍，对考古鉴证和古文字的研究颇有建树。作为教育活动家，惠及南海和广州大、中、小学十几间。1922年陈炯明叛变，他陪父亲黄显芝（时任广州米粮行主席）登永丰舰面见孙中山，捐赠军粮六千余袋，以解革命军断粮之困；1925年省港大罢工，港英当局以阻断洋米进口作为报复，他又陪父亲面见省港大罢工领导人苏兆征及国民党左派廖仲恺，为支持罢工、稳定广州局势做出贡献	

续表

村名	区属	名人	功名官职	事迹	相关文化遗产
碧江	顺德北滘	宋以来最少出过26名进士、145名举人及众多通过科举以外途径入仕的职官。其中苏、赵二姓有14名进士。 1 苏绍箕 2 苏刘义 3 苏之奇 4 苏之才 5 苏光祖 6 苏希旦 7 萧良 8 苏天锡 9 梁希学 10 梁曾浦 11 苏葵 12 苏瑶 13 苏仲 14 钟善经	1 宋元祐九年（1094 年）进士、太尉右丞。 2 宋殿前指挥。 3 南宋隆兴元年（1163 年）进士，朝奉大夫。 4 南宋隆兴元年进士，朝议大夫。 5 南宋淳熙十四年（1187 年）进士，校书郎。 6 南宋庆元二年（1196 年）进士，朝议大夫。 7 南宋宝祐四年（1256 年）进士。 8 南宋宝祐四年进士。 9 元代进士，台州府教授。 10 元至正间举江西行省，受番禺沙湾巡检。 11 明成化二十三年（1487 年）进士，布政使。 12 明弘治八年（1495 年）明通榜进士，知县。 13 明弘治十年进士，户部主事。 14 明正德六年（1511 年）进士，御史	2 岭南抗元的六世祖。 10 洋浦梁氏七世祖，为保卫碧江被贼寇杀害，乡人为立庙祀学忠孝祠。	10 忠孝祠 三公庙 髫管缨堂

续表

村名	区属	名人	功名官职	事迹	相关文化遗产
		15 苏应旻 16 赵崇信 17 苏惟一 18 梁尚通 19 苏升 20 赵恂如 21 李廷龙 22 梁若衡 23 赵鸣玉 24 赵起蛟 25 苏大忠 26 苏珥 27 赵林临 28 苏梦篆 29 苏丕文 30 苏泊汝 31 苏显 32 赵草洲 33 苏弼 34 李晚芳 35 苏泰	15 明嘉靖十四年（1535 年）进士，给事中。 16 明嘉靖十四年进士，贵州副使。 17 明嘉靖三十八年明通榜进士，知县。 18 明万历二十年（1592 年）明通榜进士，知县。 19 明万历四十四年进士，知县。 20 明万历四十七年进士，兵备道。 21 明天启二年（1622 年）进士，吏部郎中。 22 明崇祯十五年（1642 年）进士，知州，著名学者。 23 清顺治十八年（1661 年）进士，知县。 24 清康熙三十三年（1694 年）进士。 25 清雍正十三年（1735 年）进士，知县。 26 清乾隆元年（1736 年）进士，入博学鸿词科。 27 清乾隆七年进士。 28 清乾隆三十三年明通榜进士，知县	26 岭南著名学者和书法家、清“惠门四俊”之一。 31 八世祖，精研堪典风水，兴建始祖太尉三公庙和髻管缨堂，对频遭战火的碧江重新规划。 32 宋皇室后裔，苏氏表亲，明洪武十六年（1383 年）迁居碧江，开发伏龙岗西至珠浮岗一带的荒坦，建成富庶的“西外坊”。 33 字吉臣，号峭岩，雍乾间开碧江濡商风气之先。“佛山李待问，碧江苏吉臣”。 34 清乾隆时著《读史管见》《女学言行录》	

续表

村名	区属	名人	功名官职	事迹	相关文化遗产
简岸	顺德北滘	简朝亮		简朝亮（1852—1933），字季纪，号竹居。岭南学派朱次琦的传人，近世有名的鸿儒，但高尚不仕，潜心讲学著述	
林头	顺德北滘	1 郑际泰 2 罗梦环 3 梁继善 4 黄玉堂 5 郑苌① 6 梁湘衡 7 黄玉筳	1 清康熙十五年（1676 年）举人，授翰林院检讨、吏科给事中	1 郑际泰（1642—1726），字德道，号珠江，顺德林头人，曾参与编纂《大清一统志》	1 他的书法目前所见两件，一为《行书引见诗轴》（香港中文大学文物馆藏），一为《行书五言诗巾》（顺德博物馆藏）
弼教	顺德陈村	黎简	清乾隆五十四年（1789 年）拔贡	黎简（1747—1799），字简民，一字未裁，号二樵，又号石鼎道人、百花村夫子，清代乾嘉年间岭南著名诗人、书画家。诗画书称三绝，诗学李贺、黄庭坚，书得晋人意。擅山水，作品具有浓郁的岭南地方特色。与张如芝、谢兰生、罗天池并称为粤东四大家	有《五百四峰草堂诗文钞》《药烟阁词钞》等
大都	顺德陈村	梁培基		梁培基（1875—1947），近代广州医药卫生界知名人士。原名梁缄，字慎余。1894 年在广州博济医学校学习，毕业后用“西药中化”的方法制成中西成药，其中以“发冷丸”治疟疾闻名。1908 年联合广州医药界人士，发起组织光华医社，任社长兼董事长	发冷丸

① 苌，音 cháng。

续表

村名	区属	名人	功名官职	事迹	相关文化遗产
潭村	顺德陈村	何禄		何禄（？—1856），又称何六，原名金殿，字贤相。清末广东“洪兵”起义、天地会农民起义领袖	
沙浦	顺德均安	罗家树		罗家树（1900—1972），原名罗炳生。粤剧乐师，历为朱次伯、千里驹、白驹荣、薛觉先等名演员掌板，无论文武场均特别出色，有“打锣王”之誉。新中国成立后，到广东省粤剧学校任教。平生收藏粤剧传统乐曲牌子谱、锣鼓谱甚丰，对挖掘整理粤剧传统曲艺贡献颇大	
上村	顺德均安	1 李文田 2 李小龙	1 清咸丰六年（1856 年）举人，咸丰九年进士，同年中探花，官至礼部侍郎、工部右侍郎	1 李文田（1833—1895），字若农。自幼在南海县何铁桥先生处学习。其书法颇有造诣，著作多不胜数，深得慈禧太后器重。李文田是著名的史学家、书法家，也是佛山历史上著名的文化、政治人物。 2 李小龙（1940—1973），原名李振藩，是截拳道创始人、华人功夫片开创者，是中国功夫首位全球推广者、好莱坞首位华人演员	1 上村李氏宗祠内存同治三年（1864 年）慈禧赐予探花李文田的“龙虎”“福寿”二横匾，题款为“同治三年十一月三十日，慈禧皇太后御笔，赐南书房翰林臣李文田”。祠堂内的两通石碑上刻着光绪帝赐李文田曾祖父母的诏书。 2 李小龙祖居
豸浦	顺德均安	“翰林父子” 1 胡杰 2 胡亦常	1 清雍正进士，乾隆元年（1736 年）丙辰科会试中式第二百七十四名殿试三甲第七十六名联捷进士。钦点翰林院庶吉士。 2 清乾隆三十六年举人	1 字而行，号槐园。乾隆十二年，因得罪权贵被黜，携眷南归老家，在豸浦会通坊丽泽书院主讲。“耕读传家久，寺书经世长”。他的口头禅是“第一等人家忠臣孝子，两件事读书耕田”。 2 字同谦，号豸浦。乾隆年间，与冯敏昌、朱锦芳齐名，称为诗坛“岭南三子”。可惜其英年早逝	2 有《赐书楼诗草》《清史列传》流传于世，所著甚珍。乡民为纪念胡亦常，在村口建立牌楼，上刻“豸浦”二子，后来更将村名改为“豸浦”，牌楼至今尚存

续表

村名	区属	名人	功名官职	事迹	相关文化遗产
葛岸	顺德乐从	岑国华	20世纪20年代末当选广州商会会长	岑国华（1886—1942），名汝鎏，以字行。民国时期广东蚕丝工业家。1919年在全省率先采用日本新式缫机，变四角车丝为六角丝，属下丝厂发展至18家，股份总额200多万银元，年产生丝4万担。在广州创办永泰隆丝庄和永泰隆洋行，直接与各国丝商交易，常年营业额在1000万银元以上，居全市同行之冠。抗日战争爆发后破产	
平步	顺德乐从	孙蕡	明洪武三年（1370年）登进士第，授工部织染局使，迁虹县主簿，后为翰林典籍、平原主簿	孙蕡（1338—1394），字仲衍，号西庵。与王佐、赵介、黄哲、李德并称“岭南五子”或“南园五先生”	修《洪武正韵》
沙边	顺德乐从	1 何济 2 何守谦 3 何国澄 4 何国澧	1 明成化二年（1466年）进士及第。 2 清光绪十二年（1886年）进士，是沙边厚本堂3位进士中最早的一位。 3、4 进士		2 沙边练塘何公祠
沙滘	顺德乐从	1 岑文亮 2 岑文凯 3 岑万 4 岑用宾 5 陈显	3 明福建承宣布政使司。 4 明嘉靖三十八年（1559年）进士，官至南京户科给事中。 5 宋尚书	3 佛山最早的书法家之一，与钟晓、黄著、赵善和齐名，后参与庞嵩、何维柏、伦文叙、霍韬等人组织的“天关大会”和“粤山诗社”活动 4 字允穆，明代文学家。任言官后，愤恨奸宄当道，决心拼死一斗。先后经他弹劾免官的有英国公张溶、丰城侯李儒、福建总督江道昆等十个佞臣，直声震动一时	3 现存有《岑万行书诗页》等作品。 4 主要文学作品有《小谷集》

续表

村名	区属	名人	功名官职	事迹	相关文化遗产
水藤	顺德乐从	邓实		邓实（1877—1951），字秋枚，别署枚子、野残、鸡鸣、风雨楼主。清光绪二十八年（1902 年）创办《政艺通报》，宣传民主科学思想。后与黄节、章太炎、马叙伦、刘师培等创立国学保存会、神州国光社	出版《风雨楼丛书》和《古学会刊》，主编《国粹学报》，在知识界产生过较大的影响
小布	顺德乐从	自明成化至清宣统年间小布何氏共出了 9 名进士、13 名举人及 260 多名历史名人。 1 何珖 2 何沾 3 何允魁	1 明成化十一年（1475 年）进士，此后何氏中进士者代有人出，当时人称“一门八甲”。何氏子弟上至三品官承一品服的安南按察使到州官知府、知县进士、翰林学士等计有百名大小官员。 2、3 进士	乐从何姓的功名之盛上达天听，皇帝御赐“皇罗伞”，并亲笔题名赐建“水部世祠”“累朝恩宠”祠堂及“奕世科第”牌坊。小布九进士中，以何珖、何沾 、何允魁三人为官清正、敢于直谏而青史留名，三人有着“桂圃三直”的美誉	“水部世祠”、“累朝恩宠”祠堂、“奕世科第”牌坊
莘村	顺德乐从	1 梁耀枢 2 梁时昭 3 梁显英 4 梁銶琚	1 清同治十年（1871 年）状元。 2、3 奉政大夫	1 梁耀枢（1832—1888），顺德杏坛光华村人。 4 梁銶琚（1903—1994），香港十大慈善家之一，香港恒生银行常务董事，前大昌贸易行执行副董事长，香港顺德联谊总会首席名誉会长。梁銶琚出生于银业世家，二十多岁时已在银业及贸易界崭露头角。二战后即任香港恒生银号协理，并主持国内各大昌贸易行业务	莘村梁氏大宗，梁耀枢中状元后，奉旨在祠前立桅杆夹两座，云龙角柱，栏板面雕刻有龙、凤、麟、鱼、鹤等吉祥物
南水	顺德勒流	苏六朋		苏六朋（约 1798—1862），晚清广东最杰出的画家“二苏”（苏六朋和苏仁山）之一	

续表

村名	区属	名人	功名官职	事迹	相关文化遗产
潘村	顺德勒流	黄萧养		黄萧养（1410—1450），原名黄懋松。明广东农民起义领袖。少年时代，道士萧大悟收他为徒，习医学武，改名“萧养”。年轻时，行医乡间因打伤恶霸而入狱，后天下大赦，他远赴沿海地区贩卖私盐，不久官府缉获行商，黄萧养死罪入狱。明正统十三年（1448 年），聚众十余万起义。朝廷派重兵清剿，黄萧养丧命，义军到明成化三年（1467 年）瓦解	
陈涌	顺德龙江	温汝适	清乾隆四十九年（1784 年）进士，改庶吉士，授编修，历典广西、四川、山东乡试，提督陕西、甘肃学政，迁副都御史，官至兵部右侍郎	温汝适（1754—1820），清诗人。字步容，又字水南，号筼坡，又号慵讷居士。多藏书，以书史自娱	
华西	顺德龙江	陈邦彦	明诸生。隆武朝授监纪推官、兵部职方主事，监广西狼兵援赣州	陈邦彦（1603—1647），字会份、会斌、令斌，号岩野，为大学士陈子壮弟子	
坦田	顺德龙江	张锦芳	清乾隆四十五年（1780 年）解元，乾隆五十四年进士，选庶吉士，授翰林院编修	张锦芳（1747—1792），字粲夫，又字花田，号药房。清乾隆年间，与黎简均以诗书画全能而驰名岭南艺坛。乾隆三十三年被选为优贡，就读京师国子监，得到当朝名流纪晓岚、钱大昕、翁方纲的赏识。与同县胡亦常、钦州冯敏昌合称诗界“岭南三子”，后来又与同县黎简、黄丹书与番禺吕坚并称“岭南四家”	
北海	顺德伦教	老焱若		老焱若（1883—1966），摄影家、工艺设计家。1923 年与友人在北京创立“艺术写真研究会”，后改名“光社”。在早期中国摄影界颇有影响	

续表

村名	区属	名人	功名官职	事迹	相关文化遗产
三洲	顺德伦教	区家驹（千里驹）		千里驹（1888—1936），原名区家驹，字仲吾。著名粤剧表演艺术家，有“花旦王”之称。形成“驹派”艺术。被同行公认为“悲剧圣手”，有“花旦王”“滚花王”之称	千里驹故居 代表作苦情戏《金叶菊》《燕子楼》
熹涌	顺德伦教	张镇孙	南宋咸淳七年（1271年）状元，广东制置使兼经略安抚使	张镇孙（1235—1278），字鼎卿，号奥溪	
羊额	顺德伦教	何惠群	清嘉庆九年（1804年）解元，嘉庆十四年二甲第七十九名进士。江西瑞州新昌县令	何惠群，生于乾隆末逝于道光末。字和光，号介锋	创作南音《叹五更》
东村	顺德容桂	草明（吴绚文）		草明（1913—2002），原名吴绚文，1931年开始文学创作，参与欧阳山创办的进步刊物《广州文艺》的编辑工作。1933年逃往上海，并加入“左联”	《倾跌》
北水	顺德杏坛	尤列	香港华民政务司书记。1921年任广东护法军政府顾问	尤列（1865—1936），幼名季博，字少纨，一字令季，号吴兴季子。与孙中山、杨鹤龄、陈少白并称“四大寇”。清光绪二十一年（1895年）参与组织香港兴中会，筹划广州起义	
光华	顺德杏坛	梁耀枢	清同治十年（1871年）状元，授翰林编修。官至侍读学士、参事府詹事。在北方多地任主考官，后被晋升为翰林院侍讲，接着又改任侍读	梁耀枢（1832—1888），字冠祺，号斗南。广东历史上的三大状元之一。梁耀枢文才好，眉清目秀，气度非凡，很得两宫太后的关注。钦孝皇太后曾说：“梁耀枢是一位‘金玉君子’也！”这话在朝中一传开，梁耀枢被百姓称为“金玉状元”	光华人龙舞

续表

村名	区属	名人	功名官职	事迹	相关文化遗产
龙眼	顺德杏坛	梁敦彦	1904 年任汉阳、天津海关道员。光绪三十三年（1907 年）起，任清外务部右侍郎、会办大臣兼外务部尚书等职。作为清朝公使出使美、德、墨、秘、古巴。宣统三年（1911 年）十月任袁世凯内阁外务部大臣，是清末的知名外交官之一。民国三年（1914 年）任北洋政府交通部总长。民国六年参与张勋复辟，任外务部尚书、议政大臣。从 19 世纪末到 20 世纪初，曾执掌中国第一所现代大学——天津北洋西学学堂，1896 年更名为北洋大学堂	梁敦彦（1857—1924），字朝璋，别字崧生，清同治十一年（1872 年）官费保送美国留学，1878 年考入耶鲁大学，是清廷派出的首批留美幼童之一。光绪七年（1881 年）肄业归国，分发福建船政学堂任英文教习。欧美同学会创始人之一，1913 年欧美同学会成立时任首任会长	
逢简	顺德杏坛	1 刘应莘 2 刘云汉 3 刘琦 4 梁国宝 5 梁应鳌 6 梁乔升 7 梁兆阳	1 宋进士，雄州刺史。 2 清康熙三十六年（1697 年）丁丑科进士。 3 武进士，历任云南营都司，加授护军连帅轻车都尉，金吾将军。 4 进士，令甘坛，迁工部主事。 5 进士，桂阳同知。 6 明正德十六年（1521 年）进士，任北京户部工部主事。 7 明崇祯元年（1628 年）科进士，钦点翰林院庶吉士，授翰林院检讨，升詹事府詹事，左春坊右中允	2 字卓之。吴三桂叛乱时有叛军要劫掠逢简，刘云汉逃出包围请救兵，家乡得以安宁。刘云汉精通诗歌和书法，康熙皇帝很赏识他，聘他为太子老师。 6 因在京主办建修宫殿有功，恩赐回乡建恩荣牌坊。	2 刘云汉从京城返回家乡后，建造了金鳌桥。 2 与父亲刘国振一起编辑了《清白堂集》。 6 恩荣牌坊。

续表

村名	区属	名人	功名官职	事迹	相关文化遗产
		8 梁銮藻 9 梁声玉 10 梁觐光 11 李仕修 12 李应珍 13 李惠孙 14 梁起 15 梁廷枏	8 清光绪十五年（1889 年）进士，钦点翰林院庶吉士，福州补用知县。 9 清乾隆十年（1745 年）武进士。 10 清乾隆四十年（1775 年）武进士。 11 26 岁登宋庆元五年（1199 年）进士，历任福建肃政廉访司佥事、朝奉大夫、浙江行省参政。 12 宋咸淳十年（1274 年）进士，广西道副使，朝议大夫。 13 元延祐二年（1315 年）进士，初任韶州乳源县主簿，升浙江崇德州知州，历任广西两江道肃政廉访司佥事。 15 两广总督林则徐幕僚，以献策抵御外侮获内阁中书衔	11 字建业，号时斋。他为官平易近民，谦虚谨慎，于嘉定末年自南雄迁到逢简隐居。他乐善好施，斥资修建了五座石侨。 14 字起莘，号定山，祖籍河南省汴梁县。宋咸淳三年（1267 年），梁起领荐于乡，后因受到诬害，辞官隐居，直到南宋灭亡。因传南宋帝王未死，梁起毅然率兵奔赴元帅马南宝麾下抗击元军，但最终战败。后来，梁起讨代海寇有功，受到元朝封宫进爵，梁起屡辞，迁往逢简隐居，一直到逝世。 15 梁廷枏（1796—1861），字章冉，号藤花亭主人。精研史学，兼擅诗文戏曲，曾任澄海县教谕，学海堂学长，越华、粤秀书院监院及两广总督林则徐幕僚，以献策抵御外侮获内阁中书衔	11 金鳌桥、巨济桥
古粉	顺德 杏坛	朱杰勤		朱杰勤（1913—1990），中山大学文史研究所研究生。先后在广州美术学校、中山大学、昆明巫家坝空军军官学校、重庆南洋研究所、云南东方语文专科学校、云南大学、云南军区司令部、华南师范大学、暨南大学工作，后任暨大历史系系主任，此后又于 1981 年创办暨南大学华侨研究所并任所长。1984 年暨南大学专门史（中外关系史）专业设立博士学位点，由朱杰勤教授担任博士生导师并招收首批博士研究生	朱杰勤教授在华侨史方面主要著作有《东南亚华侨史》，并主编有“东南亚华侨史丛书”和“世界华侨史丛书”等。

续表

村名	区属	名人	功名官职	事迹	相关文化遗产
马东	顺德杏坛	1 何家饶 2 何藻翔 3 何熙 4 何鸿璟 5 陈华顺	1 武进士 2 文进士 3 文进士 4 文举人	5 咏春拳武术传人	5 陈华顺墓
西登（原属马宁，现分为马宁和西登）	顺德杏坛	何藻翔	1892 年中进士，以主事签分兵部武选司。1896 年考取总理各国事务衙门章京。1904 年官外务部主事。民国成立后，任广东通志馆总纂、保卫团局长、广东医学实习馆馆长、学海堂学长	何藻翔（1865—1930），初名国炎，一字梅夏，号溥廷，晚号邹崖逋者。早年肄业应元书院。1895 年上书劾军机大臣兵部尚书孙毓汶贪骄误国六大罪；同年参与组建强学会于京师，研究新学。1906 年随张荫植使西藏，与英议约。曾奏参驻藏大臣有泰等，拟订藏俗改良及西藏善后问题条项。1920 年赴香港执教	1922 年总纂《顺德县志》，晚年校理《东塾遗稿》，著有《六十自述》《邹崖诗稿》《岭南诗存》等
麦村	顺德杏坛	1 梁九图 2 梁禹甸 3 梁天眷	1 刑部司狱。 2 五品顶带把总	1 梁九图（1816—1880），字福草，其父富甲佛山。博学多才，人们尊称他为“汾江先生”。江都举人符葆森将他的诗文刻入清朝《正雅集》。善丹青、书法。 2 梁禹甸（1840—1884），字仲本，佛山梁园主人之一梁九图之子。 3 梁天眷（1897—1956），原名曾祐，别字天眷，以字行世。结识徐悲鸿、张大千等，专宗宋元工笔花鸟，尤擅作辛夷。书精正楷，参以瘦金之法，治印不专一家	1 著有《粤台饯别图》《十二石斋诗集》《吟表诗作》《紫藤馆文存》《汾江随笔》《佛山志馀》《岭南琐记》等作品，作诗《祁相国隽藻韵》一首

续表

村名	区属	名人	功名官职	事迹	相关文化遗产
杏坛	顺德杏坛	苏仁山		苏仁山（1814—1851），又说生卒年为（1821—1861），字静甫、仁山，号长春，又号菩提再生身尊者、觚潺，又自署教圃、岭南道人等。晚清广东最杰出的画家“二苏”之一	
右滩	顺德杏坛	黄士俊	明万历三十五年（1607年）状元，顺德建县后第一位状元。历任礼部尚书、太子太保、宰辅、领太子少傅兼文渊阁大学士衔，明官位最高的顺德人。	黄士俊（1570—1655），字良垣，号玉峖仑	右滩黄氏大宗祠
祠巷	三水白坭	陈朝纲	清将冯子材部将，被誉为“励勇巴图鲁”（“巴图鲁”即满语“勇士”）。朝廷派钦差送葬，封陈朝纲三代为一品“赫赫额哲耳励勇巴图鲁”（满语“战功赫赫的勇士”）	陈朝纲，三水白坭鼎新胜里人，生于1820年。曾参加过天地会反清组织，失败后被清将冯子材收为部将。19世纪中叶，法国向亚洲扩张并强占越南，当时作为清朝保护国的越南向清政府求助，1885年，随冯子材奉旨开往广西，中越军民取得了历史上有名的镇南关大捷。后来在收复谅山的战役中，因为粮草不继兵败，服毒自尽	陈氏大宗祠（朝廷赐陈朝纲在家乡白坭修建陈氏大宗祠，挂大匾额“将军第”） 陈朝纲援越杭法立了大功，安南王将自己正殿的一张御用大案桌赠给他，御案是东南亚名木“鸡鹅木”制成。陈朝纲将其转运到家乡安放在陈氏大宗祠作为神案。（现已不存） 安南王同时还赠送给陈朝纲鸡鹅木一批，被制成祠堂的两扇大门。每扇门高约3.8米，门板又宽又厚，用铜箍包裹，有数百斤重

续表

村名	区属	名人	功名官职	事迹	相关文化遗产
岗头	三水白坭	梁士诒	清光绪年间进士，授官翰林院编修、国史协修。历任民国邮传部铁路总局局长、交通银行总理、财政部次长、国务总理等职。北洋军阀旧交通系首领。于1921年被北洋政府任命为第二十六任国务总理	梁士诒（1869—1933），字翼夫，号燕孙。一度返邑，主讲冈头书院	梁士诒墓、石牌坊
庙岗	三水白坭	徐勤		徐勤（1873—1945），字君勉。康有为学生。资产阶级改良派报刊活动家。1897年至1898年任《知新报》撰述，并为《时务报》撰稿，宣传维新变法，抨击科举制度	
清塘	三水白坭	邓慕韩	曾任孙中山大元帅府参议、广三铁路局长、国民党广东支部宣传科长、大本营广东宣传委员、国民党广州特别市党部常务委员等职。1930年后，长期担任中国国民党中央党史编纂委员兼广州办事处主任	邓慕韩（1881—1953），1904年留学日本东京弘文学院。1905年加入同盟会，跟随孙中山革命。1908年随孙中山赴南洋发动华侨支持革命。参与组织中国国民党南洋支部。1910年主持创办《平报》和《平民报》。广州黄花岗起义时主管宣传工作。中华人民共和国成立后，在广东文史馆工作	
土布	三水白坭	唐拾义		唐拾义（1874—1939），名振之，字拾义，以字行。唐拾义制药厂创始人	唐拾义制药厂

续表

村名	区属	名人	功名官职	事迹	相关文化遗产
清湖	三水范湖	陈金釭		陈金釭（1820—1863），乳名阿泽。木工出身，善技击。受太平天国起义影响，联络朱子仪（拳师）、钱登（塾师）、郑金、卢伟等，建立天地会秘密组织“全胜堂”，进行反清活动。1854 年率众数千人在范湖圩起义	
大旗头	三水乐平	郑绍忠	广东水师提督。曾多次率部围剿太平军，官职从副将到记名提督、潮州镇总兵、湖南陆路提督等	郑绍忠（1834—1896），出生于三水大旗头村，原名郑金星，字心泉，又名郑金。由于他日食斗米（即现在的十斤），口大能容拳，村民称他为大口金。咸丰四年（1854 年）郑金参加陈金釭等在三水县范湖发动的农民起义，先后被封为义军大洪国的运粮官、先锋、元帅、副首领。1863 年，郑金受清军的秘密招安，杀陈金釭投降清廷，更名绍忠。受命镇守虎门，功绩显著，颇得慈禧太后器重。1894 年，郑绍忠 60 大寿时，慈禧赐寿仪，并赐兵部尚书衔正一品	郑绍忠晚年回乡重建大旗头建筑群
范湖	三水乐平	罗黄裳	高明建县后第一位进士。明嘉靖己酉科（1549 年）举人，巳未科（1559 年）进士，历任江西吉水县知县、广西平乐知府、中宪大夫、贵州按察司副使	罗黄裳（1522—1584），字美至，号小湾	范湖罗氏宗祠八角亭

续表

村名	区属	名人	功名官职	事迹	相关文化遗产
福神岗（红岗）	三水乐平	韦少伯		韦少伯（1894—1944），又名韦开潜，二天油的创始人，后来侨居越南堤岸	二天油
三江	三水乐平	胡礼垣		胡礼垣（1848—1916），字荣懋，号翼南，晚号逍遥游客。中国近代资产阶级政论家，资产阶级改良派中具有一定代表性的人物。出身于商人家庭，科举考试屡试不中，遂弃举业，专研经史，兼及西学	
塘边	三水乐平	范良		范良（1904—1998），孙中山生前贴身卫士，守护南京紫金山中山陵	
独树岗	三水芦苞	1 蔡秀清 2 蔡湘乔 3 蔡乃彬 4 蔡球		1 明朝独树岗蔡氏始祖。仅独树岗一地连祖业已达千亩，富甲一方，奠定了独树岗后世的繁华基业。 2 民国时期，参建粤汉铁路的成功人士。 3 解放前后，饮誉省港的曲艺老一辈粤剧艺术家。 4 知名粤剧小生，人称小生球	
蒲坑	三水南山	林耀祖	毕业于黄埔军校第一期，高级军官	受蒋介石赐剑	
邓关	三水云东海	邓培		邓培（1883—1927）是中国共产党创建时期的党员，中国工人阶级的杰出代表，早期工人运动的领袖和著名活动家	
伏户墩头	三水西南	邓曼薇（小明星）		邓曼薇（1911—1942），原名邓小莲，后名邓曼薇。粤曲艺人，20 世纪 30 年代“粤曲平喉四大名家”之一。独创的“星腔”流派流传至今	粤曲星腔

续表

村名	区属	名人	功名官职	事迹	相关文化遗产
岗根	三水西南	崩牙启		崩牙启（1872—1890），本姓何，名字不详。他对粤剧的重要贡献，是首次以小武行当在全本戏里扮演赤文赤武的角色，打破演文武双全角色时文场由小生扮演，武场由小武扮演的旧例。清光绪十五年（1889年）领衔戏班到高要县金利镇演出时，戏棚发生大火，崩牙启奋不顾身救出数十名观众，后因身上腰带钩住戏棚竹枝而被大火烧死	
高丰	三水西南	吴肇钟		吴肇钟（1887—1967），字唯龛，号白鹤道人，名拳师，出生于澳门。自幼投名拳师黄林开门下，后赴江西投拜白鹤派老拳师朱子尧为师，10年技成返澳	
木棉	三水西南	欧博明		欧博明（1865—1930）文医双绝，兼通中西医学，作家	
石湖洲	三水西南	何福如		何福如（1896—1957），又名何泽民、何大傻，驰名省港澳的音乐家，与尹自重、吕文成、钱大叔等音乐家被誉为“四大天皇”。能唱、能弹、能撰、能演之全才，尤以诙谐见称	

续表

村名	区属	名人	功名官职	事迹	相关文化遗产
洲边	三水西南	1 李希孔 2 李希孟 3 李瑞麟 4 李应秋 5 李杰夫	1 明万历三十七年（1609 年）举人，三十八年进士。南京江西道（监察）御史。 2 福建漳州府县知县。 3 京卫。 4 福建宁洋、顺昌知县。 5 民初粤军旅长，三水县民众抗日自卫团统领委员会主任，解放初三水县支前指挥部主任	1 李希孔，约明万历初年生人，字子铸	三水魁江文塔
高村	高明更合	陈汝棠	20 世纪 30 年代初，陈济棠主持粤政时，他任陆军医院院长	陈汝棠（1893—1961），著名民主革命人士。在国民党内颇有名望，是中国共产党人的长期合作朋友	
蛇塘	高明更合	阮贞元	1924 年第一次国共合作，阮贞元受国民党中央农民部委派，回到高明担任农民运动特派员。1945 年，阮贞元奉调东江抗日游击区，积极协助谭天度、谭植棠工作，建设东江根据地。1949 年高明县人民政府成立，阮贞元被任命为副县长。1950 年后，阮贞元曾先后调往粤中专署和湛江地区工作	阮贞元（1900—1963），1923 年考入广东法官专门学校，结识了共产党员谭植棠和曾国钧等，毅然放弃学业参加广州的工农运动。阮贞元组织成立了高明县第一个农民协会、第一支农民自卫队和第一个农村基层党支部。广州起义爆发，阮贞元和高明党组织的大部分成员，以及一些农军战士，参加了这场武装暴动。抗日战争时期，阮贞元重新加入了国民党，积极参加各项抗日救国斗争。1948 年正式回归中国共产党	阮氏大宗祠（阮贞元在此组织成立了高明县第一个农民协会、第一支农民自卫队和第一个农村基层党支部）

续表

村名	区属	名人	功名官职	事迹	相关文化遗产
岗头	高明荷城	冯公侠		冯公侠（1894—1963），原名季芳。象牙微雕大师。为广东象牙微雕艺术的奠基人	
河江	高明荷城	1 陆敬科 2 何衍璿	1 1908 年任清廷驻广州的外交官，1912 年赴南京任临时政府外交处处长、代理外交部长、财政部第二局局长等，1917 年任广州护法军政府顾问兼广西特派员。1921 年受命招募兵源，筹集军粮，协助孙中山北伐。1923 年任大本营外交部第二局局长。1925 年任粤海关总监督。 2 1932 年任国立中山大学数学天文学系教授兼系主任。1939 年任国立中山大学数学天文学系教授兼理学院院长	1 陆敬科（1863—1945），又名礼初。曾任孙中山的老师。二次革命后，逃亡日本。1927 年辞官后，任广州方便医院董事长。1945 年病逝于高明。 2 何衍璿（1902—1971），著名教育家、数学家。毕业于法国里昂大学数学科。曾任大夏大学数学教授	1 著有《东洋游记》《英文文法》等。 2 著有《解析几何》《微积概要》《整数论》《置换论》

续表

村名	区属	名人	功名官职	事迹	相关文化遗产
榴村陆家	高明荷城	明清两代取得较人功名的有30多人。 1 陆盛昌 2 陆光裕 3 陆应坤 4 陆九渊 5 陆九龄	1 高要县庠生，以四子陆本仁敕赠修职郎，广西梧州府岑溪县儒学教谕，妻胡氏敕赠正八品孺人。 2 永康州庠生，中明天启元年（1621年）辛酉科广西乡试第十五名举人，初授湖广衡阳县知县，特升户部陕西司主事，承德郎敕赠奉议大夫。 3 初授广西宣化县总巡检转升该县县丞	1 字衍锡，九世孙。 2 字克孝，十世孙，明朝万历三十四年（1606年）到清顺治年间人。 3 陆应坤（1613—1681），子贞元，号逸庵，十世孙。 4、5 讲学于村中鹅湖书院	4、5 鹅湖书院
阮埇	高明荷城	明清两朝有15位进士、48位举人。其中区益祖孙7人，进士2人、举人5人，创高明科考及第之最。 1 区益 2 区大相 3 区大伦 4 区怀顺 5 区怀素 6 区怀瑞 7 区士元	1 浙江温州知县。 2 曾任万历朝户部尚书。 3 任南京户部左侍郎，赠尚书。 4、5、6 知县。 7 清朝康熙年间奉直大夫（从五品）	2 区大相（？—1614），擅诗，有“岭南才子”之美称。区大相一家“一榜四文魁”。 3 为万历皇帝起草诏令文书，有“岭南才子”之美称	2、3 灵龟塔，由区大相、区大伦兄弟还乡时捐资修建，区大伦还专门为此撰写碑文《龟峰塔铭》。 7 区士元入朝做官后，回村给8个儿子建了屋，阮埇规模由此日益扩大，成了远近闻名的大村

续表

村名	区属	名人	功名官职	事迹	相关文化遗产
三洲	高明荷城	宋维静		1927年至1929年任两广区委、广州市委交通、组织干事，广州临时市委书记，广东省妇委书记，其间参加了广州起义；1929年至1930年任广东省委候补委员；1931年至1934年在上海妇委、救国会外语学校工作；1936年打入阎锡山控制下的妇女团体，被阎锡山委任为上校专员。第五、六届全国政协委员，广东省第四届政协常委	宋维静（1910—2002），1927年加入共产主义青年团，1927年转为中国共产党党员
水口	高明荷城	关明		关明（1897—1989），唢呐高手。整理十番锣鼓、粤剧古老牌子等非物质文化遗产。是十番记谱的第一人	十番锣鼓、粤剧古老牌子
西梁	高明荷城	梁发		梁发（1789—1855），原名恭（又名公发），又称梁亚发，字济南，号澄江。基督教第一位华人牧师，也是基督新教的第一位中国传教士和第一个参加近代化中文报刊编辑、出版工作的中国人，是中国基督新教重要人物。最重要的著作是《劝世良言》，后来对洪秀全的太平天国有很大的影响	西梁梁氏宗祠是梁发幼年读私塾的地方，梁发曾在该祠开办基督教学校，后于此撰写《劝世良言》中的“救世录撮要略解”等布道书
崇北	高明明城	仇太生		仇太生（1918—1979），白眉拳拳师，精通铁打	

续表

村名	区属	名人	功名官职	事迹	相关文化遗产
岗头	高明明城	1 谭平山 2 谭竹山	1 1921 年任中共广东支部书记。1923 年出席中共三大，当选为中央执行委员、中央局委员。第一次全国代表大会上当选为中央常务委员，任中央组织部长，1927 年 3 月任武汉国民政府委员兼农民部部长。1949 年当选为全国政协委员，并参加了开国大典。新中国成立后，历任中央人民政府委员、政务院政务委员、政务院人民监察委员会（监察部前身）主任等职。1954 年当选为第一届全国人大常委、第二届全国政协委员。1956 年当选为民革第三届中央副主席。 2 1962 年任广东文史馆研究员，1979 年任无锡第六届政协委员	1 谭平山（1886—1956），又名谭彦祥、谭鸣谦、谭聘三，中国近代史上有建树、有影响的民主革命家。早年加入同盟会，进行反对清政府的斗争。1917 年入北京大学学习，1919 年参加五四运动。五四运动后，他在陈独秀的帮助下建立广东中共支部。组建中华革命党、创建三民主义同志联合会、组织中国国民党革命委员会，参加新政协。 2 谭竹山（1902—1980），谭平山的四妹，是广东早期的中共党员，是大革命时期广东妇女运动的领导人之一	1 谭平山故居
濠基	高明明城	谭植棠		谭植棠（1893—1952），曾用名昌泰，1893 年出生，著名的三谭（谭平山、谭天度、谭植棠）之一，是中国共产党广东组织的创建者和领导者之一	

续表

村名	区属	名人	功名官职	事迹	相关文化遗产
七社	高明明城	谭天度	新中国成立初期担任广东省委统战部副部长、民族宗教委员会主任	谭天度（1893—1999），著名的三谭之一，广州共产主义小组成员之一，广东省最老资格、党龄最长的中共党员	
圆岗	高明杨和	罗志	1938年后，历任新疆省立师范培育部主任、迪化（今乌鲁木齐）反帝会干事、哈巴河县教育科长。1945年参加新疆共产主义者同盟，任副书记	原名罗长生（1915—1949），化名庚克。革命先烈。“九一八”事变后，北上投奔东北抗日联军。后经苏联进入新疆活动，复去苏联学习。曾三次被捕入狱。为营救被盛世才关押的革命者与推动新疆解放做出贡献	

第四节　宗族组织形态

在佛山历史村落的总体格局之中，最主要的社会因素是宗族，宗族无疑是其中的主导者，这投射在形态格局尤其是公共空间的组织上。

几种村落类型均为血缘型聚居，多为单姓聚落，其中梳式布局村落、棋盘式布局村落和围屋体现的宗族结构最为严密。几种类型的村落都重视宗祠支祠等宗族公共建筑。

在宗族村落之中，公共空间大多集中于三个地方，即村口、祠堂、村前阳埕。在村落中，神祇拱卫在村落的四周，而祖先护佑着村落的中央。墟市则往往位于村外，表明村落的日常生活不希望受到陌生人太多的干扰。

如陈志华先生所言：“由于宗祠在血缘村落中的特殊作用，在南方，自然崇拜和祖先崇拜相结合，就对宗祠的风水有了许多巫术迷信的说法。”

宗祠，尤其是作为总祠的大宗祠的风水对村落的布局起了很大的作用。在祠堂众多的宗族村落中，祠堂的选址有可能面对水塘，实例如南海七甫（见图6－1）、三水大旗头等；也有可能面对小的河涌，例如在顺德碧江、逢简、大墩、沙滘等村；还有可能面对街道而并不临水（见图6－2）。决定祠堂选址的既有制度性因素，也有技术性因素，风水上的考虑可以看作是两种因素的结合。陈志华先生在《宗祠》一书中也讨论了宗祠与村落布局的关系，认为祠堂的朝向常带有好的阐释，例如丹凤朝阳、三阳开泰等。

图6－1　南海七甫陈氏大宗祠

图6－2　三水西村陈氏大宗祠

作为宗族最重要的三大构成元素，族谱、宗祠和族田缺一不可。即使族谱上有据可查，也不一定被视为本宗祠堂的当然成员和宗族福利的享有者，宗族成员的福利与居住的地点在空间上不可分离。而小宗祠堂则成为春秋祀享、养老、赈济、科考等公共事务尤其是公益福利的实际管理者，因此也成为村落形态在空间结构上的主导者。

宗族村落可分为单族姓与多族姓两种类型。在多族姓聚居的村落中，村落机理一般随族姓有比较大的变化。村中各姓氏相对聚集，形成各个机理相对明显的组团。每个宗族都有属于自己的村落机理，并且其巷道朝向的核心多为水塘，巷道的格局都比较整齐，空间的高度组织性正是家族组织性的反映（见参考文献[5]）。

在村落中，祠堂是村落空间秩序的绝对主导者。村落中最重要的宗祠位于入口或村落前排，较为重要的祠堂位于临水空间，村落外围通常分布着祠堂与书舍。同支族的居住建筑则严格按照祠堂建筑的朝向与宽度、开间进行排列，形成了多个形态严整的建筑行列。不同支族的建筑朝向大同小异，空间互有配合，形成了整个村落有条不紊的空间结构。祠堂维系着村落的空间秩序，正如宗族维系着社会秩序。村落空间形态与其宗族关系一样，在宗族的整体统治下，支族各有相异，但仍然和谐共处，服从整体布局。对个人最有支配地位的，仍然是支族的统治，反映在村落空间形态中，对建筑单体的朝向、大小、排列、布局最有支配地位的，是支祠建筑。

佛山地区宗族观念强烈，大族聚居后分为数支，支族再分房，形成了树型的族群脉络（见图6－3）。大族有宗祠（或书塾[①]），每一支族又有支祠（或门楼、书塾等宗族建筑），再细分至每一家族（房）还有其家祠，

① 广府常见的衍生的一种祠堂类型，冠以书塾、家塾、书舍、书室等名，形制上与祠堂相似。冯江．祖先之翼——明清广州府的开垦、聚族而居与宗族祠堂的衍变［M］．北京：中国建筑工业出版社，2010.

宗祠、支祠与家祠的分布同样呈现树形的结构（见图6－4）。通常每一姓氏宗族在进村处有一个以上的大宗祠（祖上显赫的宗族宗祠数量较多），沿聚落外围有多个支祠、书塾或入口门楼（数量通常与支族数量相等），每个支族设一个入口。

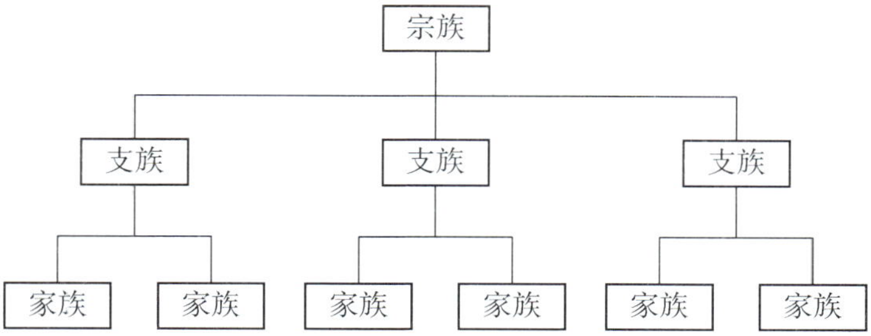

图6－3　族群结构的树形关系

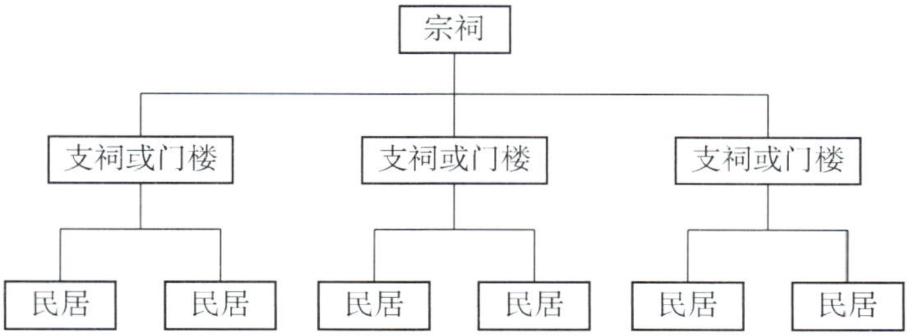

图6－4　村落建筑的树形关系结构

宗祠、支祠、家祠、门楼等建筑群是村落社会伦理结构的物化形式，它们将无形的社会伦理结构变得清晰可见，易于了解掌握。它们把整个聚落分割成等级不同的数个组团，这些组团正像其社会伦理关系一样，呈现树形的分支结构，既合又分，既隔又通，共同组成了同一地域的大家族。村落就是以这种简单明了的空间布局方式适应着聚居于其中的大家族结构形态。

不仅宗族建筑分布与社会伦理结构呈现同构，井的分布亦与其有密切的关系。井的分布与树形结构分布的建筑群基本对应，大部分支族都有自己的井。我们从对村民的访谈中得知，虽然井的位置对应各支族，但是基本上大家都可以共用井水，相处融洽，井边空间成为聚落重要的交往空间。可见，在宗族的统领下，各支族是和谐共存的。

聚落中每个宗姓的地位是不同的，同一宗姓不同支族的地位也不相同，这同样表现在聚落组团的不同方位和规模上，特别明显地表现在宗族建筑的方位、数量和规模上。祠堂数量、规模上的悬殊和方位上的差异显示出宗族、支族与家族势力与财富的不均衡。

村落中族群阶层一般是按等高线分布的，由于高处不易受水涝灾害，因此位于地形高处的往往是村落中的缙绅阶层，在宗族中相对弱势的阶层则居住于标高较低、更易受水灾之处。三水的大旗头村便是一个案例（见图4－5）。大旗头村宗族中重要人物居住的核心区位于西边地势较高处，而普通村民的住宅区则位于东边地势较低处。[①]

第五节　文化形态

文化环境的存在是隐性而又宏大的，其影响往往超越了其他的因素，往往聚落及其居民浸淫其中却不自知，在潜移默化中被不断修正。文化环境是全方位的，我们只能将讨论重点放在儒家伦理道德思想、宗教信仰、堪舆文化、多民系文化、移民文化等方面。

一、儒家思想

（一）伦理本位的宗族思想

宗族组织及其规范与儒家文化具有高度的、内在的精神与逻辑的合一性。罗素论中国传统文化时说中国“以孔子伦理为准则而无宗教”[②]，在佛山历史村落中实有体现。如前所述，村落的形态体现了村落对外以及对内的伦理关系处理方式。

图6－5　顺德右滩黄氏大宗祠

① 冯江．祖先之翼——明清广州府的开垦、聚族而居与宗族祠堂的衍变［M］．北京：中国建筑工业出版社，2010：110－139.

② 罗素，2001．中国之问题［M］//梁漱溟．中国文化要义．上海：上海人民出版社：13.

在村落中供奉着大量的社稷与土地神。村人祭“社稷”，其起源是与祭祀先人司而合之的。社稷合起来为远古人们对自然的崇拜与敬畏，并将此神秘力量与祖先崇拜结合起来。

如前文所示，村落中处处体现伦理本位的宗族思想，规模最大、形制最高的建筑均为宗族建筑，包括祠堂建筑（宗祠、支祠）、里坊门楼、书塾、碉楼等建筑。富裕人家的宅舍虽比寻常人家的要大型，亦不可超越宗族建筑。宗族建筑不仅在物质上提供了公共的福利与安全保障，组织与协调了生产和生活，在精神上亦满足了人们对自身历史感与归属感的深刻追求。①

聚落的空间亦反映出对伦理本位思想的适应性。聚落外立面中最突出的就是宗族建筑（见图6－6），例如代表宗族分支的里坊门楼、代表宗族历史地位的祠堂建筑、代表宗族人才鼎盛的书塾等。家庭排列在支祠后部居住，显示出宗族的凝聚力。

图6－6　顺德华西察院陈公祠

（二）“贵和尚中”“崇尚仁厚之风”与聚落平等

中原移民族群崇尚儒家思想中的“和”与“仁”的观念，移民聚落除了其空间形态对应了儒家思想外，还有众多的细节与其匹配适应。聚落内部的里坊门楼命名与对联都体现了中国人的大和谐观，与天地和谐，与万物和谐，与人和谐。例如很多聚落的门楼名称与对联就蕴含了儒学的伦理

① 周大鸣．当代华南的宗族与社会［M］．哈尔滨：黑龙江人民出版社，2001.

道德文化（见图6－7）。

图6－7　汤南居仁里、人和里

（三）重读书求取功名

村落中许多宗族建筑是兼有义学功能的，有部分更直接命名为书塾、书舍、书室等，如前面教育建筑的统计。

村落外围祠堂前阳埕均有前人的功名碑。每个支族都将其科举考试中名列前茅的族人以及有官职功名的族人姓名与表彰文字刻于石碑上（见图6－8），竖立在祠堂前以示其门楣光大、世代荣显。这是对本族历史及地位的一种有力传播手段，并且其将荣誉感物化与具体化，亦是对后人须重视读书求取功名的一种有效教化。

图6－8　南海里水松塘区氏宗祠前功名碑

村落中还有一共同的现象：族人所认同的共祖并非创建聚落的第一代祖先，而是前面数代祖先中官位功名最高者，且为其修建的宗祠亦比始祖的祠堂要宏伟富丽。这一现象实与慎终追远之风相左。可见村落族众对功名的追求以及较重的功利心理。

如高明荷城榴村，600 多年来，榴村族人勤俭孝悌，诗礼传家，秉承“鹅湖世泽，锦石家风[①]”的祖训，人才辈出。

二、宗教信仰

佛山历史村落中有众多的宗教节诞，如表 6－3 统计：

表 6－3　佛山历史村落重要宗教节诞

信仰节诞	日期	备注
康公诞、主帅诞	农历正月初七、七月初七	纪念北宋名将康保裔
蚕神诞	农历正月初八、二月十五、三月十八	正月初八拜蚕大姑，二月十五拜蚕二姑，三月十八拜蚕三姑
三元诞	农历正月十五、七月十五、十月十五	
庆灯节	农历正月十六	
师傅诞	农历正月十八	
观音开库	农历正月二十六	借库、生菜会
土地诞	农历二月初二、八月初二	土地俗称土地公、护土神、土地神和土神等。土地诞即春社，是春天祭祀社神（即土地神），以祈求丰收的日子
文昌诞	农历二月初三	文昌本是星名，是斗魁以上六星的总称，民间认为它是吉星，专主大贵，后被道教尊奉为掌文昌府事、主宰功名和禄位的神祇
六祖诞	农历二月初八	惠能，俗姓卢氏，唐代岭南新州（今广东新兴县）人，得黄梅五祖弘忍传授衣钵，继承东山法门，为禅宗第六祖，世称禅宗六祖

① 鹅湖世泽：陆九渊、陆九龄在村中鹅湖书院讲学，继承者层出不穷。锦石家风：相传汉文帝时，陆贾使南越说赵佗，取道桂岭南下，途经一山，向山祷告，若能使赵佗归汉，当以锦绣披石山。后果然。事毕，陆贾以锦绣覆山石，锦不足，遍植花卉以代锦绣，以表一诺千金之意。

续表

信仰节诞	日期	备注
洪圣诞	农历二月初九	洪圣是南海神，据称本名洪熙，是唐代官员，倡读天文地理，立气象台观天候，后辛劳早逝，皇帝追封他为广利洪圣大王。相传洪圣死后英灵不灭，屡次拯救居民于灾难。后朝中士人纷纷建庙奉祀他为南海神
老君诞	农历二月十五	
观音诞	农历二月十九、六月十九、九月十九	观音是佛教四大菩萨之一。民间把观音的生日（农历二月十九）、成道日（农历六月十九）、涅槃日（农历九月十九）都当作观音诞
北帝诞	农历三月初三	北帝是真武帝君，原称玄武，宋以后改为真武，形象为龟和蛇。在古代四神和二十八宿排列上，玄武位于北方，主水，故称北帝，庇佑风调雨顺、国泰民安。广东是水乡，以水为始源，所以北帝庙又称为"祖庙"
医灵诞	农历三月十五	
天后诞	农历三月二十三至二十六	传说农历三月二十三日是天后（护海女神）生日
车公诞	农历三月二十七	据说南宋末年，皇帝南下避难，车公一直护驾到香港，车公去世后，人们因其忠诚奉他为神明
释迦佛诞	农历四月初八、二月初八	即"释迦族的圣人"，佛教创造人，名悉达多·乔达摩，释迦族人，一般认为他的生年为公元前565—公元前485。传他是北天竺迦毗罗王国净饭王的儿子
金花娘娘诞	农历四月十七	
太尉侯王诞	农历四月二十二	
龙母诞	农历五月初八、八月初八	
关帝诞	农历五月十三，六月二十四	崇拜关云长的英勇大义、正气凛然，用关帝的正气压邪。后因关帝的脸是红的，民间以红为"红利"，商家和民间又将关帝奉为财神
赵公诞	农历六月初二	
巡抚庙宝诞	农历六月初四	

续表

信仰节诞	日期	备注
二圣宫庄诞	农历六月十九	
雷祖诞	农历六月二十四	亦作“嫘祖”，蚕神，本为黄帝正妃。《史记·五帝本纪》：“黄帝居轩辕之丘，而娶于西陵之女，是为嫘祖。嫘祖为黄帝正妃，生二子，其后皆有天下。其一曰玄嚣，是为青阳，青阳降居江水。其二曰昌意，降居若水，昌意娶蜀山氏女曰昌仆，生高阳。”
佛欢喜日	农历七月十五	佛教节日，腊者岁之末，又称僧自恣日。《盂兰盆经》：“善男子，若有比丘、比丘尼、国王、太子、王子、大臣、宰相、三公、百官、万民、庶人行孝慈者，皆应为所生现在父母、过去七世父母，于七月十五日佛欢喜日、僧自恣日，以百味饮食安盂兰盆中，施十方自恣僧。”
财神诞	农历七月二十二	即财神生日，汉族民间祭祀风俗。道教所奉财神，相传为赵玄坛。商界及企望财源亨通的人均在平日及财神诞辰虔诚敬祭
华光诞	农历九月二十八	全称五显华光大帝诞。传说华光是火神，有三只眼，很喜欢玩火。一次，因玩火烧了九龙墩，触怒玉帝，令他每年八月初一下凡，民间须打清醮恭迎他。

三、风水堪舆文化

如前文第四章第二节所述，佛山地区的历史村落均讲究风水堪舆文化，其择址对地理环境的利用、改造，村落布局方式等，均深刻体现了风水堪舆文化。（见附录）。

第六节　节庆仪式

佛山历史村落的节庆仪式众多，不能覆盖全面，仅撷取部分特色节庆仪式加以论述，见表6－4。

图 6 –9　端午龙舟竞渡

图片来源：周学勤摄

图 6 –10　南海松塘中秋烧番塔

图片来源：周彝馨广府建筑推广工作室，骆琪摄

表 6－4　佛山历史村落重要节庆仪式

节庆	日期	节庆仪式	村落	备注
春节	农历正月初一	1 舞龙 2 舞狮 3 春祭 4 吃濑粉	1 禅城莲塘 2 南海百西村头 3 顺德碧江 4 顺德沙滘 5 高明阮埇	1 20 世纪 30 年代，莲塘村的醒狮在省城广州赢得“顽童少狮”之誉。陈汝安是本村的市级非遗传承人。 5 阮埇过年有吃濑粉的习惯，寓意金玉满堂、天长地久
“出色”巡游	每逢子、午、卯、酉年的正月初四	松塘飘色	南海松塘	“飘色”巡游盛会三年一届。其时，一条彩色的长“飘”凌空撑起，由体格强健的“后生头”独力把持飘杆，走在巡游队伍之首。随后，是帅牌、罗伞、八音鼓乐手以及由各坊自行编组的精壮少儿两三人共为一体的“板”（板上人物或站或坐，以神话传说人物为扮相，演绎相关故事），由体能胜任的长辈抬着，还有的抬着宝座上的菩萨，次第而行，一路上鼓乐齐鸣，浩浩荡荡，蔚为壮观。所到之处，村民夹道观看，更有随队而行者，万人空巷，热闹非凡
康公诞、主帅诞	农历正月初七、七月初七	1“康公”巡游 2 康公诞康公锣鼓柜巡游	1 禅城莲塘 2 顺德鹤峰豸浦 3 顺德逢简 4 南海华夏、岭西、民乐	1 莲塘村内原有一座主帅庙（供奉康公主帅）。相传当年抗辽战争时，一群鸭子救了康公，为答谢鸭子的恩情，遂告诫子孙后代不许食鸭，时至今日，豸浦和莲塘村民还保持着不吃鸭子的传统。 2 坐落鹤峰豸浦村口的康公古庙已有 400 多年历史，是为纪念北宋名将康保裔而建。每年的正月初七康公诞，豸浦村民及外地信众都举行“康公”巡游，该传统活动已延续 400 多年，万人空巷。 3 逢简称主帅诞
起灯、开灯	农历正月初八、农历十二月二十日、农历正月初十至十二	1 起灯 2 开灯礼	1 高明深水 2 禅城罗南隆庆	1 正月初八给新出生的男丁起灯，农历十二月二十日全村吃团年饭并放烟花
蚕神诞	农历正月初八、二月十五、三月十八	请蚕神游街	1 顺德里海 2 南海平沙、上社	正月初八拜蚕大姑，二月十五拜蚕二姑，三月十八拜蚕三姑

续表

节庆	日期	节庆仪式	村落	备注
庆寿	每三年一次，正月初十	初八、初九参观陈设，欣赏舞狮、武术表演，初十正式庆典	南海联星	庆寿当年正月初八、初九参观陈设，欣赏舞狮、武术表演。初十为正式庆典，全村60岁以上长者均穿上清代寿袍出席祝寿典礼，礼生唱拜寿程序，寿星叩拜先祖后，在中堂接受晚辈祝寿
出灯、抱灯	农历正月十三	出灯、抱灯	高明范州	明嘉靖三十八年（1559年）皇帝为嘉奖罗黄裳，赐名制作“黄龙吐珠灯”。400多年来，村民都沿习正月十三出灯、抱灯等习俗
元宵	农历正月十五	1 开灯 2 小踏青节，偷青 3 跳火光 4 鱼灯节 5 洪圣公锣鼓柜巡游	1 三水祠巷 2 高明版村 3 南海赤山 4 禅城罗南隆庆 5 顺德碧江 6 顺德鹤峰上村	传统的开灯仪式有着多重寓意，一来是向祖宗报告添丁之喜，祈求先人的庇佑；二来是维系族人感情的一个重要仪式，可以借此增强长辈、晚辈之间的沟通、联系。为过去一年新出生的孩子举行开灯仪式，寓意每一个族人都可以健康、快乐成长。开灯仪式开始时，家长们领着新生儿在大门接过挂有新生儿名字的宫灯，前往接生亭领香，然后穿过祠堂左边的青云巷到祠堂第四进给先人上香，最后从另一边青云巷退出并返回原点，每位新生儿还可以领到一封大利是。所挂的宫灯，将在祠堂挂一年，寓意这些小朋友在祖先的庇佑下聪明伶俐，健康成长。 2 称元宵为“小踏青节”。当天黎明前，村中未婚姑娘早起，打扮靓丽，脚穿花木屐，手挽菜篮，成群结队到郊外踏青。朝阳升起，各自到村中菜田选摘几棵最青绿、最喜欢的菜放于自己的篮子里，俗称“偷青”。有意中人的姑娘更是选好目标偷青。村中男青年，借口防有人偷青，早早守在菜田中，姑娘来摘菜时，借机攀谈，如情投意合，便相约提亲或再约会。中午时分，姑娘们集中一起，由年纪最小的先行，唱着踏青歌回村。 3 村中长老带领一班师徒，组织村中舞狮队，到各家各户接受礼拜，并互相祝福，祈盼来年风调雨顺，五谷丰登。全村巡礼过后，村中舞狮队便在村中进行采青表演活动。当日傍晚，家家户户灯笼高挂，村中上下大摆筵席。村民饭饱酒足之后，敲锣打鼓，舞起醒狮，由手执灯笼火把的一班徒弟，簇拥着手握保护神神杖的长者，在堆起的稻秆堆点起熊熊火光，让村民一个接一个勇敢地跳过火堆。狂欢之夜一直热闹到次日凌晨三四点。全村男女老少连同回村参加习俗活动的外嫁女将近千人。村民通过这个活动来祈求新的一年风调雨顺、国泰民安

续表

节庆	日期	节庆仪式	村落	备注
三元诞	农历正月十五、七月十五、十月十五		南海大同	
庆灯节	农历正月十八		南海七星	
神诞游村	农历正月十七	神诞游村	南海石碣	60 岁以上老人齐聚阙里旧家祠堂，村民集体为长者庆祝
师傅诞	农历正月十八		南海七星	
拜斗	农历正月二十九	天后庙拜斗	南海苏村	食斋祈福，转运
角仔节（食角节）	1 农历正月 2 农历二月十三		1 高明平塘 2 高明朗锦	1 距今有近 500 年历史。角仔又名入口角或入口饺，形似饺子，高明的传统小吃。由于形态像元宝，寓意在新的一年里金银满屋。 2 全村每家每户制作很多咸角仔和甜角仔，既供自家享用又与村民一同分享
土地诞	农历二月初二、八月初二		1 禅城罗南隆庆 2 南海松塘、百西 3 顺德马东谭木镇三坊	土地俗称土地公、护土神、土地神和土神等。土地诞即春社，是春天祭祀社神（即土地神），以祈求丰收的日子
文昌诞	农历二月初三	开笔	1 禅城罗格孔家 2 禅城罗南隆庆 3 南海松塘	
六祖诞	农历二月初八	祈福斋宴活动	南海百西村头	在六祖庙举行。为纪念六祖惠能在此用神奇泉水救助村民疥癞之疾
洪圣诞	农历二月初九、二月十三		1 顺德马东黄甲坊 2 南海百西	

续表

节庆	日期	节庆仪式	村落	备注
榴村行神	农历二月十五	榴村行神	高明榴村	榴村西边有座庙，叫大庙，供奉“大王公”。“行神”的前一天先将“大王公”神像抬到榴村谭家东面叫“篼督”的地方。晚上开始“行神”活动。“行神”队伍由两个“色仔（童子）”带路，四个去年新婚的男丁抬着“大王公”，有一个道士念经伴随。队伍从榴村谭家东面起到陆家西边，“大王公”神像抬过各家各户。各家都在门前祭拜迎接，敲锣打鼓，舞着醒狮，热闹非常。炮仗声从村东至村西一直响到第二天黎明。活动结束后将“大王公”神像送回大庙供奉，扎一只约一米长的纸船在西安河黄田岗处放向西江，寓意榴村当年一帆风顺。附近村的许多亲戚朋友都受邀请前来。这是榴村陆谭二姓一年中最隆重的祭祀活动，祈求当年风调雨顺，五谷丰登
老君诞	农历二月十五		南海河岗、西樵	
观音诞	农历二月十九、六月十九、九月十九、十一月十九	出会	1 顺德逢简 2 顺德马东 3 南海大岸、河岗、上金瓯	二月十九观音生日，六月十九观音成道日，九月十九观音涅槃日，十一月十九观音祈祷日。六月十九，人们成群结队到庙里拜祭求签，有“出会”巡游的活动，一些街道或村庄还在学堂或祠堂里摆神供，演酬神戏、做法事。神供多由未婚女子来布置，神案摆上各种糕点、花卉、果品以者、绣有龙凤图案的丝绸纱帛工艺品，周围挂上红黄旗幡帐幔。 1 逢简觉妙净院观音诞，来自各地的善信就会聚集到觉妙净院参拜、吃斋菜
北帝诞	农历三月初三	1 收北帝签 2 天姬送子、神像巡游	1 南海烟桥 2 南海简村 3 南海百西 4 南海上金瓯	1 每逢年节村人都会带上酒肉、香烛拜祭北帝，特别是在农历三月初三北帝诞更为隆重。不少外乡人也来参拜北帝，从早到晚香火鼎盛。村民每遇困惑都有“收北帝签”的习惯，风俗影响到很多外地人慕名而来烟桥收签拜北帝。 2 全村上下都会举护隆重的贺诞活动，有斋宴、醒狮、粤剧等。自清始，每到农历三月三北帝诞和冬至日时，庙后的斋堂都会煮斋分给村民，贫穷的人家还可免费享受。民俗还衍生出“天姬送子”仪式，村中希望生育的妇女都可以去一祈夙愿

续表

节庆	日期	节庆仪式	村落	备注
烧炮	农历三月初四	烧炮	顺德沙滘	源于古代佛山庆祝“北帝诞”的活动。农历三月初三是北帝的诞辰。次日，人们为了酬谢神恩，就在祖庙门前举行盛大的庆典仪式，其中重要的一项就是烧炮。清代番禺著名诗人、文学家屈大均在《广东新语》中对烧炮有过详细记载。随着时间的推移，烧炮的地域范围不断扩大，烧炮的时间、内容、形式都有很大变化。逐渐演变成如今人们祈福求财，感怀清平盛世的一项活动
医灵诞	农历三月十五		南海百西	
天后诞	农历三月二十三至二十六	1 舞狮 2 划龙船 3 烧鞭炮	1 禅城湾华 2 顺德马东 3 南海大同、樵泰、百西	1 湾华村天后诞这几天，全湾华村男女老幼身穿盛装，舞狮，划龙船，烧鞭炮，热闹非常
车公诞	农历三月二十七	1 拜车公神 2 打醮① 3 唱鸡歌	南海联星	请南无佬②拜车公神，打醮，晚上唱鸡歌，至午夜 12 点后才结束
清明	春分后 15 日	1 祭祖 2 崛尾龙拜山 3 太公分猪肉	1 南海烟桥 2 顺德逢简 3 三水独树岗	清明祭祖是一件大事。清明当天祭祖回来，大家聚餐联络亲情。晚饭祭祖金猪分发每席享用。金猪象征家族兴旺，事业红火。告慰先人在天之灵，以此向先祖表示孝心和敬意。清明祭祖开支，均由族人筹集，随缘乐助。 1 每年的清明节前一晚，烟桥村都会邀请部分镇南石龙、西岸凰岗村同族兄弟来到烟桥，与村中长辈、海外华侨一齐聚餐
释迦佛诞	农历四月初八		南海儒溪	
太尉侯王诞	农历四月二十二		南海华夏	

① 道教为信徒设坛祭祷以求福消灾的一种仪式。
② 名道士、巫师，“南无佬”为其粤语称呼。

续表

节庆	日期	节庆仪式	村落	备注
龙眼点睛	农历五月初三	龙眼点睛	顺德龙眼	龙眼因龙舟点睛民俗活动名闻远近，至今传承六百多年。相传五月初一子时，太尉公生日。其时，村民来到太尉庙敲打大鼓三下，再击打大锣三下，此谓“龙船鼓”“起龙船”，拜祭开始。五月初三上午，清理神台，摆上罗伞、锣鼓以及各色贡品，准备好点睛用的香烛、龙耳、李子、花生以及具有辟邪降祥寓意的黄皮叶和龙眼叶，更换新对联。吉时，四方八邻的龙船纷纷前来。第一艘龙船每年都会得到鞭炮的欢迎。人们双手敬捧龙头、龙牌、龙尾进入庙中，跪拜太尉神像，自报坊名，祈佑他们一年顺风顺水，安吉祯祥，人们每拜谒一次，庙中锣鼓就响一下，然后进香、点睛。点睛由前一天净身礼神、身着新衣的村中贵人来完成，用崭新朱砂笔在龙头双眼、龙颈、龙尾各点朱砂，并念诵吉祥语。村中妇人将龙眼叶、黄皮叶塞进龙口，以佑吉祥。点睛后，各坊会将自己的龙船符恭放神台，让信众请回家中。妇人多用针线将龙船符缝在小孩衣衫中，保佑他们安宁平顺。参拜后，人们环绕太尉庙由左而右，从毗邻相连的光华庙走出，顺手带回果品李子以讨吉利，人称“行大运”。而龙船则在鼓点指引下，以三进两退的仪式叩拜作揖，然后绕河缓缓游弋。龙眼村遵循古例，在村中安置13个点，存放生果、生葱、利是、水酒、鸡鸭等，恭请龙船过门，村民以长竹竿将礼品挑给船员，感谢他们礼拜太尉、施惠播福，龙船健儿们也恭送利是，以示答谢
金花娘娘诞	农历四月十七		1 南海七星 2 南海新田	
大军忌	农历五月初四	拜祭刘观成，并聚族人讲述刘观成事迹	顺德逢简	黄萧养起义时，攻入大良，驻守士兵多为逢简人，于是黄萧养记恨逢简，举兵洗劫逢简。逢简刘氏五世祖刘观成率族人组成民兵，保护村居宗族，但最终失守。刘观成由于风湿脚不方便，拒绝逃难，与儿媳、孙子一起于五月初四遇难。为纪念刘观成，族人于旧历五月初举行大军忌

续表

节庆	日期	节庆仪式	村落	备注
端阳竞渡	农历五月初五	1 龙舟竞渡 2 龙船饭 3 洗龙舟水 4 包粽子	佛山多个历史村落保留了龙舟赛 1 禅城莲塘 2 南海烟桥、茶基、叠南江头、仙岗、盐步 3 顺德逢简、碧江、沙滘 4 三水冈头、独树岗、大旗头、江根 5 高明阮埇	赛龙舟的风俗自明至今渐盛，多为祈求农业丰收、风调雨顺、去邪祟、禳灾异、事事如意，也保佑划船平安。每年五月端午节，村民都会进行龙舟、凤艇比赛。龙舟竞渡后，龙船赛的队员和村民会相聚祠堂吃龙舟饭。龙舟竞渡过后，人们还会纷纷洗龙舟水，按照传统的说法，“龙舟水”有辟邪的作用。小朋友洗过龙舟水，更可聪明伶俐。 1 莲塘村内至今保存一艘有80多年历史的“大龙”（十三人龙）。 2 烟桥村现有五人龙舟6只（有的存放在八川祖祠）、四人凤艇4只
龙母诞	农历五月初八、八月初八		1 顺德龙潭 2 南海大岸	1 各乡龙船齐集龙母庙参拜
关帝诞	农历五月十三、六月二十四	“关帝诞”祈福活动	1 顺德逢建 2 南海松塘 3 南海百西村头	每逢五月十三日关帝诞及其他节日，各地都有关帝庙会。其意是崇拜关云长的英勇大义、正气凛然，用关帝的正气压邪。后因关帝的脸是红的，民间以红为“红利”，商家和民间又将关帝奉为财神。 2 松塘关帝庙即村中之武庙，坐落村口，是镇村之庙。每年六月二十四关帝诞，村中都演上几场大戏，酬谢神恩。平时村民早晚上香，祈神庇佑国泰民安。 3 六月二十四在文武庙举行
赵公诞	农历六月初二		南海上金瓯	
巡抚庙宝诞	农历六月初四		顺德马东	

续表

节庆	日期	节庆仪式	村落	备注
二圣宫庙诞	农历六月十九			
雷祖诞	农历六月廿四		顺德西登	由村内何姓家族德高望重的长者主持，燃放花炮，挂彩灯，摆酒席
乞巧节	农历七月初七	摆七娘	1 南海沙头 2 顺德逢简	1“摆七娘”也叫礼拜七姐，在古时不仅是一种祈福仪式，还是姑娘们展示手艺、寻觅姻缘的大好机会。村民在黄氏大宗祠举行“摆七娘”活动，男女老少欢聚一堂。 2 在这个特殊的节日里，顺德大部分自梳女也会花心思去“摆七娘”。她们的桌子上摆放着自制的各式花果女红，手工娴熟，工艺精美
盂兰节	农历七月十四	烧香祭祖	顺德均安鹤峰	
佛欢喜日	农历七月十五			
财神诞	农历七月二十二			
中秋	农历八月十五	1 烧番塔 2 醒狮	1 南海松塘仙岗 2 三水独树岗	1“塘边塔影印清波，吹月争辉灿临河，丹塔腾龙奔玉宇，蟾宫明镜照红罗”描写的是中秋夜烧番塔的美景。这一民俗活动，在松塘村已经有数百年的历史。每逢中秋前夕，村民便自发用砖块在空地上砌成一座几米高圆台形的空心塔，塔身错落有致垒出层层隙口，一圈圈往上收窄，到顶时留下一个大孔口，塔底还留筑有一个方形大塔口，作为适时添加柴草以随时控制塔内火势之用。中秋之夜，当番塔内柴草被点燃之后，烟焰随火势由塔顶向天空升腾，火星漫天飞扬，村人还不时用湿竹竿从塔底方形口中起劲挑拨，每挑拨一次，星焰即腾飞一次，围观的村民则随飞升的烟焰不时发出呐喊喝彩之声

续表

节庆	日期	节庆仪式	村落	备注
重阳	农历九月初九	1 重阳敬老 2 千人宴	1 南海烟桥、松塘 2 三水芦苞、独树岗、长岐	1《南海烟桥何氏家谱》记录，仅在清朝末年，烟桥村就有两位百岁老人，村中曾奉旨建“贞寿坊”。荣显谱记载，村中因长寿得到朝廷恩诏顶戴的老人多不胜数。清嘉庆二十年（1815年），翰林陈嵩庆曾撰文《南海烟桥乡先生联寿序》，道光二十五年（1845年），何文绮曾撰文《恭介大齿德列位先生大庆寿序》。每年的重阳节，烟桥村都会给村中老人派长寿利是、派祝寿礼品，并组织人聚餐、观看文娱表演，欢度老人节。 2 长岐每年重阳，都在大榕树、古祠下办“千人宴”，敬老爱老。从民国初年起，独树岗重阳节便有“老人捧银”“老人食咸榄”的敬老惯例
华光诞	农历九月二十八	烧炮 做大戏	1 禅城罗格孔家 2 三水江根 3 南海滘边、上金瓯、新河	家家户户杀鸡杀鸭招呼亲朋好友
太公祝寿	农历十月初九	舞狮 划龙船 烧鞭炮 筵席	禅城湾华	太公祝寿，历史上称为大太公祝寿，延续了500多年。全湾何村民都到大宗祠进行祝寿活动，舞狮、划龙船、烧鞭炮，活动从上午延至傍晚，举行晚宴，各村分别在自己祠堂筵开百席，共祝大太公寿辰
廿六浸	农历腊月二十六		三水独树岗	每年腊月二十六日上午，凡年满16岁的男丁，闻锣声集合，各携工具，担海沙，覆草皮，填补榕塞围独树岗基段，并查蚁穴，修险段。事毕，每人领猪肉一份。① 村民做萝卜糕、芋头糕、松糕、蛋糕等，还有很多小炒，亲戚来一起吃

① 《独树岗蔡氏族谱》《防洪抢险与廿六浸》。

第七节　风俗禁忌

佛山历史村落中有许多富有特色的风俗和禁忌，见表6－5。

表6－5　佛山历史村落部分风俗禁忌

风俗禁忌	村名	备注
龙狮文化	1 禅城莲塘、紫南村头、隆庆 2 南海仙岗、宏岗 3 顺德碧江、沙滘 4 三水大旗头、长岐	1 20 世纪 30 年代，莲塘村的醒狮在省城广州赢得“顽童少狮”之誉。陈汝安是本村的市级非遗传承人。隆庆孖仔记、陈成狮法。 2 宏岗醒狮采青
游龙（彩龙巡游，龙舟巡游）	1 顺德沙滘、庄头 2 南海上海、聚龙	
草艇拔河	顺德庄头	
自梳女	顺德沙头	自梳女俗称“姑婆”，即不嫁的女子。据记载，顺德自梳女的形成始于清末，盛于民初。当时，顺德蚕丝业发达，许多女工收入可观，经济独立。这些女工不甘受束缚，终生不嫁。于是，选定良辰吉日，由亲人或好友梳起发髻，表示终生不嫁，俗称“梳起”，正式成为“自梳女”。 20 世纪 30 年代，丝业衰落，顺德少女结伴经香港乘船前往南洋打工，大部分当家庭女佣。只要有一点积蓄，都汇往家中帮补家计。人到老年，精力已衰，有的被辞退，有的“落叶归根”回乡定居安老
尚武	1 顺德马东 2 三水独树岗、长岐 3 顺德逢简	1 有独特的咏春拳武术文化，作为咏春拳一代宗师陈华顺的故乡，拥有“咏春拳之乡”的品牌。 2 民国年间，独树岗就有在佛山精武馆授徒万人的蔡丽秋等武林高手。自 20 世纪 20 年代末，独树岗村“同乐社”聘请武术名师为青年传授武术。20 世纪 70 年代初，鱼塘生产队被评为三水县的“武术之乡”。 3 咏春拳

续表

风俗禁忌	村名	备注
破土动工	三水岗头	岗头村建房凡破土动工须烧纸拜祭，屋顶梁上挂红布、古钱，少数人家的屋顶或门口还会挂上铜镜或瓷鸡，用于辟邪
不吃鸭子	1 禅城莲塘 2 顺德鹤峰豸浦	1 相传康公主帅变成蟛蜞外出，爬到泥泞地时，被牛踩在烂泥中，碰巧一只鸭子把这只蟛蜞叼了起来。鸭子成了康公主帅的救命恩人。村民爱屋及乌，对鸭子也尊崇起来。从此喜宴就不用鸭做菜。 2 相传当年抗辽战争时，一群鸭子救了康公，为答谢鸭子的恩情，遂告诫子孙后代不许食鸭
喜宴散席才放鞭炮	禅城莲塘	传说：以前村中一大户人家，在娶儿媳的晚宴上没清点人数，以为宾客来齐即放鞭炮入席。这时舅公老爷刚到村口，听到鞭炮声知道已开席，扭头就走，没有赴宴。一向以来，在这种场合舅公老爷都是坐主位的角色，自此莲塘村喜宴散席才放鞭炮

图6－11　顺德沙滘舞龙

图片来源：顺德沙滘村提供

图6－12　顺德沙滘游龙

图片来源：顺德沙滘村提供

图6－13　顺德沙滘醒狮

图片来源：顺德沙滘村提供

第八节　民间艺术与工艺品

佛山历史村落有丰富的民间艺术与工艺品，其中许多已成功申报非物质文化遗产见表 6－6。

第九节　特色食品

佛山地区为粤菜文化中心地，顺德、南海等地区尽得粤菜精粹，佛山历史村落的特色食品丰富、精彩、自成体系。见表 6－7。

表 6－6　佛山历史村落部分民间艺术

民间艺术	村名	特色	非遗级别	备注
十番	1 南海叠滘茶基 2 南海叠南庆云 3 南海夏教	1 茶基十番 3 十番苏镲锣鼓	1 国家级	1 茶基十番，3 位省级非物质文化遗产继承人。何广义堂，代表性传承人何汉然
灰塑	南海狮山联表	联表灰塑	市级	
编织	1 南海百西 2 顺德碧江	1 竹织雨帽 2 竹织、藤编	1 市级	1 竹织雨帽是传承 200 多年的手工技艺
秋色艺术品	顺德碧江			
剪纸	顺德碧江			
木版年画	顺德碧江			
彩扎龙、狮	顺德碧江			
刺绣	顺德碧江			
八音锣鼓，锣鼓柜	1 顺德沙头 2 顺德逢简 3 顺德高赞 4 顺德光辉 5 顺德麦村 6 顺德南华	八音锣鼓柜	省级	1 早在 19 世纪，由音乐曲艺爱好者自发组织了“澹闲社”“趣闲社”等曲艺组织，后来为适应江尾洲关帝出巡游之举，曲艺社演变成巡游式的中小型乐队，由鼓、钹、锣、管、弦等乐器及帅旗组成“锣鼓柜”，计有“盛世元音”“霓裳雅咏”“乐艺声平”“韶乐堂”等锣鼓柜。1999 年被国家曲协命名为“曲艺之乡”。 3“和乐琼楼”锣鼓柜班、锣鼓柜，代表性传承人梁兆帝，代表性乐曲得胜令、六波令、叹颜回；“鸣盛桐台”锣鼓柜班、锣鼓柜，“云门小榭”锣鼓柜，“饰喜华庄”锣鼓柜、食箱。 4“雅颂声楼”锣鼓柜班、锣鼓柜，传承人周途科，代表性乐曲六波令、上云梯（七重天）。 5 麦南“太平别墅”锣鼓柜班、锣鼓柜，传承人麦牛冠，代表性乐曲大开门；麦北“翕绎同源”锣鼓柜

续表

民间艺术	村名	特色	非遗级别	备注
龙舟说唱	1 顺德北水、逢简、吕地 2 南海宏岗	龙舟说唱	省级	演唱时艺人常持一上端架着木雕小龙舟的长棍做标识，胸前挂一副小锣小鼓，敲击节拍做间歇伴奏吟唱，其声腔短促，高昂起伏，诙谐有趣，极富现场感染效果。唱词以七言韵文为基本句式，四句为一组。腔调简朴流畅，富有浓厚的乡土气息，宜于叙事抒情。内容从古代神话故事、民间故事到当前的时事新闻、时尚潮流，几乎无所不包。由于民间艺人文化程度不高，多为口耳相承，流传下来的不多
人舞龙	1 顺德光华 2 顺德逢简	1 光华人龙舞 2 人龙舞	国家级	1 清同治状元梁耀枢高中后荣归故里，村人林升辉等一批武术爱好者组织村民舞人龙迎状元回乡
粤曲星腔	三水伏户墩头	粤曲星腔	省级	
曲艺	1 顺德沙头 2 禅城湾华			1 中国曲艺之乡

表6－7　佛山历史村落部分特色食品

村名	区属	特色食品	备注
莲塘	禅城张槎	1 玉冰烧 2 “大头典”竹笋 3 鱼蓉笋粥	1 莲塘人陈屏贤开创了驰名中外的陈太吉酒庄（太吉酒厂有限公司前身），至今已有170多年，翰林公陈如岳（陈屏贤孙子）研制的玉冰烧是佛山酒品的代表作。 2 以笋入宴。 3 鱼蓉笋粥远近闻名
湾华	禅城石湾	湾华柱侯酱	据说清同治年间，佛山祖庙附近有一专卖牛什的小贩，名叫梁广训，字柱侯，原澜石湾梁村人。摊位虽小，但名气颇大，他做的牛杂软烂浓郁，香留齿颊。当时的三品楼高薪聘他为司厨，在总结卤水牛杂用酱的基础上，梁广训又配制出一种风味更佳的酱料，光绪年间曾考取拔贡的南海人胡子晋有《下州竹枝词》记之：“佛山风趣即乡村，三品楼头鸽肉香。听说柱侯成秘诀，半缘豉味独甘芳。”当时，三品楼的花格门窗上也用磨砂玻璃刻着：“三品楼，三品楼，啧啧人言赞柱侯，”“崛鸡、乳鸽、大鳝、猪头、水鱼、山瑞兼优。”酒楼的老板还买来副大石磨设在门前，专工磨制酱料售卖，命名为柱侯酱，其后，制酱行业又把它成批生产销售，于是，柱侯酱和柱侯菜便逐渐进入各地食店家庭，成为粤菜的一大特色
仙岗	南海丹灶	1 茶蛋仔 2 鱼 3 鸭 4 蔬菜	1 原是用于拜祭土地诞的，后为纪念葛洪，在茶蛋仔的基础上用一些常见的保健食品、药材做馅料，做成有保健养生功能的“仙丹”
烟桥	南海九江	1 大盘鱼 2 醉翁鸡	

续表

村名	区属	特色食品	备注
碧江	顺德北滘	1 鱼宴 2 水底芽菜 3 蟛蜞仔 4 布包豆腐润 5 鱼汤抽皮 6 云吞面 7 腌笋	
沙头	顺德均安	1 均安煎鱼饼 2 烧猪 3 蒸猪 4 辣椒饼	
逢简	顺德杏坛	1 手磨芝麻糊、双皮奶、豆腐坊 2 蒸猪 3 鱼饼	
祠巷	三水白坭	1 鸡煲蟹 2 古法秘酱蒸河鳝 3 香逼太岁鸭 4 晋家佬蒸鱼	

续表

村名	区属	特色食品	备注
岗头	三水白坭	1 河鲜 2 禾秆盖珍珠 3 吹气煎堆	
梅花	三水大塘	1 梅子黄肉西瓜、火龙果、黄皮、龙眼 2 黑山羊、猪、鸡、鸭	
长岐	三水芦苞	1 冬瓜、白菜、芋头、水稻 2 芦苞河鲜	2 芦苞河鲜远近闻名
蒲坑	三水南山	空心煎堆	六和客家人保留的最独特的习俗该数空心煎堆。腊月送完灶神后，六和客家人就开始做煎堆准备过年。煎堆用糯米粉拌上糖和水压成团，搓成小球后又压成饼状，然后捏成橘子大小的空心球放进油锅。一边炸一边用笊篱反复搓挤。煎堆里的空气受热膨胀成球状，最大的有柚子大小。一些不知内情的人还以为是用嘴吹出来的
榴村	高明荷城	1 花生、番薯、芋头、水菱角 2 高明濑粉、汤粉、端午粽子、芋团、博撑、油糕、大团年糕、糖环等	2 不同的传统节日、婚嫁喜庆都会有不同的小食。春节、中秋、冬至、生日、婚嫁、必须煮濑粉，象征美好的时物长长久久，端午吃粽子，中秋吃芋团，春节蒸大团年糕，油炸糖环送亲友
阮埇	高明荷城	濑粉	阮埇村过年有吃懒粉的习惯，寓意金玉满堂、天长地久

第七章

佛山历史村落的人文特点

佛山历史村落是复杂多维的，要读懂之，必须将之放置于无形的岭南文化源流之中。历史村落是一个多面体，其像棱镜一样折射出丰富多面的佛山乃至岭南传统文化性格。

第一节　宗族集权的制度与严整统一的规划

岭南地区村落结构与社会结构的完整性与持续性很早就受到国内外学者的关注，岭南地区宗族力量的强大与顽强是其他地方难以比拟的。佛山历史村落正好是岭南地区宗族文化的中流砥柱。

宗族文化影响下的梳式布局村落和棋盘式布局村落，是传统村落中最为严整的，尤其是梳式村落，其严整统一，重视宗族门面，是尽显广府宗族文化的布局方式。三水大旗头村号称岭南第一村，就是佛山乃至岭南历史村落的杰出代表。

在梳式村落中，祠堂、门楼等宗族建筑是村落空间秩序的绝对主导者。佛山历史村落中大族聚居后分为数支，支族再分房，形成了树形的宗族分支脉络。村落中的宗族建筑也与树形的宗族分支脉络相对应，分为宗祠、碉楼、支祠、书塾、门楼等。大族有宗祠（或书塾），每一支族又有其支祠（或门楼、酒堂、书塾等）。通常每一姓氏宗族在进村处有一个以上的大宗祠（祖上显赫的宗族宗祠数量较多），沿村落外围有多个支祠、书塾或入口门楼。村落中规模最大、形制最高的建筑均为宗族建筑，富裕人家的宅舍虽比寻常人家的要大型，亦不可超越宗族建筑。

村落主入口边界一般布置以众多的宗族公共建筑，并且公共建筑的正立面面向村落外围的阳埕和水体，成为最引人注目的门面。祠堂维系着村落的空间秩序，正如宗族维系着社会秩序。村落一般有多个平行的巷道，巷道入口处有里坊门楼，每个里坊门楼代表一个支族聚居空间的入口。司支族的居住建筑则严格按照祠堂建筑的朝向与宽度、开间进行排列，形成了多个形态严整的建筑行列。这种多个宗族建筑沿水边排列，建筑大门宏伟开敞，多条巷道可以直通村落内部的格局，显示出本地族群稳定的宗族关系和尽得天时地利的生活环境。在优越的生活环境下，宣扬本族群的社会地位与经济地位就成为更为迫切的需要。

“顺德祠堂南海庙”充分说明了佛山地区的祠堂数量之大、质量之高。宗族制度发展的需求是推动祠堂兴建的内在动力。明嘉靖“大礼议”的推恩令导致了嘉靖十五年（1536 年）家庙及祭祖制度的改革，允许庶民祭祀始祖。广府地区以此为契机普及祠堂的建设。冼宝干《佛山忠义乡志》[①]卷九《氏族》记载："明世宗采大学士夏言议，许民间皆得联宗立庙。于是宗祠遍天下。"佛山历史村落的祠堂数量与质量充分证明了这些历史村落至今宗族力量的强大。每个村落、每个族姓都有其代表性的祠堂，甚至有数个堂皇的祠堂。祠堂见证了宗族的兴衰，是佛山地区富有特色的文化现象。因此佛山历史村落不惜花费巨资，集族人所长，营造出规模宏大、富丽堂皇的祠堂建筑，甚至出现了大量僭越礼制的祠堂，如顺德碧江的尊明祠、沙滘的陈氏大宗祠等。

不同支族的建筑靠纵向巷巷连接，朝向大同小异，空间互有配合，形成了整个村落有条不紊的空间结构。村落空间形态与其宗族关系一样，在宗族的整体统治下，支族各有相异，但仍和谐共处，服从整体布局。对个人最有支配地位的是支族，反映在村落空间形态中，对建筑单体的朝向、大小、排列、布局最有支配地位的，是支祠建筑或支族门楼。而所有的支族空间都在宗族的整体控制之下。

不仅宗族建筑分布与宗族结构呈现同构现象，井的分布亦与其有密切关系。井的分布与支族建筑群的分布基本对应，大部分支族都有自己的井。我们从对村民的访谈中得知，虽然井的位置对应各支族，但是基本上大家都可以共用井水、相处融洽，井边空间成为村落重要的交往空间。可见，在宗族的统领下，各支族是和谐共存的。

村中宗族建筑多为合院式布局，只有祠堂、书院等公共建筑可以正向中轴开门。民居则多为三间两廊式。"三间两廊"是中国传统合院文化在岭南地区发展的结果，中轴对称，厅堂、神台位于中轴线上，体现家庭伦理及礼制的传统观念。直到民国时期兴建的新式社区，仍然维持了类似的规划。三间两廊式民居外观和平面整齐划一，村落中同时期、同宗族建造的每户民居的平面布局一致、面积相等，体现了宗族内的平等思想，贫富差异仅体现在室内。

村落中族群阶层一般是按等高线分布的，由于高处不易受洪涝灾害，因此位于地势高处的往往是村落中的缙绅阶层，在宗族中相对弱势的阶层则居于标高较低、更易受水灾之处。如三水大旗头村，宗族中重要人物居住的核心区位于西边地势较高处，而普通村民的住宅区则位于东边地势较低处（见参考文献[12]）。

梳式村落可分为单族姓与多族姓两种类型。在多族姓聚居的梳式村落

① 冼宝干．佛山忠义乡志．民国 22 年（1933）刻本［M］．

中，村落机理一般随族姓有比较大的变化。多族姓村落形态结构复杂而清晰，村中各姓氏相对聚集，形成各个机理相对明显的组团。虽然总体相当复杂，但其中其实包含了许多整齐的梳式片段，梳式片段中的巷道形成了整齐的机理。村落机理与宗族分布之间存在较为清晰的对应关系，每个宗族都有属于自己的村落机理，巷道的格局都比较整齐，空间的高度组织性正是家族组织性的反映（见参考文献[12]）。整个村落中组团和形态机理的变化与其族姓分布是同构的。

第二节　尊重自然的思想与灵活顺应的格局

虽然佛山历史村落在宗族集权的控制下，有严整统的一格局模式，但在实践过程中，历史村落布局却灵活多变，极大地受到自然与人文环境的影响。

历史村落的理想选址是在山坡之南，水流之北，呈抱负之势。但实际上很多地形不能满足要求，因此历史村落就因地制宜，呈现千变万化的朝向布局。村落中的祠堂朝向更是全方位的，与地形山水密切相关，一般都采用背山面水的朝向布局。

佛山历史村落是讲究布局形制的，早在明代已经形成比较统一的形制，清代形制更为成熟。但在实际应用中佛山历史村落并不拘泥于形制格局，众多村落都是按照地形、风水格局和本族群所需，灵活地建造。因此虽然有众多的梳式或棋盘式布局村落，却没有两个是相同的（见图7－1）。

图7－1　南海黎边村灵活顺应的格局

历史村落中建筑的型制也逐渐实现了“本土化”过程，包括对自然环境和人文环境的适应。如“三间两廊”，就是中原合院文化与岭南气候环境、生活方式等因素逐渐融合发展的结果。在实际的应用过程中，建筑单体也配合着山形水体，显示出灵活多变的空间形态。

第三节　开放多元的文化与兼容并包的性格

自百越始，广府文化体系不断将外来的文化融入当地，形成了包容性极强的文化体系。广府文化融合了中原文化与南越文化，兼容了儒释道三教精华。这尤其体现在佛山历史村落中，其以儒家文化为核心，受到道教文化的深远影响，且广泛吸收了多种异质文化。

佛山人长期与海内外通商交往，广泛吸收各种文化，兼容并包的性格已经深入骨髓。佛山历史村落大胆引入外来新事物，那种“万物皆备于我”、古今中外皆为我所用的气魄无出其右。其融汇了中西方文化，保留了当地的新旧习俗，反映了佛山人民对多元文化的开阔胸怀。

一、儒家为表

佛山历史村落儒道相济，儒家文化和道家文化互为表里。

历史村落中以宏大篇章展现儒家文化。儒家的伦理精神、孝义仁智忠信、重科举功名、重教化等是影响村落的最大因素。

宗族组织及其规范与儒家文化具有高度的、内在的精神与逻辑的合一性。罗素论中国传统文化时说中国“以孔子伦理为准则而无宗教”①，在佛山历史村落中实有体现。如前所述，村落的形态体现了村落对外以及对内的伦理关系处理方式，村落中处处体现伦理本位的宗族思想。宗族建筑不仅在物质上提供了公共的福利与安全保障，组织与协调了生产和生活，在精神上亦满足了人们对自身历史感与归属感的深刻追求。

村落中还供奉着大量的社稷与土地神。“土地”“社公”和其他神祇同村中的坊巷布局保持着配属关系，居民是坊众，同时又是专奉某一“社公”的“社众”。这是儒家礼制下的人文认同，使社区生活有序化，体现

---

① 罗素，2011．中国之问题［M］．//梁漱溟．中国文化要义．上海：上海人民出版社：13．

了“社公”神文化对社众和村落社区的文化规范。

佛山历史村落崇尚儒家思想中的“和”与“仁”的观念，除了其空间形态对应了儒家思想外，还有众多的细节与其匹配适应，体现了中国人的大和谐观，与天地和谐，与万物和谐，与人和谐。很多村落的门楼名称与对联都蕴含了儒学的伦理道德文化，如中和里、敦仁里等。

佛山历史村落历来科举文化兴盛，村落教化系统完善。村落中许多宗族建筑是兼有义学功能的，有部分更直接命名为书塾、书舍、书室等，但到今天许多义学书塾已经改变用途或者被拆除，可见文风衰落。村落外围祠堂前阳埕均有前人的功名碑。每个支族都将其科举考试中名列前茅的族人以及有官职功名的族人的姓名与表彰文字刻于石碑上，竖立在祠堂前以示其族门楣光大，世代荣显。祠堂内部还供奉有功名的祖先，还有褒扬耕读传家、经世致用的牌匾、对联等（见图7－2）。这是对本族历史及地位的一种有力传播手段，并且其将荣誉感物化与具体化，亦是对后人须重视读书求取功名的一种有效教化。

图7－2　顺德杏坛上地松涧何公祠中堂内部对读书求功名的教化

二、道家为里

广府文化受道教文化影响深远，佛山历史村落将道家思想世俗化并与地方文化相融合，道家文化实深入到村落的骨血之中。

佛山历史村落是讲究布局形制的，村落、祠堂、庙宇、民居等早在明代已经形成比较统一的布局形制。但在实际案例中佛山历史村落并不拘泥于格局形制，是按照地形地势、本族群所需，灵活因宜地建造，没有两个是完全相同的。村落朝向、格局因地制宜，千变万化。其单体也灵活多变，极大地顺应环境。

佛山历史村落注重选址，关注风水，风水思想对村落选址的影响尤其大。人们利用风水观念来选择自然环境，注重风气之来往、水流之去向，也都习惯用风水之运行机理来解释宗族人丁的富贵兴旺与否。

道教的多神崇拜影响了佛山历史村落的信仰，本地区不仅信奉道教诸神，更将儒释道和谐合一，并具有明显的泛神信仰。

佛山历史村落将道家思想世俗化并与地方文化相融合，体现了道教追求和谐、重生养生的思想观念。道教的色彩、神仙人物、食俗等对佛山历史村落都有深刻的影响。这种观念世俗化后成为重生养生的观念和祈求幸福、平安、自由的生存观念。

三、多元共融的宗教信仰

佛山历史村落有庞杂的宗教文化，宗教信仰极具包容性，并具有明显的泛神信仰倾向。历史村落中有佛教的寺庙、庵堂，亦有道教的北帝庙、真武庙等，还有各种民间信仰的天后宫、南海神庙、关帝庙等。除了道教、儒教、佛教等宗教教派在本地枝叶茂盛外，明清时期，欧洲传入的天主教文化、基督教新教文化等也有一席之地。形形色色的宗教建筑和谐共存，甚至许多建筑本身就是数教合一的，建筑装饰中也是大量宗教题材共存，反映了佛山历史村落博大包容的宗教信仰。

四、深厚的水文化基因

佛山地区的地理环境为珠三角密如蛛网的河网地带，并且这些河网通向出海口。人们的生活离不开水，水乡处处皆是，人们既喜爱又恐惧水的威力，地域文化中水占有重要地位。佛山历史村落以水系为纽带，全方位贯通、辐射村落的文化生活。佛山历史村落的水文化可以从依赖水运、利用水产、建筑亲水、敬畏水灾、崇拜水神等方面体现。

水运是历史上佛山地区村落最重要的交通运输方式。水运的发达使货流的成本降低，使很多村落具有了通商、货运的条件，产生了很多像顺德逢简这样商贸发达的村落。因为水运的发达，佛山地区很多历史村落都是物流通畅、经济发达的。

发达的水网还带来了丰富的淡水水产，历史村落中水产捕捞业发达，不仅使佛山地区的美食出现了大量的河鲜，发展了富有特色的粤菜，更加因为物产丰富拉动了本地的经济。

为了更好地利用水网资源，历史村落中很多与水相关的建筑，埠头、河堤不胜其数，临河的建筑亦以亲水的方式构筑，如顺德高赞等村落，临水有一排又一排的吊脚楼。

历史上，佛山历史村落的水灾不断，对人们的生活造成了很大威胁，众多的自然灾害中，水灾可谓影响力第一。所以人们敬畏水灾，在传统的农业社会形成了一套水神的信仰，希望借助神灵的力量来对抗天灾。对水的敬畏是佛山地区宗教信仰的重要组成部分。在佛山历史村落中，大部分的信仰和神祇与水有关，出现得较多的有北帝、南海神庙、龙母庙等。人们祈求这些神祇保佑国泰民安、无灾无难，并在做与水相关的工作和出行前均要祭拜水神以求平安。

五、西方工业文明的深刻影响

自清代末年始，近百年来，佛山历史村落吸收了大量的西方工业文明，部分历史村落成为时代的先行者。

在村落的建设上，如顺德沙滘的牧伯里，其村落总体形制仍然是梳式布局，但内部多栋民居建筑采用了西洋建筑形制，也有中西结合的建筑形制，细部则更多地加入了西方建筑元素，如罗马式拱形门窗、西式柱头等，还使用了国外出产的彩色玻璃、釉面砖等。整个村落显示出中西合璧的文化交融现象（见图7－3）。

图7－3　顺德沙滘牧伯里民居群西洋建筑元素

鸦片战争以后，在产业的革命中，众多佛山历史村落走在了时代的前沿。1866年（清同治五年）南海简村的陈启沅引进国外缫丝新技术，在简村建立珠江三角洲第一个现代缫丝厂，成为中国近代民族工业的先行者。不久，新式缫丝业的风由南海逐渐向珠江三角洲各地吹去。新式缫丝工业的迅速发展，推动了蚕桑业的发展。

第四节　崇尚风水的理念与堪舆文化的盛行

佛山历史村落选址重视风水堪舆文化，讲究“枕山、环水、面屏”。村落的选址一般依山脉走势，三面环水，呈抱负之势。村落依靠之山，被视为龙脉；无山之平原地区，则视水为龙脉。前塘后村的总体布局方式，几乎遍及佛山广大乡村。众多村落的族谱记载中都有其迎合最优风水格局的记载。“左青龙，右白虎，前朱雀，后玄武”的风水格局极为频繁地出现在村落的风水意象中。即使是一些规模很小的村落，也会朝向一个远处小山峦，以此来显示其不同凡响。大型村落更是要找职业的风水师，请他们来确定朝向和布局。

佛山所在地带属冲积平原，多为水网地带，不少村落属于平原地带，少有能以山脉作为选址的参照物，从选址上说属形局不全的情形。但各村在开基过程中仍然深受风水观念的影响，因此多借用意念形式做景物替代，稍有突出地面的小丘，堤岸都可被看待为风水中的“山”①，有些更在旁堆小土堆，以便构成独特的风水格局。不少选址都在平原低丘的河岸边上，前临水塘、水田或河道，体现出佛山人受传统风水“水为财源”观念的影响。对于不理想的地形，人们则积极处理，如在村后种植大片树林以为玄武，或引水成塘、挖塘蓄水等。堪舆学说还广泛采用太极图、八卦图、镇山海、照妖镜以及其他符镇图案与文字来作为心理补偿。

佛山历史村落选址往往注重风水，不一定按传统习惯来确定一个坐北朝南的朝向，而是照风水师勘定的特殊角度来设计朝向。历史村落所体现出的一个共同之处，就是将精神方面的功能需求尽量发挥出来，目的是让全体族人都相信，他们的村落具有最好的风水位置和超自然的力量，能够保佑他们子孙兴旺、财运亨通。

村落配合山体、前低后高的形势十分重要，村民们认为这是迎合了

---

① 陈楚．珠江三角洲明清时期祠堂建筑初步研究［D］．广州：华南理工大学，2002．

“步步高升”的好意头。传统风水理论十分忌讳“前高后低”的格局，而这种“前低后高”式的整体态势，威严、稳固，正好与风水文化相吻合。村落亦在方位、数理、物象上趋同于理想的风水格局。

特别对于祠堂建筑而言，能否纳“生气”关系到族群的繁荣以及子孙的生存状况。即使是一些规模很小的祠堂，也会朝向一个远处小山峦，以此显示其不同凡响。

第八章 总结

自新石器时代陆地逐渐稳定以来，在珠江口河网平原北部的佛山这片土地上便孕育出古椰、河宕、银洲、鱿鱼岗、灶岗等数不胜数的聚落，种植、畜牧、纺织、制陶等岭南文明在此茁壮。然而佛山历史村落在当代有断层的危机，当年辉煌夺目的佛山历史村落，锐减到如今只有寥寥几个。村落是人类文明的载体，随着传统村落的湮没，当年辉煌的佛山历史亦被尘封。要还原佛山的历史原貌，必然不能离开这些核心问题。今天研究之目的，是还原佛山历史文化之原貌，确立其在岭南与广府文化中的核心地位。

今天岭南学派已成显学，然博大精深的佛山历史村落仍未被深刻解读与继承发扬，作为岭南文化关键一环的佛山历史村落实是被忽略了。研究历史的目的是为了更好地开拓未来，笔者的研究正希望引起学界的关注，并盼能寻求传承与弘扬佛山历史村落文化精神之路。

参考文献

专著

[1] 陆元鼎．广东民居［M］．北京：中国建筑工业出版社，1986.

[2] 陆琦．广东民居［M］．北京：中国建筑工业出版社，2003.

[3] 陆琦．广府民居［M］．广州：华南理工大学出版社，2013.

[4] 孙大章．中国民居研究［M］．北京：中国建筑工业出版社，2004.

[5] 冯江．祖先之翼——明清广州府的开垦、聚族而居与宗族祠堂的衍变［M］．北京：中国建筑工业出版社，2010.

[6] 广东历史地图集．编辑委员会．广东历史地图集［M］．广州：广东省地图出版社，1995.

[7] 广东省国土资源厅，广东省地图院．珠江三角洲地图集［M］．广州：广东省地图出版社，2011.

[8] 星球地图出版社．广东地图集［M］．北京：星球地图出版社，2010.

[9] 曾昭璇，黄少敏．珠江三角洲历史地貌学研究［M］．广州：广东高等教育出版社，1987.

[10] 曾昭璇．岭南史地与民俗［M］．广州：广东人民出版社，1994.

[11] 司徒尚纪．岭南历史人文地理——广府、客家、福佬民系比较研究［M］．广州：中山大学出版社，2001.

[12] 司徒尚纪．广东文化地理［M］．广州：广东人民出版社，1993.

[13] 罗一星．明清佛山经济发展与社会变迁［M］．广州：广东人民出版社，1994.

[14] 朱光文．岭南水乡［M］．广州：广东人民出版社，2005.

[15] 朱雪梅，田继贤．佛山古村落［M］．广州：广东人民出版社，2016.

[16] 佛山炎黄文化研究会，佛山市政协文教体卫委员会．佛山历史人物录：第1卷［M］．广州：花城出版社，2004.

[17] 佛山炎黄文化研究会，佛山市政协文教体卫委员会．佛山历史人物录：第2卷［M］．广州：花城出版社，2009.

[18] 广东省地方史志编纂委员会．广东省志．地理志［M］．广州：广东人民出版社，1999.

[19] 曾昭璇，黄伟峰．广东自然地理［M］．广州：广东人民出版社，2001.

［20］广东省水文局．广东省水文志［M］．北京：中国水利水电出版社，2012.
［21］周彝馨．移民聚落空间形态适应性研究——以西江流域高要地区“八卦”形态聚落为例［M］．北京：中国建筑工业出版社，2014.
［22］周彝馨．佛山传统建筑研究［M］．广州：中山大学出版社，2015.
［23］周彝馨，吕唐军．佛山祠庙建筑［M］．北京：中国建筑工业出版社，2017.
［24］周彝馨，吕唐军．佛山传统建筑［M］．广州：广东人民出版社，2016.

地方文献

［25］冼宝干．民国佛山忠义乡志（乡镇志集成本）［M］.
［26］佛山市地方志编纂委员会．佛山市志［M］．广州：广东人民出版社，1994.
［27］南海市地方志编纂委员会．南海县志［M］．北京：中华书局，2000.
［28］中共佛山市南海区委宣传部．南海名胜［M］．广州：中山大学出版社，2010.
［29］中共佛山市南海区委宣传部．南海古村［M］．广州：中山大学出版社，2011.
［30］顺德市地方志编纂委员会．顺德县志［M］．北京：中华书局，1996.
［31］三水县地方志编纂委员会．三水县志［M］．广州：广东人民出版社，1995.
［32］三水县地方志编纂委员会．（清·嘉庆二十四年）三水县志点注本［M］．1987.
［33］佛山市三水区文化局．三水古庙．古村．古风韵［M］．广州：广东人民出版社，1994.
［34］高明县地方志编纂委员会．高明县志［M］．广州：广东人民出版社，1995.
［35］阮元．广东通志［M］．2 版．广州：广东人民出版社，2011.
［36］蒋祖缘，方志钦．简明广东史［M］．广州：广东人民出版社，1993.
［37］佛山市规划局顺德分局，佛山市城市规划勘测设计研究院．乐从镇沙滘历史文化保护与发展规划说明书、专题研究［R］．2009.
［38］佛山市顺德区规划设计院有限公司．佛山市顺德区杏坛镇昌教村历史文化保护与发展规划文本．图集［Z］．2009.
［39］佛山市规划局顺德分局，佛山市城市规划勘测设计研究院．北滘镇碧江村历史文化保护与发展规划说明书、专题研究［R］．2009.
［40］广东省佛山市石湾区农机水电局．佛山市水利志［M］．1990.

学位论文

［41］王健．广府民系民居建筑与文化研究［D］．广州：华南理工大学，2002.
［42］赖瑛．珠江三角洲广府民系祠堂建筑研究［D］．广州：华南理工大学，2010.
［43］杨扬．广府祠堂建筑型制演变研究［D］．广州：华南理工大学，2013.

论文

［44］周彝馨，李晓峰．移民聚落社会伦理关系适应性研究——以广东高要地区“八

卦”形态聚落为例［J］. 建筑学报，2011（11）：6－10.
［45］周彝馨. 岭南水乡的线性时空研究——以逢简水乡为例［J］. 城市，2014（11）：55－59.
［46］陈忠烈. “众人太公”和“私伙太公”——从珠江三角洲的文化设施看祠堂的演变［J］. 广东社会科学，2002（1）.
［47］田世升. 社稷与山西初探［J］. 文物世界，2011（2）：46－50.
［48］李向平. 社稷神性新考与古人的政治信仰［J］. 社会科学家，1990（10）.

附录　佛山重要历史村落情况一览表

村名	称号	区位	历史与现状	物质文化遗产	非物质文化遗产
大旗头	中国历史文化名村、中国传统村落、广东省文物保护单位、佛山市文物保护单位	三水乐平	始建于明嘉靖年间，原名“大桥头”，清代广东水师提督郑绍忠重建	大旗头村古建筑群； 振威将军家庙、郑氏宗祠、奉政大夫家庙、裕仁郑公祠、裕礼郑公祠、郑大夫家庙、惠清钟公祠、尚书第、建威第、文塔、郑绍忠墓	郑绍忠； 龙舟、龙狮
碧江	中国历史文化名村、中国传统村落、广东省文物保护单位、佛山市文物保护单位、佛山市非物质文化遗产	顺德北滘	始建于南宋初年，因有一小山岗称碧岗而得名，后用同音字改称碧江。主要姓氏为苏、赵、梁、李、陈等。 “山自番禺来者，抱旗山渡海而西，为大、小龙头，至都宁最高，逆鱼塘之渚，为县北障。” 辖区总面积约 8.9 平方公里，常住人口约 2.98 万，最鼎盛时期曾有 3 万多人口。 古珠江水系中的陈村水道、紫泥水道和石壁水道三条主航道交汇于碧江四方磨。 一百多年前已形成三圩六市，为顺德县农村四大圩镇之一，素有“文乡雅集”之称。米行等各业兴盛，为广州货物的一大中转站之一	8 处省级保护文物，10 处市级保护文物，明清古民居 300 多座，祠堂 30 多座，明清古建筑共有 1 万多平方米。 碧江金楼（包括职方第、泥楼）、尊明苏公祠（五间祠）、慕堂苏公祠、碧江奇峰苏公祠、村心祠堂群、泰兴大街祠堂群、隔涌三元宫、亦渔遗塾、德云桥	26 名进士、145 名举人，其中苏、赵二姓就占了 14 名进士。 苏绍箕、苏刘义、苏之奇、苏之才、苏光祖、苏希旦、萧良、苏天锡、梁希学、梁曾浦、苏葵、苏瑶、苏仲、钟善经、苏应旻、赵崇信、苏惟一、梁尚通、苏升、赵恂如、李廷龙、梁若衡、赵鸣玉、赵起蛟、苏大忠、苏珥、赵林临、苏梦篆、苏丕文、苏泊汝、苏显、赵草洲、苏弼、李晚芳、苏泰； 造纸业，米业； 碧江渔灯节、端阳竞渡、南狮、秋色艺术品、剪纸、木版年画、彩扎龙狮、刺绣、竹织、藤编等； 鱼宴、水底芽菜、蟛蜞仔、布包豆腐润、鱼汤抽皮、云吞面、腌笋

续表

村名	称号	区位	历史与现状	物质文化遗产	非物质文化遗产
上金瓯松塘	中国历史文化名村、中国传统村落、广东省历史文化名村、广东省十大最美古村落之一、佛山市文物保护单位	南海西樵	自宋咸淳九年（1273年）松塘村始祖区世来开基繁衍至今，已代传廿八，村中常住人口数近1700。 松塘村自然环境得天独厚，三面岗峦环抱，中央池塘片片连绵。村落倚岗列建，百巷朝塘	传统建筑规模20275平方米，区级文保单位13处。 区氏宗祠、仲房六世祖祠（济美堂）、世大夫家庙、见五大夫祠、塘西六世祖祠、东山祖祠、季房宗祠、樵侣祖祠、孔圣庙、培元书舍、汇川家塾、明德社学、养正家塾、松圃家塾、彝圃家塾；司马第、太史第、翘秀同（区谓良旧居）、区梦觉故居、松塘廿井	“崇文尚学，读书积德”的组训。 明清以来共出进士5人（其中翰林4人）、进士行伍出身而晋身府台者1人、考中举人及获颁优贡者近20人。 区玉麟、区谓良、区大典、区大原、区湛森、区维瀚、区梦觉、区邦翰、区次颜、区庆云； 松塘飘色、土地诞、文昌诞、关帝诞、中秋烧番塔、重阳； 拗春天、慧眼神灵
罗格孔家		禅城南庄	罗格孔氏为西晋初孔子二十一代孙冀州（今衡水）刺史孔郁的后人，元和十二年（817年），族人孔颖达任广州刺史，派分岭南；至孔子五十三代孔明租始定居罗格。乾隆年间，罗格村孔氏曾统承广东省的盐业销售至民国初期。面积约0.06平方公里，人口1100多。村落坐北向南，分为南北两部分	24条历史街巷； 天南圣裔祠（诗礼堂）、南庄孔公祠、德祥孔公祠、文昌阁（文塔）、孔氏岳雪楼	罗格孔氏考取功名者甚多，明清两代从一品至九品的官员70多人，将军3人。 孔颖达、孔继勋、孔广燮、孔昭度
罗南隆庆	佛山市文物保护单位	禅城南庄	位于北江东平河畔，与西樵山仅一河之隔。明成化十六年（1480年），先祖由吉利上村分迁到此定居。历史上隆庆段航道称为官洲围，隆庆涌口是官洲围、罗格围和白沙围的主要航道，岸上有码头，还有一繁华小圩。村落朝西南向，村前河涌流淌，古时有码头。面积3.75平方公里，户籍人口4000多，外来人口约3000	隆庆陈氏宗祠（聚德堂）、隆庆古官道（大石路）、列圣古庙	陈瑞虞； 开灯礼、元宵、土地诞、文昌诞 龙狮文化： 孖仔记、陈成狮法

续表

村名	称号	区位	历史与现状	物质文化遗产	非物质文化遗产
紫南村头	佛山市文物保护单位	禅城南庄	明洪武年间，梁氏先祖菊庭至村头开村。村落西面靠北江支流顺德水道，河涌环绕，村前有多个荷塘。占地223亩，人口1000多	祠堂、书舍、民居等2000平方米，古巷10多条。 菊庭梁公祠、南坞梁公祠、汝华梁公祠、南溪梁公祠、南山梁公祠、梁氏大宗祠、邦享梁公祠、筠友潘公祠、五隐书院	罗列 、陆满； 东山岗、澳边凼
藜涌	佛山市文物保护单位	禅城石湾	简氏始祖祖籍涿州范阳，五代后梁时避契丹寇患宦游南雄渐至广州，南汉时迁至藜涌。约0.275平方公里，人口1万左右。在历史上曾出两位状元而被称为状元村。村落分为上、下两村。上村有陈、简、潘、萧、黄、伦氏几族，下村有伦、薛、陈氏三族。至今只有陈、潘、简、萧氏后裔。汾江、藜溪九曲水等河涌流经村落。村中池塘密布，上村地势比下村高，水流顺势而下，汇集在下村	藜涌简地（简照南宅第）、陈氏大宗祠、澄心陈公祠、木岑陈公祠（世显堂）、绿瓦亭、状元井	简文会、伦文叙、简照南、简玉阶、周启刚、伦以训、伦以谅、伦以诜
石肯		禅城石湾	相传一千多年前，此地河涌交错，河底多石头，船只往往搁浅，船民就说石头“肯”了（“肯”，土话，即“硌”，搁浅之意），遂以此得名。[①]“石肯”的主要义项是“触着凸起的东西觉得不舒服或受到损伤”。船只被水中石头梗阻，与人触到凸出起的硬物，形成神似的隐喻。石肯地势平坦，河涌密布，是珠三角地区典型的水乡，河床多石的地质构造，也可从周围石头（村）、石湾、石门、石梁、澜石等地名中得到印证		梁储

① 李思源. 南海市地名志［M］. 广州：广东省地图出版社，1997.

续表

村名	称号	区位	历史与现状	物质文化遗产	非物质文化遗产
湾华	佛山市文物保护单位	禅城石湾	建村于南宋初，全村占地面积0.8平方公里，全村总人口2500多，主要姓氏有何、梁、陈，部分村民姓霍、黎等。街巷与河涌南北向分布。明窦涌蜿蜒流经村内约2公里，芒果树沿河而种，被誉为“芒果之乡”	平兰陈公祠、北溪梁公祠、万瑜何公祠、见泉公祠	何淡如； 天后诞、太公祝寿； 曲艺； 湾华柱侯酱
莲塘		禅城张槎	宋朝末年，莲塘已有张、苏、冯、招四姓聚居。莲塘先祖象渊公，祖籍河南省光州府固始县，于宋咸淳二年（1266年），从广东南雄珠玑巷迁徙而来，后移居大富，娶谭氏女子为妻，生二子，次子怡莲。元延祐六年（1319年），怡莲公从大富移居莲塘，事业有成，遂与招姓女子结婚，成为莲塘村陈氏开村始祖。村落南临东平河，距王借岗1公里，面积1.6平方公里，以陈氏族人为主，现户籍人口3000多	陈氏宗祠、太史第	陈桐林、陈励君、陈如岳、陈景舒、陈屏贤； 康公诞、端阳竞渡； 龙狮文化； 不吃鸭子、喜宴散席才放鞭炮； 玉冰烧、“大头典”竹笋、鱼蓉笋粥
璜溪	广东省历史文化名村，广东省传统村落	南海大沥	建于宋。坐南向北，地势平坦，村前有溪流环绕	两条横街； 十条纵巷：东华里、毓秀里、仁厚里、敦和里、居仁里、中和里、怀安里、人和里、西华里、右兴巷； 李聘臣故居、李紫屏故居、李氏大宗祠、德深李公祠、常安公祠、六世祖祠、华峰书舍、秉裕书室、璜溪炮楼	李聘臣、李兆和、李纯斋、李紫屏
和平	广东省传统村落	南海丹灶			

续表

村名	称号	区位	历史与现状	物质文化遗产	非物质文化遗产
南沙棋盘	广东省历史文化名村，广东省传统村落，南海区十大古村落之一	南海丹灶	南沙陈氏自南宋迁移至南海开村，明代万历年间宗族渐旺。棋盘村于清乾隆三十九年（1774 年）开村，因为三横三纵的石巷形成棋盘之势而得名。西邻北江支流南沙涌，面积 0.0315 平方公里	坐东向西，古建筑 42 座。 分三巷，每巷十座，前五座之后留横巷，六至八座再留横巷，最后再建两座，三条巷称棋盘巷。 陈氏宗祠、保善厅（私家厅） 厚德厅	“扫地北”传说
苏村	国家级文物保护单位	南海丹灶	建于南宋绍兴元年（1131 年），坐落于西樵山西部古银河上，古称银塘乡、西樵里、银河乡。4500 多年前，此地已有人居住，他们从西樵山采石运到古银河两岸加工，销往各地，形成村落，属西樵山文化。北宋苏东坡留诗“苏海银河秀，岭南第一村”。苏村是银河古道商贸集散地，海上丝绸之路起点，是珠玑巷南迁后裔第一故乡。村落西南方有银河河涌流经，村落被水塘包围，中间有长条形水塘将村落分为两个部分	13 个里坊：敦仁里、居安里、善庆里、明德里、兴仁里、聚星里、大巷、维新里、文奎里、聚德里、石狮巷、新胜里等； 康有为故居（延香老屋）、朝柱徐公祠、广开陈公祠、苏氏大宗祠（武功堂）、徐氏宗祠、苏村天后庙（娘娘庙，天后宫，妈祖庙，银塘社学）、纬乡家塾	康有为、康同璧； 天后庙拜斗
仙岗	广东省历史文化名村，广东省传统村落，南海区非物质文化遗产	南海丹灶	村名来源于东晋成帝咸和四年（329 年）葛洪在此结灶炼丹而得道升仙的传说，遗留下仙钵。据传已有 1600 多年的历史，确切记载的有 800 多年建村历史。与仙湖为邻，村内曾建有葛仙祠，供奉葛洪及其妻子鲍姑。面积约 6 平方公里	保护面积 0.164 平方公里，市级保护面积约 0.083 平方公里。呈半环形走向，分东、南、西三大片，现存历史传统建筑面积 29145 平方米，古建筑面积 12750.5 平方米。 石狮巷、低井坊、水巷坊古民居群、长庚里、圣堂大街。其中长庚里民居建筑群面积 9369.4 平方米，历史建筑 8451.2 平方米；石狮巷及附近古建筑面积 7943 平方米。 陈氏大宗祠、立之祖祠、俭堂大夫祠、文才祖祠、与之祖祠、南英祖祠和元鼎祖祠（孖祠堂）、百岁坊、蟹泉、丹钵	葛洪传说、蟹泉不息； 陈仙洲、葛洪、“百岁公”陈广文； 中秋节烧番塔、端阳竞渡； 龙狮文化； 茶蛋仔、鱼、鸭、蔬菜

续表

村名	称号	区位	历史与现状	物质文化遗产	非物质文化遗产
叠滘茶基	中国传统村落，国家级非物质文化遗产	南海桂城	明永乐十二年（1414年）开村。东邻洙泗里的横涌基，南接文昌沙，西倚汾江河的文沙涌，远眺海边沙。原来村落是自成一体的水乡小岛，因当时村边田基多种茶树，因此而得名茶基坊。古人题诗“绿树两旁闲逸坐，清溪一水荡舟游”，“一圈清溪抱村流，二桥街达始通幽”。现河涌环形拥抱，分村南与村北	何氏宗祠、成庄何公祠、成刚何公祠、俊宇何公祠、三圣宫、华佗古庙（先师庙）、庐江家塾、居仁巷古巷道、华尔街古巷道、水楼巷古巷道	端阳竞渡、十月初一敬老节；茶基十番（何广义堂，何汉然）
叠南江头	广东省传统村落，佛山市文物保护单位	南海桂城	明代中期开村，至今有500多年历史，“南北通泰耙齿巷，绿水湾怀两岸居”。村内水网纵横，溪滘曲折，村民傍水而居	江氏宗祠、遁叟江公祠、“江头毓秀”牌坊	端阳竞渡
烟桥	广东省历史文化名村，广东省传统村落，佛山市文物保护单位	南海九江	“孝廉公”由南雄珠玑巷迁来南海九江石龙村，传六代至慕庄公，明正统年间迁往烟桥，正统十四年（1449年）建村。因村落布局如一展翅飞燕，旧称“燕桥村”。村前长木桥原名“燕桥”，终年水汽蒸腾，雾气缭绕，清乾隆年间改称“烟桥”，久之，村落亦改名“烟桥”。烟桥村总面积80万平方米，现有206户646人，基本姓“何”。明清至近代，村民以经营药材为主。村落水系环抱，西侧烟桥涌流过，其他三面鱼塘环绕，并有竹林阻隔，外围是万顷鱼塘	南厅（尚志堂）、丹桂堂朝厅、何晃钊故居、兰桂坊、元亨利贞巷； 何氏大宗祠（何氏六世祖祠，惇叙堂）、北帝庙、旌表节孝牌坊、烟桥、烟桥正道及门楼、楼脚巷、北头巷、下巷、耙丁一至十一巷、中间巷； 国事榕、大树包塔	清代烟桥八景：长锁烟桥、水口斜阳、南塘月夜、竹园午籁、平山落雁、松园鹤还、北埑鱼游、沙潭天晓； 何文绮、何翀； 扒龙舟、北帝诞收北帝签、清明祭祖、端阳竞渡、重阳； 大盘鱼、醉翁鸡

续表

村名	称号	区位	历史与现状	物质文化遗产	非物质文化遗产
赤山		南海里水	南接里水河，村落依小山丘而建，西高东低，四周有水塘，村前水塘面积最大，与村后的山岗相呼应。始祖李文举于元至正十年（1350年）由南雄珠玑巷迁于此，原称赤火岗、积富村。因村后有山，山上泥土呈赤红色，传说“赤艳显光荣，山高仙灵气”，故取名赤山村。村域面积0.87平方公里，常住人口3000多	传统建筑约2万平方米。 将军第、赤山人民会场（义慎堂）、天复李公祠、御夫李公祠、南鸣李公祠、如泉李公祠、李氏宗祠、南鸣李公祠	李胜龙、李鸿安、上海妹； 跳火光
宏岗	广东省非物质文化遗产	南海里水	村中有宏岗岗、姓吴岗和圩岗3个低矮小山岗，村内河涌纵横，村名因3个山岗横亘村中而得。明代已成村，村民集中于3个山岗的岗裙之间居住，村前一带都是水塘。明清、民国年间是一较旺的圩市，圩中有当铺、杂行、商肆，还有金花庙、大庙、敦仁社学和七乡公所等建筑物	祠堂5座、清代民居10余座； 清代石碑一对	李言兴、张振德； 醒狮采青、龙舟说唱
孔西	南海区十大古村落之一，第三批广东省古村落（广东省民间文化遗产抢救工程）	南海里水	明永乐九年（1411年），为避兵乱，原籍山东曲阜的孔子五十八世孙孔公通携子彦均、彦璋从广州彩虹桥迁此建立孔村，其子彦均、彦璋成为孔南村始祖，其孙承完、承济、承湘成为孔西村始祖。目前人口规模约310	以清代建筑为主，古建筑群有18.89亩，80座民居，七巷八排。巷为南北走向，每排10座民居。每排前五座与后五座之间为中心巷，东西走向。每座房屋皆坐北向南，三间两廊式。 至圣家庙、孔氏宗祠（至圣源流）	

续表

村名	称号	区位	历史与现状	物质文化遗产	非物质文化遗产
汤南	广东省传统村落	南海里水	始祖汤贵公，原籍河南开封府祥符县，于北宋真宗咸平年间任广东雄州别驾，时与高氏孺人奉神宦游岭南，抵达南海苏山坊胭脂塘处，忽遇一大蛇挡道，卜之，夜得祥梦，于是决定安居下来，在胭脂塘附近开土立宇奉神，是为汤村。到第四代子孙，珏公在汤北建成村落，任公在汤南建成村落。汤南村坐北朝南	传统建筑3.4万平方米，9条古巷； 汤氏宗祠、文萃汤公祠、信祥家塾、梦鳌书舍、万平书舍、大有书塾、师五家塾、大韶书舍、大成书舍、乐堂书室、显裔家塾； 信祥花厅、鬼楼庄； 卧龙古榕	汤恩礼、汤举公、汤康显、汤文荨、汤秉均
黎边（黎西、黎东）		南海狮山	元至元十一年（1274年）开基，村落东、西、南三面环水，后枕黎边岗，旁依红砂岗，地势北高南低。约0.0225平方公里，人口700多	黎西黎氏宗祠（绳绳堂）、黎东黎氏宗祠、黎东雪梅黎公祠、祖盛黎公祠、洪圣古庙、秋津学堂	黎廷桂、黎湛枝、黎照寰
联表	佛山市非物质文化遗产	南海狮山	始建于宋，原名“联镳”，有900多年历史。村落总面积约15,755.44平方米，其中建筑面积约13,610.99平方米，建筑群体以清末民初兴建的民宅为主，建筑群体中也有出自乾隆年间的祠堂、庙宇	关氏西祠、关帝庙、土地庙	联表灰塑
联星（北房、南房、上边、水部）	佛山市文物保护单位，罗村街道十大古建筑之一	南海罗村	约0.785平方公里，人口约5000	北房朱氏宗祠、南房卢氏宗祠、上边江氏宗祠（术省堂）、水部孙氏宗祠、叶氏宗祠、康公庙	庆寿、车公诞

续表

村名	称号	区位	历史与现状	物质文化遗产	非物质文化遗产
石碣		南海狮山	蔡氏族人开村于北宋。元末明初，蔡姓家族聘请孔氏兄弟孔庶奎、孔庶璧进村教书。自此，孔氏家族从广州迁入南海石碣。后蔡氏迁走，孔氏长居于此，历20余代人。松岗贯穿村落南北	古海岸线遗址，阙里旧家、从孟孔公祠、敬庄孔公祠、圣车孔公祠、怀庄孔公祠、怀中孔公祠、敬庵孔公祠、溢一孔公祠	孔庶奎、孔庶璧； 神诞游村
碧云	佛山市文物保护单位	南海西樵	位于西樵山碧云峰西北的山间盆地中，由北向南地势逐渐升高。由原来的碧云、小科、后岗3村合成。建村于唐朝末年，当时西樵山种茶业兴起，先人取址于此定居，傅、罗、陈、马、李、叶六姓氏族逐渐迁入	傅氏山庄、傅氏宗祠、罗氏宗祠、敦义崇礼碉楼、豫章首第门楼 虎口泉、无叶井	傅老榕
百西村头	广东省历史文化名村、广东省传统村落、佛山市文物保护单位、佛山市非物质文化遗产	南海西樵	开村于南宋祥兴二年（1279年），始祖悦榕公从高明歌乐村迁徙至此。古称百滘堡黎村凤溪乡，因位于古黎村北面的村头，故称村头。人口约1000，以黎姓和潘姓为主。主街道和恒大街南北走向。清代达到鼎盛时期，村内30多条街道，130多间镬耳屋，30多个祠、庙、厅堂，丈二高的护村墙，4座碉楼，东南北三面护村河如玉带环绕，商铺林立，有“小广州”之称	历史建筑群面积6.8万平方米，70多栋古民居。 潘氏大宗祠、祥斋祖祠、仲宣祖祠、乐庵祖祠、器斋祖家塾、经学祖家塾、文武古庙、六祖古庙； 古河堤、潘公墓道、铁屎墩冶炼遗址、六祖岗、佛塘、佛塘圣泉	潘进、潘以翎、潘斯湖、潘誉徽、潘斯濂、潘伯镛； 六祖诞、关帝诞； 竹织雨帽
百西大地		南海西樵	先祖于宋咸淳十年（1274年）从南雄珠玑巷迁至此开村，迄今700多年	村落建筑面积6万多平方米，民居约400间，镬耳大屋70余间，祠堂4间，学堂1间； 桑基鱼塘、古井8个、黎氏宗祠	黎晋苹、黎星桥、黎晋贤、黎承鋆

续表

村名	称号	区位	历史与现状	物质文化遗产	非物质文化遗产
简村	广东省历史文化名村，广东省传统村落，广东省文物保护单位	南海西樵	位于西樵山西部约2公里处，南宋嘉定三年（1210年）开村，始祖简侨仁。村民历代靠捕鱼、耕种为生。简姓人开村后迁移，如今由陈氏、冼氏等多姓杂居。开村始祖为简侨仁。当年风水师曾云："简村地形可慰，乃蝠盘地脉，村中有丁字水印，必属名村大族，日后必出将相。"简村主要有七大姓氏：陈、冼、李、林、郭、莫、冯。面积为2.1平方公里，户籍人口2796。村落四面环水，丁字涌穿村而过	陈启沅故居、绮亭陈公祠、陈氏大祠堂、简村北帝庙	陈启沅、陈锦涛、冼玉清、冼秉熹、陈锦元、冼秉熹、廖侠怀；北帝庙传说、天姬送子
林头	广东省文物保护单位、佛山市文物保护单位	顺德北滘	开村于唐。明景泰三年（1452年）顺德建县后，隶属于桂林堡，一直延续至清光绪三十四年（1908年）。林头地处当时桂林堡八乡之首，故有"桂林首步"的说法，遂得名"林头"。村落3.15平方公里，东临潭洲水道，林头河环村而流，村内有4公里河道。经过多次的人口大迁移，梁、郑成为村中大姓。现有住户2600多，常住人口9500多	昔时梁氏思远堂、郑氏树德堂、济美社并称三堂，梁氏大宗祠已被摧毁严重。 梁氏大宗祠（思远堂）、梁氏二世祖祠（光裕堂）、郑氏大祠堂（树德堂）、双溪梁公祠、秀所梁公祠、孖祠堂、梁门冯氏贞节坊、大通桥； 古桥7座，庙宇5个	林头八景：大通烟雨、雁田春汛、渔舟晚唱、浅渚归牛、珠光夜月、松门返照、灵潭聚秀、君子古松。 林头八景仅存大通桥以及梁氏大宗祠两侧门廊壁画《雁落平沙》（即为雁田春汛）画作； 郑际泰、罗梦环、梁继善、黄玉堂、郑苌 、梁湘衡、黄玉筵
桃村	广东省文物保护单位、佛山市文物保护单位	顺德北滘	历经800多年沧桑变幻，桃村人口已繁衍至二十四世，从这里分支的族人有顺德北滘镇三桂房、顺德陈村镇绀村房、番禺古坝房、广州芳村房、广州曹家巷房、香港房等	报功祠古建筑群、金紫名宗（光泽堂，黎氏宗祠）、黎氏三世祠、横岸袁氏大宗祠（袁诏谋祠，怡谋堂）、曹氏大宗祠、桃村水月宫（观音庙）	

续表

村名	称号	区位	历史与现状	物质文化遗产	非物质文化遗产
庄头		顺德陈村	南宋开村，距今800多年。因南宋吴姓人家于村北设庄，村人惯称此为庄头，因而得名。河涌从西淋山向下流过村庄	潘氏世祠（明德堂）、龚氏宗祠、梁氏宗祠、赵氏宗祠	游龙（彩龙巡游，龙舟巡游）、草艇拔河
沙头	广东省文物保护单位、广东省非物质文化遗产	顺德均安	文倚公是沙头黄氏开族始祖，宋代开村。亦有区姓、麦姓、梁姓等姓氏居住，因村旁有一小溪，水清见底，黄沙晶莹，取名沙溪。后来人口逐渐增多，村落范围扩大，村人觉得“溪”字狭小，遂改名为沙头。面积2.38平方公里，本地人口约4500，流动人口约5200	黄氏大宗祠、渔隐黄公祠、冰玉堂、万安堂、博斋书室	自梳女、八音锣鼓、锣鼓柜、曲艺； 均安煎鱼饼、烧猪、蒸猪、辣椒饼
鹤峰上村	佛山市文物保护单位	顺德均安	西南倚靠鹤峰山，东北面河涌绕村而过。建于元朝中期，距今600多年，以李姓为主	上村李氏宗祠	李文田、李小龙； 洪圣公锣鼓柜巡游
鹤峰豸浦	佛山市文物保护单位	顺德均安	西南倚靠鹤峰山，东北面河涌绕村而过。建于明洪武年间，以胡姓为主	胡公家庙（诒穀堂）、康公古庙、金花庙、“豸浦乡”门楼、敕书碑、“鹤峰书院”石刻、艾步匾	“翰林父子”胡杰、胡亦常； 康公锣鼓柜巡游； 不吃鸭子
大墩	佛山市文物保护单位	顺德乐从	佛山历史最悠久的村之一。南宋咸淳十年（1274年），为躲避蒙古人的入侵，中原人梁氏从南雄珠玑巷南下迁入大墩村。相传大墩村先祖见在大河汪洋之间有这样一个大土墩的风水宝地，就在这里扎根生息，地名就叫大墩。全村现有人口3500多，以何姓、梁姓为多	大墩梁氏家庙、“圣谕”牌匾	梁衍泗、梁学源

续表

村名	称号	区位	历史与现状	物质文化遗产	非物质文化遗产
沙边	广东省文物保护单位	顺德乐从	明洪武初年建村，村落河涌环绕，分南、北两河涌，建筑主要朝向坐南向北	十余条内巷，大致南北走向，两条主要街巷：沙边大街、沙边后街。 何氏大宗祠（厚本堂）、斗山何公祠、飞丘何公祠、鸳侣何公祠、南庄何公祠、紫峰何公祠、云野何公祠、紧樵何公祠、练塘何公祠、耕心何公祠、邓氏三世祠（骏惠堂）、兰趣何公祠、以昱何公祠、沙边炮楼、腾龙桥、起凤桥、玉带围	何济、何守谦、何国澄、何国遭万人宴
沙滘	广东省文物保护单位、佛山市文物保护单位	顺德乐从	建村于南宋绍兴二十七年（1157 年），最早由罗姓家族开村，有陈、岑、吴、刘、霍、周、冯等姓。唐代敦睦堂陈氏先祖柳溪公由金陵迁徙至泰和，至华叔公等先祖时，居番禺凤翔社，道诚公迁增城博弓乡。道诚公之子富登公迁居至大良，最终因避兵祸移居沙滘。富登公被沙滘敦睦堂陈氏奉为始祖 沙滘处在逵口大河与英雄河交汇处，二水汇合后向南流入顺德水道，为典型的二龙戏珠风水格局，构筑了“正面临水环抱多情，南向而立富贵大吉”的风水格局。逵口大河“S”形态，水流弯曲，体现了“藏风聚气”的要求。村落分东、南、西村，南村古称“隔海”。沙滘大涌、英雄河、水藤河流经村内，辖区面积 5.31 平方公里。村庄以南有约 1 平方公里农田鱼塘。“两岸一河绕胜景，衣冠文物有书香。”	传统建筑 290 余处，文物建筑占地约 5 万多平方米。 沙滘陈氏大宗祠、南村牧伯里民居群、西村低地坊民居群、颍川旧址、西墅陈公祠、颍川支源	沙滘华侨曾担任马达加斯加、毛里求斯、塞舌尔三个岛国的总统、副总统； 龙舟、醒狮

续表

村名	称号	区位	历史与现状	物质文化遗产	非物质文化遗产
小布		顺德乐从	小布古称桂圃，有660多年历史	何氏大宗祠、小布大夫祠、小布元夫祠、新南祠、四庵祖祠、“水部世祠”祠堂、“奕世科第”牌坊、小布何氏大宗祠、“举人台”、皇帝御赐“皇罗伞”、“累朝恩宠”牌坊	自明成化至清宣统年间小布何氏共出了9名进士、13名举人及260多名历史名人。 “桂圃三直”何珖、何沾 、何允魁
莘村	佛山市文物保护单位	顺德北滘	明朝嘉靖年间，由丹灶沙头岸先祖梁永安公第七传孙殿湖始迁到民乐乡藻尾定居，延至第十传孙迁至现在莘村为发祥地，根基遂固，宗枝茁壮繁衍	曾氏大宗祠（含宗圣南支、大学堂、曾氏家塾）、莘村梁大夫祠（含东梁义学、磐石书楼）、东涧梁公祠； 把门岗贝丘遗址	梁耀枢、梁时昭、梁显英、梁铼据
龙眼		顺德勒流	龙眼古称“龙渚”，“渚”为小洲。西汉时期以蚕岗和演水间的村落为中心，称“瓮城堡”（后称石涌堡），龙眼属石涌堡所辖，后以“龙眼”代替“龙渚”。围绕圆岗、石岗、大岗，面积4.88平方公里，常住人口4900多，以梁、吕姓人数居多	历代建有祠堂几十座，其中吕氏宗祠十多座，梁氏宗祠28座，还有周、杨、麦、李、陆、余等姓氏宗祠多座。村里现有寺、庙、庵堂、教堂20多座。 梁氏大宗祠（思远堂）、吕氏大宗祠（伦序堂）、东溪吕公祠； 圆山寺、玄通寺、圆通古庙、观音庙、太尉庙、华光庙、相公庙、财神庙、天后庙、北帝庙、文武庙、玄坛庙、德盛庵、严静庵、天主教堂、余家巷宅门、古桥、石狮埠头、贝丘遗址	龙眼点睛、黄萧养横江二龙山祭旗誓师。 三教并存，中西文化兼容； 黄萧养、梁敦彦； 龙眼八景之一“古桥秋月”

续表

村名	称号	区位	历史与现状	物质文化遗产	非物质文化遗产
仙塘	佛山市文物保护单位	顺德龙江	赖氏始祖布衣公于南宋咸淳九年（1273年）到南海龙山仙塘。赖布衣到龙山仙塘时比曾、柯、李、陈、冯五族要迟。村落大部分位于顺德水道与西海水道之间，周围河涌星罗棋布，主要水道为水华涌、大坑、井涌、梅基涌、沙铲埗涌，主要蓄水为里滘海，旧时有海浪抵达，水涨自动蓄水。村落周边有三处山岗：锦屏岗、天湖来龙顶和牛拢岭	克勤堂古民居群、赖氏大宗祠（原为帅卿赖公祠）	赖布衣
昌教	佛山市文物保护单位	顺德杏坛	面积4.12平方公里。黎氏、林氏是昌教村的两大姓氏	黎氏家庙、黎氏大宗祠、林氏大宗祠（光远堂）、奉直大夫祠、昌教民居群、昌教乡塾	
逢简	国家级非物质文化遗产、广东省非物质文化遗产、广东省文物保护单位、佛山市文物保护单位	顺德杏坛	自西汉起就有人在此生息，是顺德最早的聚居地之一。后来发展成一方集市，到了唐朝就已成村。鼎盛于清末缫丝产业的发展，有刘、李、梁、郭、黎等姓氏，人口上万，号称“小广州”。逢简素有“顺德周庄”之称。村域面积5.24平方公里，常住人口5600多，外来人口300多，全村河涌总长度达23.8公里，农耕鱼塘4000多亩。河涌呈“井”字形，自南往北流过村落。村落原来由梁、刘、李三大族姓的人共同构成	现存祠堂庙宇约10间，古桥3座，古民居100余间。 刘氏大宗祠、石鼓祠、黎氏大宗祠、和之梁公祠、宋参政李公祠、明远桥（下桥）、金鳌桥（玉蛛桥）、巨济桥、雍和书院、“章义流芳”石匾； 御赐金桂	刘应莘、刘云汉、刘琦、梁国宝、梁应鳌、梁乔升、梁兆阳、梁銮藻、梁声玉、梁觐光、李仕修、李应珍、李惠孙、梁起、梁廷枏； 丝业； 端午节龙舟竞渡、吃“龙船饭”、洗“龙舟水”，观音诞“出会”巡游，关帝诞拜财神，康公诞，乞巧节； 龙舟说唱、人龙舞、锣鼓柜、咏春拳、掘尾龙拜山； 手磨芝麻糊、双皮奶、豆腐坊、蒸猪、鱼饼

续表

村名	称号	区位	历史与现状	物质文化遗产	非物质文化遗产
高赞	广东省非物质文化遗产、佛山市文物保护单位	顺德杏坛	3 条河流穿越村落，包括从东北向西南穿越的村心涌、南面一条平行于村心涌的河流、西面一条南北向的河流。村心涌交汇处形成圩市	梁氏大宗祠、友乔梁公祠（爱乔梁公祠）、爱仙梁公祠、达轩梁公祠、玉枝梁公祠、兰堂梁公祠、赓翠胡公祠、月渚胡公祠、胡氏大宗祠、观音古庙、古埠头	八音锣鼓、锣鼓柜
马东	佛山市文物保护单位	顺德杏坛	马东村依山傍水，坐北向南，宋时便有人在此聚居，鼎盛时人口达一万多。总面积约 3.23 平方公里，户籍人口 3000 多人。一半村民为何姓、谭姓、陈姓三大姓氏。4.1 公里的水岸线，村内齐宁涌和细涌绕村而过。村落北面为杏坛林场	冯氏六世祖祠、何氏家庙、陈氏大宗祠； 马东天后宫、洪圣古庙	何家饶、何藻翔、何熙、何鸿口、陈华顺； 谭木镇三坊土地宝诞、黄甲坊洪圣古庙宝诞、巡抚庙宝诞、观音诞、天后宫宝诞； 永春拳
麦村	广东省非物质文化遗产	顺德杏坛	元末明初建村，距今 600 多年，传说“先有西渚，后有麦村”	秘书家庙、苏式大祠堂、孝竹祠、达泉麦公祠、甘雨麦公祠、碧梧麦公祠、东洲麦公祠、了梧麦公祠、渭川麦公祠、意泉麦公祠、资政大夫家祠、南田麦公祠、北山麦公祠、真武殿、天后宫、永思家塾、四吾家塾、镇西炮楼、青云炮楼	梁九图、梁禹甸、梁天眷； 八音锣鼓、锣鼓柜
西北西岸		顺德杏坛	约于明代建村，西岸何氏秀年始祖为贵八郎之后裔，由增城旧巷前来西岸。划分为六坊：同联社、华宁坊、西宁坊、聚龙坊、西边坊和新地坊。村有河涌环绕，村外有万顷桑基鱼塘	前所何公祠、古谦何公祠、鹤侣何公祠、眷湖何公祠、水月宫（观音庙）、西岸乡塾	

续表

村名	称号	区位	历史与现状	物质文化遗产	非物质文化遗产
西登(原属马宁，现分为马宁和西登)		顺德杏坛	建村于北宋，开村始祖为马、宁二姓，从珠玑巷迁于此地。清初何姓迁入，逐渐成为村中第一大姓，现村内无马姓后人，宁姓仅剩几人，另有梅、麦、梁和杜等姓氏。村落位于龙头山脚，意龙口之地。水塘面积达2211亩	宗祠、古庙十余座； 何氏大宗祠、泗山何公祠、金城何公祠、秘书家庙	何藻翔； 雷祖诞
祠巷		三水白坭	建于1300年前后，始祖陈规南下躲避战祸，经珠玑巷迁至白坭，因此地毗邻西江，地理位置优越，于是定居于此。全村人口600多人。“汀畔祠巷枕世家，山旁绿榕映芙蕖”。村落被十几个池塘围绕：新窦池塘、荡夫祖塘、庙岗池塘、滘尾池塘、阮学池塘、陈边池塘、大巷池塘、牛轭池塘、沙塘池塘、孖社池塘和祠后池塘等	陈氏大宗祠	陈朝纲； 鸡煲蟹、古法秘酱蒸河鳝、香逼太岁鸭、疍家佬蒸鱼
岗头	广东省文物保护单位、佛山市文物保护单位	三水白坭	建于800多年前，依山而建，水塘环绕四周，坐东向西，村前是解放沙水库。全村有梁、林、冼三大姓氏，徐、邓两小姓氏，总人口2500多。村民主要以果蔬种植为生	梁士诒生祠（海天书屋）、道基祖祠、黄冈祖祠、聚义祖祠、南冈祖祠、梁士诒墓、石牌坊、思德亭、岗头人民会堂	梁士诒； 端阳竞渡； 河鲜、禾秆盖珍珠、吹气煎堆
梅花	广东省传统村落	三水大塘	300多年前先祖从广州白云山脚迁至三水芦苞下乐塘，几十年后再迁至此定居。白云山上的“剑峰公”墓就是梅花村的祖墓。因为以前村中遍植梅树，因此得名。梅树也成为当时村民的主要经济作物，每年3月结下梅子，村民便划船前往芦苞镇售卖。村落在北江西畔，西依南丹山，东朝北江水，村民俗称“吃住北江水”。村落被方圆几百米的良田、鱼塘和山林所包围	坐西向东，十条历史街巷。 胡乃松祖宅、胡氏宗祠、梅花村书舍、杜之英母墓	梅子黄肉西瓜、火龙果、黄皮、龙眼等； 黑山羊、猪、鸡、鸭等

续表

村名	称号	区位	历史与现状	物质文化遗产	非物质文化遗产
白土（兔头、兔肚、兔脚）		三水芦苞	建村于清，开村始祖德清公从粤北南雄珠玑巷南迁至此。村落朝西南向，西南面有水塘包围，平面如兔子，由三部分组成，分别形如兔头、兔肚、兔脚，并分别命名为兔头村、兔肚村、兔脚村	兔头村现存6条历史街巷，现存11条较为完整的历史街巷； 邓氏宗祠（佑启堂）、德清邓公祠、明礼邓公祠、南沙邓公祠（诒燕堂）	
独树岗	佛山市级文物保护单位	三水芦苞	建于元，独树岗蔡氏为宋南雄知府蔡仕宗之后裔，因古时村中山岗上的一棵巍然屹立的大树而得名。坐落于北江支流芦苞涌南岸的一片山岗之上，四周良田万顷，鱼塘密布。约0.412平方公里，人口6500多。村内十多个水塘环抱，塘边古树众多。排水系统完善，先人按照“四水归源”的风水格局进行村落建设，村内各组团的雨水集结后逐级引向池塘，并统一由一水门去水。村落地广人多，蔡氏族人占了九成多，故有“三水独树岗一棵蔡”之称，是三水区最大的一条自然村	蔡氏大宗祠（勖顺堂）、蔡氏宗祠、璞轩蔡公祠、绍奇蔡公祠、巽唐蔡公祠、桂轩蔡公祠、桂轮蔡公祠、蔡氏大宗祠、洪圣庙（南海神庙）、挺初书舍、同彬书舍、伯英书舍、瑞廷书舍、本濂书舍、本弘书舍、沂书舍、定一书舍、遇时书舍、介祖书舍、光伍书舍、文洲书舍、笔山书舍、文赞书舍、毓山书舍、江塘书舍、白鸽桥、当铺（乌哥楼）、趁墟亭、秀清公园； 蔡氏族谱	蔡秀清、蔡湘乔、蔡乃彬、蔡球； 清明、端阳竞渡、中秋、重阳、廿六浸； 醒狮
长岐		三水芦苞	建村于元至正二十五年（1365年），自古商船云集，村民大多依靠漕运与行商为生。有钟、何、黄、卢四大姓氏，钟氏开基，卢氏人口最多。村落坐东北朝西南，依文笔顶而建。村前有方形莲花池，北侧有鱼塘环绕，南侧为木棉岗，村西九曲河环绕，村外鱼塘密布，有农用地2500多亩。人口1200多。村落占地4.5平方公里	长岐古民居群、卢氏大宗祠、钟氏大宗祠、黄氏宗祠、何氏宗祠、翼亭黄公祠、丽泉书社、以锴家塾、朝生书舍、耀唐书舍、三水温泉	重阳； 龙狮文化； 冬瓜、白菜、芋头、水稻； 芦苞河鲜

续表

村名	称号	区位	历史与现状	物质文化遗产	非物质文化遗产
蒲坑	佛山市文物保护单位	三水南山	建村于清顺治年间（1660年左右）。蒲坑村的客家人大部分来自福建莆田，先至惠州，然后迁居此地，因地处群山环绕的山坑，故名“蒲坑”。村落坐南向北，背依密林	7条保存较完好的历史街巷； 居德林公祠、林氏大宗祠（双桂堂）、西园林公书室	林耀祖； 空心煎堆
江根	佛山市文物保护单位	三水西南	始祖陆隽是太始祖陆训的曾孙，为开封府祥符县怀孟乡人。北宋大中祥符年间，隽公因入贡汴京有功，晋爵国子监祭酒兼监察御史武骑尉加封三级，奉使端州为通判本官，路经沧江，见镇南江根山川秀丽，便令家人建筑房舍留下来居住。地处北江、西江以及东平水道三江汇流之处。村落坐北朝南，风水合“左青龙，右白虎”，400余米长	陆氏大宗祠、初觉陆公祠、岁松陆公祠	端阳竞渡、华光诞
塱西		三水西南	明洪武十年（1377年），开基祖禄兴公到三水西南东门口村放养鸭子结茅定居开族。那时大塱山、白塔村至北江河畔一带是低洼地，地势比沧江河床还低，内涝积水，称为“塱”。塱的北面是丘陵山坡，称“大塱山”，大塱山西面是是“西岸村”（今塱西村），东面是“东岸村（今塱东村）。始祖禄兴公在塱上放鸭子，与西岸村程氏皆为姻亲，遂世家焉。明嘉靖五年（1526年），朝廷要在白塔村建三水县城，县府要将城中村民迁移出城，于是董氏六世长房永富带领董氏族人举家从白塔村迁至西岸村程氏姻亲所在村定居，所以塱西有“先程后董”的说法	9条东西走向巷道； 董氏大宗祠、古山董公祠、起隆董公祠、兆祥董公祠、梅村董公祠、隐圆家塾	

续表

村名	称号	区位	历史与现状	物质文化遗产	非物质文化遗产
青岐王家		三水西南	建于北宋末年。当时中原大乱，王氏始祖致德公率族众南下，先迁至今青岐村北部较远的一片区域，后在一次偶然乘船出游中，在北江与西江的交汇处发现此宝地，致德公于是将整个家族迁至此。村落朝西南向，北部毗邻北江，整体地势北高南低，依靠山岗	村内有 4 条历史街巷； 秉琏王公祠、宽祖王公祠、王氏大夫祠、月补王公祠、天后宫	
高丰（向西、向南、村心、何家）		三水云东海	开村于清。建村最早为吴、何二姓，吴姓略早于何姓。吴姓开村始祖敦傅吴公自南雄珠玑巷迁居至高丰，最先定居于现向南村，后逐渐发展至向西村和往东发展。村落南、北、西向被水塘包围，面朝水塘。向西村呈东西向格局，向南村、村心村、何家村均为南北向格局	永秀何公祠、吴氏大宗祠、子明吴公祠、福生何公祠、九世吴公祠、高丰北帝庙、以廉公书舍、子其公书舍	吴肇钟
朗锦	佛山市文物保护单位	高明更合	元末明时，明城镇塘际村何姓人家迁此建村。建村之时，沧江河水泛滥，汪洋一片，独有一土丘地势较高，村落便建于土丘上，远远望去，如塱上之锦，故名“朗锦”。背有靠山，前有玉带拦腰，中有平原建村，良田千顷。200 多年后，村子发展壮大起来。全村姓何，人口约 900。西面沧江（高明河）呈弧形穿流而过	朗锦祠堂群、何氏宗祠、媲鲁何公祠、表山何公祠、西源何公祠、仁轩何公祠	清朝康熙至同治等七朝共出文武官员数十人。 朗锦八景：牛眠青草、新基松韵、长江夜月、马眼清湖、庙山翠笔、细围温风、中舟渔唱、企石樵歌（奇石瑞流）； 角仔节（食角节）

续表

村名	称号	区位	历史与现状	物质文化遗产	非物质文化遗产
平塘		高明更合	约明景泰四年（1453 年）建村，吴姓、黄姓和罗姓祖先先后从鹤山迁入平塘。因村庄四面环山，中间地形平坦，有几个土墩高出，像塘中莲花状，村落呈圆形，四周水塘环绕，原名“莲塘”，后改名为“平塘”。有“平塘平坦坦”“莲花爆宕是平塘”的童谣，又有“平塘居三姓，村中定六坊”的俗语。三姓即吴、黄、罗三姓，六坊即东坊、太平坊、上南坊、下南坊、西坊、北坊	黄氏大宗祠、观举黄公祠、罗氏宗祠、志清罗公祠、黄仕聪纪念碑、礼堂	角仔节（食角节）
泽河		高明更合	元代李姓人建村。泽河旧称“窄河”，有百坑和新庙坑两条小溪从飞雁山流经村前。村落坐东向西	泽河村古民居群、受兴曾公祠（大学堂）、克仁曾公祠（传省堂）、成厚曾公祠（四世祖祠）、成坚曾公祠（贯道堂）、益金门、迎金门、启明楼、万卷楼	
榴村陆家	高明十大古建筑之一	高明荷城	原名刘村、榴淳村。宋景德元年（1004 年），刘姓首迁入村东的荔枝园，取名刘村，后刘姓迁走；明永乐年间（1403—1424），陆姓从三水青塘迁入；明嘉靖年间，谭姓从高明迁入。刘村更名榴淳，后简化成榴村。现存村落建于明代。村落 280 多人，全部陆姓。 榴村陆家沿崐山山麓呈东西走向分布，背靠飞鹅山，坐北向南，总长 250 米，总面宽 50 多米，面积约 1. 25 万平方米	8 条古巷，古建筑 22 间，3 个古埠头，8 个古巷门坊：兴仁里、从庆里、钟灵坊、中华里、毓贤里、仁厚里、五福里等； 榴村陆家古民居群、陆氏宗祠（亲亲堂）、懋荣祖祠、懋荫祖祠； 进士井、古石桥。	祖训“鹅湖世泽，锦石家风”。 明清两代取得较大功名的有 30 多人。 陆盛昌、陆光裕、陆应坤； 榴村行神； 花生、番薯、芋头、水菱角、高明濑粉、汤粉、端午粽子、芋团、博撑、油糕、大团年糕、糖环等

续表

村名	称号	区位	历史与现状	物质文化遗产	非物质文化遗产
阮埇		高明荷城	阮氏开基于元至正年间，因村多涌沼又有阮姓而得名。区氏族人从南雄珠玑巷迁至此地定居。现已无阮姓村民，只有区氏后人，古有“高明第一望族”之称。土地面积0.4673平方公里，三面环水，整条村被护村河包围，护村河宽约10米。分为阮东、阮西、阮南、阮北四坊。过去环村河涌相通成圆，与外江相接	规划时间之早，制度措施之完善，为高明之最。 古巷道、古桥、水埗头； 阮西坊古民居群、阮北坊古民居群（大夫第，八大家）、大夫区公祠、宋刺史墓、古金库； 阮埇八景：阮水环潮，瀛洲晚眺等	明清时期出进士15人、举人48位。其中区益祖孙7人中进士2人、举人5人，创高明科考及第之最。 区益、区大相、区大伦、区怀顺、区怀素、区怀瑞、区士元； 春节吃濑粉、端阳竞渡； 濑粉
西梁、西黎	佛山市文物保护单位	高明荷城	西梁、西黎，原名西边村，又名松园里，明末清初属三洲罗俊都，又称罗俊乡。因村中黎、梁两姓聚居于西部，又得名西边村。因秋风岗上松树秀茂，亦称松园里。和睦岗是黎、梁二姓历代和睦相处的写照。1957年，划开西黎、西梁两村。村落在疆滘溪东岸，村前水塘面积达15亩，由清水塘、藕塘、清水濠、仁稔塘、黄泥塘和曲尺塘组成。村后的狮岭和村前如球形的火炉岗，被村民合称“狮子滚球”	梁发故居、梁氏宗祠、目德黎公祠	梁发

续表

村名	称号	区位	历史与现状	物质文化遗产	非物质文化遗产
深水	佛山市文物保护单位	高明明城	始建于清光绪元年（1875年）。嘉庆十七年（1812年），李姓从附近的岳塘村迁来建村，以商贾起家。目前，该村还有张、苏、刘等三个姓氏，全村总人口200多，以李姓人数居多。深水村地处元珠岗，形如田螺。先祖在选址开村时，相中了此处一片山坡地，遂请道士占卦，测算家宅。遵照道士指点，先祖将家宅安置在两山的山凹处，意喻此处为塘，村为螺，螺离开了水就不能生存，遂取村名为深水村。村东头的高地被村民喻为螺头，一直被村民守护着。村落属半丘陵地区，依山傍水，远对群山，榕干渠穿村而过	深水古民居群：共3排，原每排5座，共15座房屋，现仅存13座	正月初八起灯
圆岗		高明杨和	始建于宋，有800多年历史，因地形似蟹，故俗称蟹村。地势东北高西南低，外围有6个水塘环绕，村落布局呈扇形	圆岗罗村古民居群、罗志故居、公社饭堂	罗志
豸岗		高明杨和	元末建村，北临沧江河，倚后岗而建，此岗形如豸，故名。高明横河、正河相汇出三洲，直通广州。村左大洞田，村右大氹①，村前土地肥沃，可容万马。约0.531平方公里，人口3200多	鹤山祖祠、一擎严公祠、严氏宗祠、白云严公祠、文武帝庙、谊轩书舍、罗塘陂、中心会堂	

① 音dàng，同“凼”，塘，水坑。

致 谢

一直潜心于广府古建筑、古村落之研究，数载寒暑更替而不自知。如果说日晒雨淋、十年如一日的调研生活艰苦，莫不如说苦思冥想、豁然开朗的领悟让人振奋。

其间得益于“佛山哲学社会科学规划项目”“佛山市人文和社科研究丛书”以及“国家自然科学基金”“教育部人文社会科学规划项目”等基金项目的资助，历时数载，终得以成稿。然广府村落文化博大精深，众多宝藏尚待发掘，我们仅挖一抔土而已。研究之路漫漫，抵达彼岸仍需时日。

感谢佛山市委宣传部及佛山市社会科学界联合会对我们研究的多次资助，我们已承担了3辑“佛山市人文和社科研究丛书”的著述工作，实是极大荣幸！我们仅代表所有古村、古建、文物战线的研究人员对市政府的支持致以衷心的感谢！

从调研、构思开始，在漫长而艰辛的研究道路上，众多师长、专家学者、亲人、朋友及对广府村落有深厚感情的人都给予了我们最无私的帮助，使我们在踯躅前进的道路上不再孤单和犹疑。

在研究阶段得到众多专家学者的珍贵指点。承蒙华南理工大学、华中科技大学、清华大学多位教授的教导，我们聆听到许多弥足珍贵的教诲。特别是何镜堂院士、李晓峰教授、胡正凡教授、张复合教授、詹长法院长、林有能主席的指导，令我们大有收获。

深深感谢在写作过程中访谈、求教的多位专家学者、工匠和居民，为论文的内容提供了大量翔实的资料。感谢所有的前辈同行，你们艰苦卓绝的研究工作奠定了我们的研究基础，你们的劳动成果永远值得我们尊敬和学习。

感谢顺德职业技术学院给我良好的科研条件和各方面支持，感谢周彝馨广府建筑推广工作室团队大量扎实的工作。感谢工作过程中，顺德区博物馆张凤娟研究员的支持和帮助。感谢我们的队友张入方老师、廖鸿生工程师、曾艳萍老师、吴玉仪老师的支持配合，感谢学生沈镜鸿、陈文滨、朱玉进、陈阳阳、陈桂涛、欧阳奇立、陈光恒、谢泽芳、陈佳琳、陈晓冰、骆琲、张舒颜、张文素、杨凯媚、谭海霞等同学的扎实工作。

感谢家人对我们无言的支持，特别感谢周学斌先生、傅绮皓女士、吕宝生先生为我们的奔忙做出的各种牺牲。

曾经帮助我们的志同道合者数之不尽，定有遗漏。最后，最诚挚地向所有关心和帮助过我们的师长、前辈、亲人、朋友表示由衷的谢意与敬意！

周彝馨　吕唐军

2016 年秋于周彝馨广府建筑推广工作室